読者・ユーザカード

このたびは小社の出版物をお買い上げいただき、誠にありがとうございました。このカードは、(1) ユーザサポート (2) アンケート集計 (3) 小社案内送付 (ご希望の場合のみ) を目的とし、あくまでも任意でご記入いただくものです。いただいた個人情報は決して他の目的には使用せず、厳重な管理の下に保管いたしますので、よろしくお願い申し上げます。

未来記念日
アニバーサリー2017〜2022

●この出版物を何でお知りになりましたか?
    1.広告を見て(新聞・雑誌名   )
    2.書評・紹介記事を見て(新聞・雑誌名   )
    3.書店の店頭で   4.ダイレクト・メール
    5.インターネット   6.見計い
    7.その他(   )

●この出版物についてのご意見・ご感想をお書き下さい。

●主にどんな分野・テーマの出版物を希望されますか?

●小社カタログ(無料)の送付を希望される方は、チェック印をお付け下さい。
    □書籍　□CD-ROM・電子ブック　□インターネット

料金受取人払郵便

郵便はがき

140-8790

019

品川局承認

4039

(受取人)
東京都品川区南大井 6 - 16 - 16
　　　　　鈴中ビル大森アネックス

差出有効期間
平成30年9月
30日まで
―切手不要―

日外アソシエーツ(株)

営業局 行

ご購入区分:個人用　会社・団体用　受贈　その他(　　　　　)				
(フリガナ)		生 年 月 日		性別
お名前		年　月　日(　　才)		男・女
勤務先		部署名・役職		
ご住所(〒　　－　　　　)				
TEL.	FAX.			□勤務先　□自宅
電子メールアドレス				
ご利用のパソコン			(OS)	

ご購入年月日	ご購入店名(書店・電器店)
年　月　日	市区 町村

未来記念日

アニバーサリー
2017〜2022

日外アソシエーツ

The Future Anniversary
in
2017-2022

Compiled by

Nichigai Associates, Inc.

©2016 by Nichigai Associates, Inc.

Printed in Japan

本書はディジタルデータでご利用いただくことが
できます。詳細はお問い合わせください。

●編集担当● 青木 竜馬
装丁：クリエイティブ・コンセプト

刊行にあたって

ビートルズ日本公演から50周年にあたる2016年6月30日、会場だった日本武道館に多くのファンが集まりました。武道館以外の場所でも様々なイベントが催され、テレビ、新聞、ネットなどのメディアで取り上げられました。ジョン・レノン、ジョージ・ハリスンが亡くなった今、ビートルズメンバーが記念に演奏するということはあり得ないのですが、当時、生で見た人も、そうでない人も一緒になり、大きな盛り上がりをみせました。このように「周年」は人々を突き動かす力を持っています。

また「周年」にはその時を迎えて悼むという要素もあります。原爆が投下された日や、阪神・淡路大震災、東日本大震災が発生した日には、多くの人たちが犠牲となった人々に思いをはせ、祈りをささげます。日常の中で忘れがちであったとしても、「周年」はその気持ちを思い出させてくれます。

本書は2017年から2022年に「○○周年」という節目を迎える事柄を日付順に一覧するものです。偉人・有名人の生誕・没後から歴史的な出来事、災害、事故、事件までを収録しました。大きな出来事ばかりでなく「へえ〜」と思われる小さなトピックスもちりばめられるようにしました。

そんな中、編集作業をしていてふと気づくことがありました。それは2017年から2022年までに大変個性的な人達が「生誕90年」を迎えるということです。一例をご紹介すると以下のような方々となります。

2017年
北 杜夫、吉村 昭、城山 三郎
2018年
渥美 清、初代・若乃花、古橋 広之進、手塚 治虫

2019年

色川 武大、小沢 昭一、向田 邦子

2020年

松平 康隆、スティーブ・マックィーン、深作 欣二、レイ・チャールズ、武満 徹、野坂 昭如、開高 健

2021年

小松 左京、ジェームズ・ディーン、高倉 健、市川 雷蔵

2022年

フランソワ・トリュフォー、大島 渚、小田 実、青島 幸男、山本 直純

　顔ぶれを見るだけで、読みたい小説、見たい映画、スポーツシーン、聴きたい音楽が溢れてきます。2017年から2022年の間には至る所で「生誕90年」と銘打たれたフェアが催されることでしょう。

　本書は事業、フェア、各種制作、講演、執筆など様々な企画立案の場面で頭を悩ましている方々にヒントをご提供出来たらとの思いで編集しました。また災害や事件、事故に関しても折にふれ思いだすことで、防災・防犯につながればと願っています。

　編集にあたっては誤りのないように努めましたが、不十分な点もあるかと存じます。お気づきの点はご教示いただければ幸いです。

　　2016年8月

　　　　　　　　　　　　　　　　　　　　　日外アソシエーツ編集部

凡　例

1．本書の内容

　　本書は、2017年から2022年に50周年、115周年といった5年ごとのきり
　の良い周年を迎える事柄を、年月日順に掲載するものである。各人物・事
　柄に関して簡潔なプロフィール・説明を記載した。

2．収録対象

　⑴内外の歴史的事柄、記録的・画期的事象、大規模な建築・建設・工事、
　　スポーツ記録、イベントから人物の生没、災害、事故、事件など周年を
　　迎えることで社会的興味がもたれるであろう出来事を対象とした。但し
　　企業、団体・自治体などの設立からの周年は対象から外した。
　⑵古代から現代までの出来事1,885件を収録した。

3．排　列

　⑴2017年〜 2022年を年毎に大きく分け、各年内は月日順、周年の古いも
　　の順に排列した。
　⑵原則として明治5年以前については、日本では旧暦の年月日を使用した。
　⑶日が不明な場合は各月の始めに置いた。

4．記載事項

　⑴2017年〜 2022年の西暦、和暦、月日、迎える周年、記載事項の西暦、和暦、
　　見出し、説明で構成した。
　⑵人物に関し、誕生日の場合は【生】、命日の場合は【没】で示した。
　例）
　2017年（平成29年）
　1月5日　150周年　　　1867（慶応3）年【生】夏目 漱石
　　　　　　　　　　　　明治・大正期の小説家、英文学者、評論家。第一高
　　　　　　　　　　　　等学校教授。「吾輩は猫である」を始め「坊つちゃん」
　　　　　　　　　　　　「草枕」「三四郎」「門」などの作品がある。

5．人名索引
　　⑴見出し、本文に掲載した人名をまとめた。
　　⑵排列はまず姓の五十音順、次に名の五十音順とした。
　　⑶見出し、本文の所在は掲載頁で示した。
　　⑷排列に際しては濁音、半濁音は清音扱い、ヂ→シ、ヅ→スとみなし、拗促音は直音扱い、長音記号は無視した。

6．事項名索引
　　⑴本文記事に現れる用語、テーマ、団体名などを事項名とし、読みの五十音順に排列した。
　　⑵見出し、本文の所在は掲載頁で示した。

7．参考文献
　　本書の編集に際し、主に以下の資料を参考にした。
　　『今日のクロニクル―366日の事典―』　朝日新聞社編　朝日新聞社1996.8
　　『話のネタ365日　今日は何の日 5訂版』　PHP研究所 編　PHP研究所2012.1
　　『今日ってどんな日』　中野昭夫 , 松方安雅 編著　日本能率協会マネジメントセンター　1997.3
　　『366日話題事典』　高野尚好ほか編著　ぎょうせい　1995.7
　　『366日の話題事典』　加藤迪夫編　東京堂出版　1998.3
　　『新訂　科学・今日は何の日』　畑中忠雄著　東洋館出版社　2008.5

8．掲載画像
　　国立国会図書館蔵の画像などを使用した。

目　　次

凡例‥‥‥‥‥‥‥‥‥‥‥‥‥‥‥‥　005

2017年　‥‥‥‥‥‥‥‥‥‥‥　008

2018年　‥‥‥‥‥‥‥‥‥‥‥　037

2019年　‥‥‥‥‥‥‥‥‥‥‥　078

2020年　‥‥‥‥‥‥‥‥‥‥‥　118

2021年　‥‥‥‥‥‥‥‥‥‥‥　160

2022年　‥‥‥‥‥‥‥‥‥‥‥　199

人名索引‥‥‥‥‥‥‥‥‥‥‥‥　228

事項名索引‥‥‥‥‥‥‥‥‥‥‥　238

2017年 （平成29年）

1月	120周年	**1897（明治30）年 「ほとゝぎす」創刊**

正岡子規ら松山で俳誌「ほとゝぎす」を創刊。翌年10月、東京に移し高浜虚子が主宰となる。

1月1日	110周年	**1907（明治40）年【生】安福 春雄**

昭和期の能楽師大鼓方。高安流大鼓宗家預り。東京芸術大学講師として後継者育成にも尽力。昭和45年人間国宝に認定。

1月1日	90周年	**1927（昭和2）年【生】モーリス・ベジャール**

フランスのバレエ振付師。20世紀バレエ団を設立。主振付作品『火の鳥』（1950）、『春の祭典』（59）、『ロミオとジュリエット』（66）。

1月2日	110周年	**1907（明治40）年【生】奈街 三郎**

昭和期の児童文学作家。童話雑誌の編集及び童話を創作。著書に「海へ行った靴」「かたつむりの旅」など。

1月2日	20周年	**1997（平成9）年 ナホトカ号事故**

島根県隠岐島沖の日本海で起きたロシアのタンカー「ナホトカ号」（1万3,157トン）沈没事故から20年を迎える。この事故では積載していたC重油1万9,000トンのうち6,200トンが流出、島根県から山形県にかけての沿岸に漂着するなど大きな被害をもたらした。油回収作業は柄杓やバケツなどの人手で行われ、4月末の終息宣言が出されるまで延べ16万人が回収にあたることとなった。また、回収作業に当たっていた地元住民やボランティアのうち5名が過労などで亡くなるという二次被害が発生した。ボランティア活動保険普及の契機ともなった。

1月4日	40周年	**1977（昭和52）年 青酸入りコーラ事件**

瓶入りコーラに青酸ソーダを仕込む無差別殺人事件が東京、大阪で発生。社会を震撼させた。

1月5日	150周年	**1867（慶応3）年【生】夏目 漱石**

明治・大正期の小説家、英文学者、評論家。第一高等学校教授。「吾輩は猫である」を始め「坊つちや

2017年

ん」「草枕」「三四郎」「門」などの作品がある。

1月5日	90周年	**1927（昭和2）年【生】一番ケ瀬 康子** 昭和・平成期の社会福祉学者。長崎純心大学教授、日本女子大学教授。マスコミを通じて婦人問題、老人問題を提起し、日本の社会福祉学確立に尽力。
1月9日	10周年	**2007（平成19）年 防衛「省」に昇格** 防衛庁が防衛省に昇格。久間章生が初代防衛大臣に就いた。
1月11日	110周年	**1907（明治40）年【生】山岡 荘八** 昭和期の小説家。公職追放解除後、大作「徳川家康」を書き上げる。以来歴史小説を中心に幅広く活躍。
1月15日	50周年	**1967（昭和42）年 スーパーボウル開催** アメリカンフットボールの第1回スーパーボウルがロサンゼルスで開催された。カンザスシティ・チーフスとグリーンベイ・パッカーズが対戦し10-35でパッカーズが勝利した。
1月18日	360周年	**1657（明暦3）年 明暦の大火** 江戸・本郷丸山町の本妙寺など3カ所から出火。日本橋、深川、小石川、駒込、芝と江戸市中の大半を焼いた。江戸城の天守閣も焼失。死者10万人ともいわれる大被害をもたらした。振袖火事・丸山火事とも呼ばれる。
1月20日	70周年	**1947（昭和22）年 学校給食が始まる** 全国の児童約300万人に対し学校給食を開始。ララ（アジア救援公認団体 Licensed Agencies for Relief in Asia）による寄贈食料品を元にミルク（脱脂粉乳）、トマトシチューなどが供された。

1月23日	**110**周年	**1907（明治40）年【生】湯川 秀樹** 昭和期の理論物理学者。京都大学教授、大阪大学教授。中間子論の研究で日本人初のノーベル賞受賞。平和運動にも情熱を注いだ。著書に「量子力学序説」「天才論」など。
1月24日	**90**周年	**1927（昭和2）年【生】江川 卓** 昭和・平成期のロシア文学者。東京工業大学教授、中京大学教授。ドストエフスキー研究の第一人者で「罪と罰」などを翻訳。著書に「現代ソビエト文学の世界」など。
1月28日	**330**周年	**1687（貞享4）年　生類憐みの令** 五代将軍綱吉が殺生を禁止する法令を定める。
1月29日	**60**周年	**1957（昭和32）年　昭和基地開設** 南極観測隊がオングル島に上陸、昭和基地を開設。
1月30日	**110**周年	**1907（明治40）年【生】高見 順** 昭和期の小説家、詩人。日本ペンクラブ専務理事、日本近代文学館理事長。「人民文庫」「日本未来派」を創刊。「高見順日記」は昭和史の資料としても重要。
2月	**110**周年	**1907（明治40）年　運転免許第一号** 三井銀行社長、三井高保の運転手が国内で初めて免許証を取得。
2月1日	**110**周年	**1907（明治40）年【生】ギュンター・アイヒ** ドイツの詩人、放送劇作家。詩集『辺地の農家』（1948）、『雨の使者』（55）、放送劇『ウィテルボの娘たち』（53）など。
2月1日	**100**周年	**1917（大正6）年【生】沢村 栄治** 昭和期のプロ野球選手。18歳で全日本チームに参加、投手。大日本東京野球倶楽部（巨人軍）に入団。野球殿堂入り。

2017年

2月3日	**300**周年	**1717（享保2）年　大岡越前、江戸奉行に** 時代劇でおなじみの大岡越前守が江戸奉行に任命される。
2月5日	**140**周年	**1877（明治10）年　鉄道が京都～大阪を結ぶ** 大宮通—京都間が開通。これによって大阪—京都間43.1kmが全線開通した。
2月5日	**100**周年	**1917（大正6）年【生】山田 五十鈴** 昭和・平成期の女優。映画と舞台で主に活躍、数々の主演女優賞を獲得。映画作品に「流れる」「どん底」など、舞台に「太夫さん」など。
2月10日	**110**周年	**1907（明治40）年【生】津田 恭介** 昭和・平成期の薬学者、有機化学者。東京大学教授、共立薬科大学長。専門は薬学、有機化学でフグ毒を研究。著書に「植物塩基」「薬品合成化学」など。
2月11日	**110**周年	**1907（明治40）年【生】関谷 四郎** 昭和・平成期の鍛金家。新匠工芸展審査員。細い板金を鑞付けする独創的な接合技法を編み出す。人間国宝。
2月14日	**100**周年	**1917（大正6）年　「主婦之友」創刊** 菊判（A5判）120P、部数1万部。定価15銭で『主婦之友』創刊。
2月15日	**140**周年	**1877（明治10）年　西南戦争が始まる** 鹿児島士族が西郷隆盛を擁立して起こした内乱—西南戦争が勃発。
2月18日	**40**周年	**1977（昭和52）年　スペースシャトル初飛行** アメリカのスペースシャトルがボーイング747型ジャンボ機の背中に乗って初飛行した。
2月18日	**10**周年	**2007（平成19）年　第1回東京マラソン開催** 東京都心部を数万人の市民ランナーが走るマラソン大会として始まる。

2月19日	**180**周年	**1837（天保8）年　大塩平八郎の乱** 大塩平八郎が天保の飢饉に苦しむ民衆の救済を掲げて蜂起した乱。
2月20日	**20**周年	**1997（平成9）年　大阪ドーム完成** 大阪ドームが完成。3月1日に開場。現在はネーミングライツ売却により京セラドームに名称変更。オリックス・バファローズが本拠地としている。
2月27日	**150**周年	**1867（慶応3）年　日本、万国博覧会に初の出展** パリ万博に江戸幕府、薩摩藩、佐賀藩が出展。
3月3日	**20**周年	**1997（平成9）年　南半球で最も高いタワー** 地上高380mと南半球で最も高いスカイタワーがニュージーランド・オークランドで開場。
3月5日	**50**周年	**1967（昭和42）年　第1回青梅マラソン開催** 誰でも参加できる大衆マラソンとして、"円谷選手と走ろう"を合言葉に始まる。337人が参加した。
3月6日	**120**周年	**1897（明治30）年　東京で初の映画興行** 東京で初めてとなる映画興行が神田の錦輝館で行われた。
3月6日	**60**周年	**1957（昭和32）年　ガーナ独立** イギリス領ゴールドコーストが独立しガーナ共和国となる。
3月7日	**90**周年	**1927（昭和2）年　北丹後地方で大地震発生** 北丹後地方でM7.3の大地震（丹後地震）が発生。京都府下で死者3,589人、全壊3,340戸の被害をもたらした。
3月8日	**1315**周年	**702（大宝2）年　度量衡を制定** 文武天皇が尺、寸、升、両などを単位とする度量衡を制定。
3月8日	**100**周年	**1917（大正6）年【没】フェルディナント・フォン・ツェッペリン** ドイツのツェッペリン飛行船の創始者。

3月10日	110周年	**1907（明治40）年【生】石井 桃子** 昭和・平成期の児童文学作家、翻訳家。かつら文庫主宰、東京子ども図書館理事。岩波書店などで児童書の企画編集と翻訳に携わる。作品に「ノンちゃん雲に乗る」など。
3月15日	80周年	**1937（昭和12）年　世界初の血液銀行** アメリカ人医師ファンタスが、シカゴのクック・カウンティ病院内に血液銀行を設立。
3月15日	20周年	**1997（平成9）年　ナゴヤドーム開場** 日本で3番目のドーム球場として竣工。中日ドラゴンズの本拠地。
3月16日	130周年	**1887（明治20）年　隅田川で初の"東商レガッタ"** 東大が第一高等学校（東大の前身）、高等商業学校（一橋大の前身）、高等師範学校（筑波大の前身）を招待し隅田川で初めてボートレースを行った。東大、一橋大で競われる"東商レガッタ"の源流。
3月17日	110周年	**1907（明治40）年【生】三木 武夫** 昭和期の政治家。衆院議員、首相。51年間議員をつとめる。田中角栄のあとを受けて首相に就任。
3月19日	110周年	**1907（明治40）年【生】近藤 益雄** 昭和期の教育家、童謡詩人。なずな園創設者、のぎく学園創設者。「のんき、こんき、げんき」を合言葉に障害児・障害者教育を実践。詩集に「この子をひざに」など。
3月20日	110周年	**1907（明治40）年【生】高島 春雄** 昭和期の動物学者。無脊椎動物から鳥獣、植物までに及び、昭和最後の博物学者といわれた。
3月20日	100周年	**1917（大正6）年　理化学研究所設立** 科学技術の総合的な研究、試験を行う機関として高峰譲吉が提唱した理化学研究所の設立が認可される。
3月22日	120周年	**1897（明治30）年　英字新聞創刊** 日本人の経営・編集による初の日刊英字新聞「ジャパン・タイムズ」創刊。

3月23日	**110**周年	**1907（明治40）年【生】ダニエル・ボヴェ** イタリアの薬理学者。抗ヒスタミン剤を創製。クラーレを人工的につくった業績で、1957年ノーベル生理学・医学賞受賞。
3月25日	**90**周年	**1927（昭和2）年　女性初の博士** 学位論文「日本産の亜炭、褐炭、瀝青炭の構造について」（主論文「日本産石炭の植物学的研究」他8本）によって、保井コノが日本の大学初の女性博士となった。
3月25日	**60**周年	**1957（昭和32）年　ローマ条約調印** ECSC加盟6か国（フランス、西ドイツ、イタリア、ベルギー、オランダ、ルクセンブルク）によってヨーロッパ経済共同体（ECC）創設条約が調印された。ECCは翌年1月1日に発足。
3月27日	**90**周年	**1927（昭和2）年【生】ムスティスラフ・ロストロポーヴィチ** ソ連のチェリスト、指揮者。1956年、初めて西欧で演奏して賞賛を博した。
3月27日	**40**周年	**1977（昭和52）年　テネリフェ空港ジャンボ機衝突事故** スペイン領カナリア諸島のテネリフェ島にあるロス・ロデオス空港の滑走路上で2機のボーイング747型機同士が衝突。乗客乗員合わせて583人が死亡。死者数においては航空史上最悪の事故である。
3月29日	**90**周年	**1927（昭和2）年【生】ジョン・ロバート・ベーン** イギリスの生化学者。1982年にノーベル生理学・医学賞を受賞。
3月30日	**90**周年	**1927（昭和2）年【生】堤 清二** 昭和・平成期の実業家、小説家。セゾン文化財団理事長、西武セゾングループ代表。リベラル派財界人のリーダー的存在。経済同友会副代表幹事など歴任。著書に「異邦人」など。

2017年

3月31日	**30**周年	**1987（昭和62）年　国鉄民営化** 国鉄が分割・民営化され、JR7社（JR北海道、JR東日本、JR東海、JR西日本、JR四国、JR九州、JR貨物）誕生。国鉄115年の歴史に幕がおろされた。
4月	**130**周年	**1887（明治20）年　ゴミの回収が始まる** 「塵芥取締規則」が公布され各戸または数戸で共用のゴミ容器を備えることが義務づけられた。同時に、環境衛生と環境美化のためにゴミの不法投棄が禁止された。
4月1日	**70**周年	**1947（昭和22）年　6・3・3・4年制スタート** 学校教育法が施行され学校教育の6・3・3・4制発足。
4月3日	**70**周年	**1947（昭和22）年　ウグイス嬢登場** 後楽園球場にプロ野球で初のウグイス嬢登場。
4月5日	**70**周年	**1947（昭和22）年　第1回統一地方選挙** 都道府県会・市区町村議会議員選挙（第1回統一地方選挙）を施行。
4月5日	**50**周年	**1967（昭和42）年　イタイイタイ病原因発表** 岡山大学の小林純教授らが富山県神通川流域で発生していたイタイイタイ病は三井金属神岡鉱業所の廃水が原因であると発表。
4月7日	**100**周年	**1917（大正6）年　日本工業倶楽部、設立** 「工業家が力を合わせて、わが国の工業を発展させる」ことを目的に日本工業倶楽部、設立。
4月8日	**560**周年	**1457（康正3）年　太田道灌、江戸城築城** 扇谷上杉氏の家臣・太田道灌が江戸城を築城。
4月10日	**90**周年	**1927（昭和2）年【生】マーシャル・ニーレンバーグ** アメリカの生化学者。アミノ酸コードの配列を決定し、1968年ノーベル生理学・医学賞を受賞。
4月14日	**150**周年	**1867（慶応3）年【没】高杉 晋作** 江戸時代末期の長州（萩）藩士。吉田松陰に学び尊王攘夷運動に投じ、英国公使館焼打ち事件を起

015

こす。のち奇兵隊を組織。俗論に傾いた第一次長州征伐後の藩論を実力で倒幕に向けさせた。第二次長州征伐では奇兵隊を率い小倉城を攻略した。

| 4月14日 | **70**周年 | **1947（昭和22）年　独禁法公布** |

私的独占の禁止および公正取引の確保に関する法律（独占禁止法）が公布される。

| 4月15日 | **150**周年 | **1867（慶応3）年【生】南方 熊楠** |

明治〜昭和期の生物学者、人類学者、民俗学者。生物学の研究の傍ら比較民族学を研究。著書に「南方閑話」「南方随筆」など。

| 4月15日 | **110**周年 | **1907（明治40）年【生】ニコラース・ティンバーゲン** |

オランダ生まれのイギリスの動物行動学者。1973年度ノーベル生理学・医学賞を受賞。なお第1回のノーベル経済学賞を受賞したティンバーゲン,Jは実兄。

| 4月15日 | **80**周年 | **1937（昭和12）年　ヘレン・ケラー来日** |

「奇跡の人」ヘレン・ケラーが来日。その後1948（昭和23）年、1955（30）年にも来日した。

| 4月16日 | **620**周年 | **1397（応永4）年　金閣寺建立** |

足利義満が京都・北山に金閣寺を建てる。

| 4月16日 | **150**周年 | **1867（慶応3）年【生】ウィルバー・ライト（ライト兄弟）** |

アメリカの発明家。人類初の動力飛行に成功。ライト航空機会社を設立。

| 4月17日 | **70**周年 | **1947（昭和22）年　地方自治法公布** |

地方住民の政治参加の権利を保障し、地方自治体の自主性・自立性を強化することを図る地方自治法が

公布された。

| 4月21日 | 110周年 | **1907（明治40）年【生】渡辺 義雄** |

昭和・平成期の写真家。日本写真家協会会長、日本写真芸術学会会長。東京都写真美術館設立や写真の著作権を拡充する活動に尽力。作品に「奈良六大寺大観」など。

| 4月22日 | 20周年 | **1997（平成9）年　ペルー日本大使公邸事件発生** |

「ペルー日本大使公邸占拠事件」解決のため大使公邸に軍が突入。立て籠っていたゲリラを全員射殺。軍人2人とペルーの政府高官1人が死亡した。1996年12月17日の事件発生から解決までに4ケ月を要した。フジモリ大統領の突入判断に対し、日本をはじめ世界各国から賛辞が贈られた。しかし、フジモリ大統領はこの後ペルー国内での政争に敗北、日本に亡命した。

| 4月24日 | 10周年 | **2007（平成19）年　「全国学力テスト」再開** |

全国の小学6年生、中学3年生を対象とした「全国学力テスト」（全国学力・学習状況調査）が再開された。

| 4月27日 | 120周年 | **1897（明治30）年　帝国図書館設置** |

帝国図書館官制が公布され帝国図書館（現・国際子ども図書館）を設置。

| 4月27日 | 100周年 | **1917（大正6）年　初の駅伝** |

東海道駅伝徒歩競走（主催：読売新聞社）開催。京都・三条大橋から東京上野・不忍池までの508km・23区間を3日間かけて争った。日本初の駅伝。

| 4月28日 | 80周年 | **1937（昭和12）年　第1回文化勲章発令** |

長岡半太郎、本多光太郎、木村栄、佐佐木信綱、幸田露伴、岡田三郎助、藤島武二、竹内栖鳳、横山大観が受賞。

| 5月1日 | 140周年 | **1877（明治10）年　日本赤十字社の源流誕生** |

西南戦争の負傷者を看護するために伯爵で政治家の佐野常民らが博愛社を設立。その後、1886年（明治19年）に日本政府がジュネーブ条約に加入した

ことに伴い翌1887年に名称を日本赤十字社と改称した。

5月1日 90周年 **1927（昭和2）年【生】北 杜夫**
昭和・平成期の小説家、医師。「夜と霧の隅で」「どくとるマンボウ航海記」など作品多数。父は歌人斎藤茂吉。

5月1日 90周年 **1927（昭和2）年【生】吉村 昭**
昭和・平成期の小説家。日本近代文学館常務理事。記録文学に独特の境地を開き、幅広く活躍。代表作に「戦艦武蔵」「ふぉん・しいほるとの娘」など。

5月3日 110周年 **1907（明治40）年【生】森 荘已池**
昭和期の詩人、小説家。「蛾と笹舟」で直木賞。著書に「宮沢賢治の肖像」など。

5月3日 100周年 **1917（大正6）年【没】伊沢 修二**
明治・大正期の音楽教育家、近代的教育の指導者。東京音楽学校校長、貴族院議員。音楽取調掛として伝習生の教育、教科書の編纂を行う。著書に「小学唱歌」など。

5月3日 70周年 **1947（昭和22）年　日本国憲法施行**
この日、皇居前広場で記念式典が開かれ、各地で記念講演会等が催された。

5月6日 110周年 **1907（明治40）年【生】井上 靖**
昭和・平成期の小説家。日本ペンクラブ会長、日中文化交流協会会長。芥川賞などを受賞、著書に「闘牛」「淀どの日記」など。役職も多数務め、日中交流にも尽力。

5月6日 60周年 **1957（昭和32）年　東海村の第1号原子炉完成**
茨城県東海村の日本原子力研究所第1号実験炉が完成し。8月27日には臨界点に達し日本に初めて「原子の火」がともった。

5月15日 100周年 **1917（大正6）年【没】鳥居 忱**
明治期の作詞家、教育者。東京音楽学校（現東京芸大）教授。唱歌教育の先駆者。代表作に「箱根

2017年

八里」「秋のあわれ」。

5月16日 **20**周年 **1997（平成9）年 外国為替が完全自由化**
外為法の一部が改正され外国為替業務が完全自由化された（施行は1998年）。

5月20日 **550**周年 **1467（応仁元）年 応仁の乱始まる**
細川勝元と山名宗全が東西に分かれて戦った内乱。10年に渡る騒乱で京都の寺社や公家・武家邸の大半が消失した。

5月21日 **90**周年 **1927（昭和2）年 大西洋横断飛行に成功**
チャールズ・リンドバーグが「スピリット・オブ・セントルイス号」で大西洋横断無着陸単独飛行に成功。

5月22日 **30**周年 **1987（昭和62）年 第1回ラグビー・ワールドカップ開幕**
第1回ラグビー・ワールドカップがニュージーランドとオーストラリアで開催された。日本を含む16カ国が参加。決勝はニュージーランドとフランスが戦い、ニュージーランドが優勝した。第9回大会(2019年)は日本で開催される。

5月25日 **40**周年 **1977（昭和52）年 「スター・ウォーズ」封切り**
『スター・ウォーズ』（監督：ジョージ・ルーカス）が米で封切られた。当初上映館は50館ほどであったがまたたくまに人気が広がり社会現象となった。

5月27日 **110**周年 **1907（明治40）年【生】レイチェル・カーソン**
アメリカの生物学者。DDTによる環境汚染を警告した『沈黙の春』（1962）の著者。

5月27日 **90**周年 **1927（昭和2）年 第1回日本オープンゴルフ選手権大会開催**
横浜の程ケ谷CCで第1回日本オープンゴルフ選手権大会が開催される。赤星六郎が優勝。

5月27日 **80**周年 **1937（昭和12）年 金門橋開通**
サンフランシスコのゴールデン・ゲート・

ブリッジが開通。主塔間隔1,280mは長らく世界一を誇った。

5月27日	**20**周年	**1997（平成9）年　酒鬼薔薇事件** 神戸連続児童殺傷事件発生。猟奇的な犯行、加害者が当時14歳の少年であり社会に衝撃を与えた。
5月28日	**10**周年	**2007（平成19）年　議員宿舎で農相自殺** 安倍内閣で農相を務めていた松岡利勝議員が議員宿舎内で首つり自殺。自身の資金疑惑が追及されている最中の出来事であった。
6月1日	**110**周年	**1907（明治40）年【生】フランク・ホイットル** イギリスの航空技術者。イギリス空軍のジェット機中隊を誕生させた。
6月6日	**60**周年	**1957（昭和32）年　東京の水瓶、小河内ダム誕生** 多摩川をせきとめ都民の飲料水を確保する目的のため建設された小河内ダムが完成。
6月8日	**70**周年	**1947（昭和22）年　日教組結成** 三つの教職員団体が合同し日本教職員組合を結成。
6月12日	**40**周年	**1977（昭和52）年　樋口久子、全米女王に** 樋口久子が全米女子メジャーの一つ全米女子プロゴルフ選手権で優勝。日本人初の快挙であった。
6月17日	**110**周年	**1907（明治40）年【生】チャールズ・イームズ** アメリカのデザイナー。1961年カウフマン国際デザイン大賞を受賞。
6月19日	**230**周年	**1787（天明7）年　寛政の改革** 老中・松平定信が江戸幕府の政治改革を行う。
6月20日	**140**周年	**1877（明治10）年** **モース、大森貝塚を発見** モースが横浜から新橋に向かう汽車の窓から貝塚を発見。
6月23日	**50**周年	**1967（昭和42）年【没】壺井 栄** 昭和期の小説家。プロレタリア文学運動に参加、宮

2017年

本百合子、佐多稲子を知る。代表作に「二十四の瞳」など。

6月24日 **110**周年 **1907（明治40）年【生】靉光**
昭和期の洋画家。美術文化協会結成に参加、新人画会を興す。作品に「眼のある風景」「自画像」など。

6月25日 **110**周年 **1907（明治40）年【生】ヨハネス・ハンス・ダニエル・イェンゼン**
ドイツの理論物理学者。1948年原子核の殻構造理論を発表、63年ノーベル物理学賞受賞。

7月1日 **20**周年 **1997（平成9）年 香港返還**
155年ぶりに香港が英国から中国に返還され中国の特別行政区となった。中国政府は社会主義政策を将来50年（2047年まで）にわたって香港で実施しないことを約束した。

7月5日 **100**周年 **1917（大正6）年【没】塚原 渋柿園**
明治期の小説家。作品に「長篠合戦」「天草一揆」「侠足袋」など。

7月5日 **90**周年 **1927（昭和2）年【没】アルブレヒト・コッセル**
ドイツの生化学者。細胞、核、蛋白質を研究し、蛋白体の塩基核を発見。1910年「核蛋白を含む蛋白の研究」によってノーベル生理学・医学賞を受賞。

7月7日 **110**周年 **1907（明治40）年【生】ロバート・ハインライン**
アメリカのSF小説作家。代表作『月を売った男』、『太陽系帝国の危機』など。

7月7日 **80**周年 **1937（昭和12）年 蘆溝橋事件**
北京郊外の盧溝橋付近で日本軍と中国軍の間で衝突が発生。これが日中戦争の発端となった。

7月9日 **140**周年 **1877（明治10）年 第1回ウィンブルドン選手権**
テニスの第1回ウィンブルドン選手権開催。第1回大会は男子シングルスのみが行われた。優勝者はスペンサー・ゴアであった。

7月10日	**90**周年	**1927（昭和2）年　岩波文庫、発刊**

「万人の必読すべき真に古典的価値ある書」を意図して日本初の文庫本シリーズを発刊。夏目漱石『こころ』、幸田露伴『五重塔』、樋口一葉『にごりえ・たけくらべ』など22冊が刊行された。

7月10日	**20**周年	**1997（平成9）年　出水市針原地区土石流災害**

鹿児島県出水市で7日から降り続いた雨により土石流が発生。21人が犠牲となった。

7月10日	**10**周年	**2007（平成19）年　大リーグオールスターでMVP**

イチロー（マリナーズ）がMLBオールスターゲーム史上初となるランニングホームランを放つ。併せて日本人初となるオールスターゲームMVPも獲得。

7月13日	**40**周年	**1977（昭和52）年　ニューヨーク大停電**

ニューヨーク市の大半と周辺市にまたがる停電が発生。停電は26時間続き、900万人もの人が影響を受けた。帰宅難民がホテルに押し寄せたり、略奪などの犯罪が多発しニューヨーク市内は混乱に陥った。

7月14日	**40**周年	**1977（昭和52）年　「ひまわり」打ち上げ**

静止気象衛星「ひまわり1号」がアメリカ・ケープカナベラル基地から打ち上げられた。

7月15日	**90**周年	**1927（昭和2）年【没】ガストン・ルルー**

フランスの小説家、ジャーナリスト。代表作に『黄色い部屋の秘密』(1908)、『オペラ座の怪人』(1910)など。

7月16日	**10**周年	**2007（平成19）年　新潟県中越沖地震**

新潟県上中越沖を震源とするマグニチュード6.8の地震が発生。新潟県長岡市、柏崎市、刈羽村、長野県飯綱町で最大震度6強を観測し、震源地に近い長岡市、出雲崎町、刈羽村をはじめ多くの市町村が被害を受けた。また東京電力柏崎刈羽原子力発電所3号機変圧器から火災が発生した。

日付	周年	内容
7月20日	110周年	**1907（明治40）年　明治期最大の炭鉱事故** 福岡県田川郡の豊国炭鉱で爆発事故が起こり365人が死亡。
7月21日	110周年	**1907（明治40）年【生】アレック・ホープ** オーストラリアの詩人。『詩集』（1960）。
7月24日	90周年	**1927（昭和2）年【没】芥川 龍之介** 大正期の小説家。「羅生門」「鼻」「蜘蛛の糸」「河童」など、古典に材を取った美しい文体の短編の名作を数多く発表。評論「芭蕉雑記」、随筆「侏儒の言葉」などの著作もある。
7月27日	100周年	**1917（大正6）年【没】エミール・テオドール・コッハー** スイスの外科医。甲状腺の生理学的、病理学的研究と切除手術で、1909年ノーベル生理学・医学賞受賞。著書『外科手術学』（1892）。
7月30日	105周年	**1912（大正元）年　「明治」終わる** 明治天皇崩御。大正と改元。
8月1日	110周年	**1907（明治40）年【生】宮本 常一** 昭和期の民俗学者。武蔵野美術大学教授。独自の"宮本民俗学"を確立、著書に「民俗学への道」「瀬戸内海の研究」など。
8月1日	70周年	**1947（昭和22）年　東京23区制** それまでの35区制を22区制に整理統合。これに新たに練馬区を加え23区となった。
8月3日	150周年	**1867（慶応3）年【没】伊地知 季安** 江戸時代末期の武士、歴史家。薩摩藩士。「薩藩旧記雑録」を編纂。
8月3日	90周年	**1927（昭和2）年　第1回都市対抗野球大会** 都市対抗野球が神宮球場で開催される。大連市の満州倶楽部が大阪市の全大阪を破り優勝。

8月4日	**70**周年	**1947（昭和22）年　最高裁判所発足** 最高裁判所が12人の裁判官任命により発足（初代長官は三淵忠彦）。
8月11日	**210**周年	**1807（文化4）年　最初の蒸気船** フルトンが、全長40mの蒸気船クラーモント号を製作して、ニューヨークからオールバニー間のハドソン川を32時間で往復することに成功、就航事業を軌道に乗せた。実用的かつ経済的に成功した蒸気船としては、これが最初のも。
8月12日	**140**周年	**1877（明治10）年　蓄音機を発明** エジソン、蓄音機を発明。錫の箔を使った円筒式のものでフォノグラフ（Phonograph）と名付けられた。
8月13日	**90**周年	**1927（昭和2）年　スポーツの実況中継が始まる** 第13回全国中等野球優勝大会（甲子園球場）がラジオ中継される。初めてのスポーツ実況中継であった。
8月14日	**90**周年	**1927（昭和2）年【没】左右田 喜一郎** 明治・大正期の哲学者、経済学者。貴族院議員。経済哲学を構想。横浜社会問題研究所所長。
8月14日	**70**周年	**1947（昭和22）年　インド独立とパキスタン分離独立** イギリスからヒンドゥー教徒の国インド（首都ニューデリー）と、イスラム教徒の国パキスタン（首都カラチ）とに分離独立。
8月15日	**100**周年	**1917（大正6）年　日本初の私立美術館** 東京・赤坂に日本最初の私立美術館として大倉集古館設立。大倉喜八郎が収集した東洋美術品を展示。
8月15日	**10**周年	**2007（平成19）年　2007年ペルー地震** 首都リマの南南東145Kmを震源とするM8.0の強い地震が発生。死者540人、負傷者15,000人、倒壊家屋40,000戸以上という大きな被害を出した。
8月16日	**40**周年	**1977（昭和52）年【没】エルビス・プレスリー** アメリカのポピュラー歌手。1955年の『ハートブレイク・ホテル』でロックン・ロール・スタイルを

確立、「ロックの王者」と呼ばれた。56年から映画にも主演。

| 8月18日 | 90周年 | **1927（昭和2）年【生】城山 三郎** |

昭和・平成期の小説家。企業の内幕と人間模様を描いた経済小説を多数発表。作品に「総会屋錦城」など。

| 8月20日 | 100周年 | **1917（大正6）年【没】アドルフ・フォン・バイヤー** |

ドイツの有機化学者。門下にE.フィッシャーやR.ウィルシュテッターなどを輩出。1905年ノーベル化学賞受賞。

| 8月21日 | 140周年 | **1877（明治10）年　第1回内国勧業博覧会を開催** |

東京・上野公園で第1回内国勧業博覧会を開催。日本の産業促進に大きな影響を与え、以後の博覧会の原型となった。

| 8月31日 | 150周年 | **1867（慶応3）年【没】シャルル・ボードレール** |

フランスの詩人、評論家。詩集『悪の華』(57)でフランス近代詩を確立。

| 8月31日 | 110周年 | **1907（明治40）年【生】ラモン・マグサイサイ** |

フィリピンの政治家。1953年国民党の大統領候補に指名され、キリノを破り当選。彼を記念して「アジアのノーベル賞」と呼ばれるマグサイサイ賞が創設された。

| 8月31日 | 60周年 | **1957（昭和32）年　マラヤ連邦独立** |

マラヤ連邦がイギリスより独立。1963年にシンガポール、東マレーシアのサバ、サラワクを加えマレーシア連邦が成立。1965年にシンガポールが分離独立し現在のマレーシアを形成。

| 8月31日 | 20周年 | **1997（平成9）年　ダイアナ妃事故死** |

イギリスのダイアナ元皇太子妃がパリ市内で交通事故死。その死は世界中に衝撃を与えた。

| 9月1日 | 90周年 | **1927（昭和2）年　日本初のレビュー上演** |

宝塚歌劇、日本初のレビュー『吾が巴里よ モン・パリ』を上演。

9月1日	**50**周年	**1967（昭和42）年　四日市ぜんそく訴訟** 三重県・四日市コンビナート地帯のぜんそく患者9人が市と進出企業6社を提訴した。
9月2日	**60**周年	**1957（昭和32）年　国際ペン大会、東京で開催** 国際ペン大会（第29回）が初めて日本（東京）で開催された。川端康成が会長を務めモラビア、スタインベックらを迎えた。
9月6日	**20**周年	**1997（平成9）年　北野監督、金獅子賞受賞** ベネチア映画祭で北野武監督の『HANA-BI』が金獅子賞を受賞。
9月8日	**110**周年	**1907（明治40）年　狩勝トンネル完成** 狩勝峠を越える全長954mの鉄道トンネルが完成。
9月9日	**100**周年	**1917（大正6）年【没】土居 通夫** 明治・大正期の実業家。大阪電灯及び京阪電鉄社長、大阪商業会議所会頭などを務めた。
9月9日	**30**周年	**1987（昭和62）年　熊本〜青森がつながる** 東北自動車道の浦和インターチェンジと首都高速・川口線の連結工事が完成。青森から熊本の社インターまで2,002kmが高速道路でつながった。
9月11日	**80**周年	**1937（昭和12）年　後楽園球場完成** 東京都心に職業野球専用球場として後楽園球場（正式名称：後楽園スタヂアム）が完成。巨人、日本ハムの本拠地として数々の名勝負の舞台となった。
9月13日	**10**周年	**2007（平成19）年　先住民族の権利** 国連総会で先住民族の権利（文化、アイデンティティ、言語、雇用、健康、教育に対する権利、先住民族の個人および集団の権利）を規定する「先住民族の権利に関する国連宣言」が採択された。
9月14日	**70**周年	**1947（昭和22）年　カスリーン台風** カスリーン台風がもたらした大雨の影響で関東南部では利根川と荒川の堤防が決壊し、埼玉県東部から東京で多くの家屋が浸水した。群馬県、栃木県では

		土石流や河川の氾濫が多発し、両県で1,100名以上の死者・行方不明者が出た。東北地方でも北上川が氾濫するなど大きな被害が発生した。
9月17日	150周年	**1867（慶応3）年【生】正岡 子規** 明治期の俳人、歌人。俳句・短歌を革新し近代文学へ位置づける。「ホトトギス」を主宰。
9月18日	110周年	**1907（明治40）年【生】エドウィン・マクミラン** アメリカの物理学者。1945年シンクロトロンの原理を発見するなどし1951年ノーベル化学賞受賞。
9月18日	90周年	**1927（昭和2）年【没】德冨 蘆花** 明治・大正期の小説家。著書に「不如帰」「思出の記」など。
9月20日	60周年	**1957（昭和32）年　国産ロケット発射成功** 糸川英夫教授らが日本初の地球観測用ロケット「カッパー 4C」1号機の打ち上げに成功。
9月21日	90周年	**1927（昭和2）年　初のファッションショー** 東京日本橋の三越呉服店で初のファッションショーを開催。
9月24日	90周年	**1927（昭和2）年【生】加山 又造** 昭和・平成期の日本画家。多摩美術大学教授、東京芸術大学教授。創画会結成に参加。創造の可能性を追求し日本画の旗手。作品に「雲龍図」「馳る」「冬」など。
9月24日	90周年	**1927（昭和2）年【生】長 新太** 昭和・平成期の漫画家、絵本作家。漫画・絵本・エッセイなどで活躍。代表作に「どうぶつあれあれ絵本」など。
9月26日	100周年	**1917（大正6）年【没】エドガー・ドガ** フランスの画家。近代的レアリスムの完成者の一人。代表作『アブサン』(1876)。

9月27日	**60**周年	**1957（昭和32）年　ロマンスカーが速度記録** 小田急電鉄が新宿～箱根間に特急ロマンスカー SE車を導入。同車は試運転段階で時速145kmの狭軌世界新記録を達成した。
9月28日	**90**周年	**1927（昭和2）年【没】ウィレム・アイントホーフェン** オランダの生理学者。心電図法の発見、研究で1924年ノーベル生理学・医学賞受賞。
10月1日	**110**周年	**1907（明治40）年【生】服部 良一** 昭和期の作曲家、指揮者。日本作曲家協会会長、日本音楽著作権協会名誉会長。「東京ブギウギ」「青い山脈」等戦前、戦後を通じ常に庶民に愛される曲を作曲。
10月1日	**60**周年	**1957（昭和32）年　5000円札登場** 聖徳太子（表面）、日本銀行（裏面）が描かれている5,000円紙幣登場。
10月1日	**10**周年	**2007（平成19）年　郵政民営化** 日本郵政など5つの株式会社が発足。
10月2日	**90**周年	**1927（昭和2）年【没】スヴァンテ・アレニウス** スウェーデンの化学者、物理学者。電解質の水溶液中での電離説を提唱（1884）。1903年ノーベル化学賞を受賞。
10月4日	**310**周年	**1707（宝永4）年　宝永地震** 東海道から紀伊半島までが地震と津波によって大きな被害を受けた。死者2万人、倒壊家屋6万戸といわれている。
10月6日	**90**周年	**1927（昭和2）年　世界最初のトーキー映画** 世界最初のトーキー映画『ジャズ・シンガー』がニューヨークで封切られる。しかしトーキーなのはアル・ジョルスンが歌う場面だけであった。
10月8日	**90**周年	**1927（昭和2）年【生】セザール ミルスタイン** アルゼンチンの分子生物学者。ケンブリッジ大学分子生物学研究所免疫生物学部長。1984年ケーラー,

2017年

ヤーヌとともにノーベル医学・生理学賞受賞。

10月9日 **50**周年 **1967（昭和42）年【没】エルネスト・チェ・ゲバラ**
ラテンアメリカの革命家。キューバ革命でカストロらとゲリラ戦争を展開、革命成功後、国立銀行総裁、工業相などを歴任。1967年ボリビアで活動中、政府軍に銃殺された。主著『ゲリラ戦争』(61)、『ゲバラ日記』(68)。

10月10日 **20**周年 **1997（平成9）年　新国立劇場開場**
開場記念公演として、日本神話を題材としたオペラ『建・TAKERU』（團伊玖磨作曲）が上演された。

10月12日 **110**周年 **1907（明治40）年【生】今井 勇之進**
昭和・平成期の金属工学者。東北大学教授。金属材料工学、鉄鋼材料学を研究。原子炉用の耐蝕材料、骨折治療用の合金開発に貢献。

10月12日 **30**周年 **1987（昭和62）年　利根川進、ノーベル賞受賞**
利根川進のノーベル生理学・医学賞受賞が決まる。

10月14日 **150**周年 **1867（慶応3）年　大政奉還**
15代将軍徳川慶喜、政権を朝廷に返上。翌日勅許、徳川幕府が終焉する。

10月14日 **10**周年 **2007（平成19）年　鉄道博物館開館**
JR東日本の創立20周年記念事業として埼玉県さいたま市大宮区に鉄道博物館を建設。神田にあった交通博物館の後継施設。

10月15日 **100**周年 **1917（大正6）年【没】マタ・ハリ**
国籍不明のダンサー。第一次大戦当時ドイツのスパイの嫌疑でフランス政府に逮捕、銃殺された。

10月16日 **90**周年 **1927（昭和2）年【生】ギュンター・グラス**
ドイツの小説家。代表作『ブリキの太鼓』(1959)の他、『猫と鼠』(61)、『犬の年』(63)、『局所麻酔』(69) など。

10月17日	**130**周年	**1887（明治20）年　近代上水道誕生** 横浜市で日本初の近代水道を経由した給水が開始された。横浜では急激な人口増と井戸水が潤沢ではないという慢性的な水不足に悩まされていた。これを打開するため神奈川県は英国人技師H.S.パーマーを顧問とし、相模川の上流に水源を求め1885（明治18）年近代水道の建設に着手。1887（明治20）年9月に完成させた。
10月18日	**110**周年	**1907（明治40）年【生】佐藤 亮一** 昭和・平成期の翻訳家。日本翻訳家協会会長、共立女子短期大学教授。「英文毎日」文芸欄コラムニストとして執筆。訳書に「マラヤの混乱」、パール・バック「大地」など。
10月18日	**90**周年	**1927（昭和2）年【生】馬場 のぼる** 昭和・平成期の漫画家、絵本作家。ユーモラスな描線が持ち味。漫画には「ブウタン」等。絵本では「11ぴきのねこ」等。
10月23日	**100**周年	**1917（大正6）年【没】片山 東熊** 明治・大正期の建築家。工学博士。帝室関係の建築に従事。代表作「赤坂離宮」「奈良帝室博物館」など。
10月25日	**380**周年	**1637（寛永14）年　島原の乱** 島原で圧政に苦しむ農民らが蜂起。
10月26日	**90**周年	**1927（昭和2）年【没】八木 重吉** 大正期の詩人。受洗、無教会主義者。詩集に「秋の鐘」「貧しき信徒」など。
11月1日	**90**周年	**1927（昭和2）年【生】木谷 恭介** 昭和期の小説家、旅行評論家。
11月6日	**150**周年	**1867（慶応3）年【没】野村 望東尼** 江戸時代末期の女性歌人。高杉晋作など勤王の志士達をかくまったことで知られる。

2017年

11月14日	110周年	**1907（明治40）年【生】アストリッド・リンドグレーン** スウェーデンの女流童話作家。1950年第1回ニールス・ホルゲルソン賞を受賞。57年国際アンデルセン賞大賞を受賞。
11月14日	90周年	**1927（昭和2）年【生】森 正洋** 昭和・平成期のセラミックデザイナー。機能性を重視ししながらも自由な発想による造形で、国際的にも高く評価される。
11月14日	70周年	**1947（昭和22）年　本田彗星** 岡山県の天体観測者・本田実が烏座方向に新しい彗星を発見。本多彗星と名付けられる。
11月15日	150周年	**1867（慶応3）年【没】坂本 龍馬** 江戸時代末期の志士。もと土佐藩士。脱藩して海援隊を組織し、薩長連合を斡旋。「船中八策」を起草して倒幕活動中暗殺された。
11月15日	40周年	**1977（昭和52）年　国立民族学博物館開館** 大阪府吹田市千里丘陵の万国博跡地に国立民族学博物館が開館。オセアニア、アメリカ、ヨーロッパ、アフリカ、西アジア、音楽・言語、東南アジア、東アジア（日本の文化）展示およびビデオテークを一般公開。
11月15日	10周年	**2007（平成19）年　バングラデシュにサイクロン** 巨大サイクロン・シドルがバングラデシュ南部バタルガタ付近に上陸。死者・行方不明者4,234人、被災者892万3,259人、被災家屋（全半壊）151万8,942棟に及ぶ被害をもたらした。
11月16日	20周年	**1997（平成9）年　サッカー日本W杯初進出** サッカー日本代表がW杯フランス大会アジア地区第3代表決定戦でイランを下し初の出場を決めた。「ジョホールバルの歓喜」と呼ばれる。

| 11月17日 | **150**周年 | **1867（慶応3）年【没】中岡 慎太郎**
江戸時代末期の尊攘・討幕派志士、土佐藩郷士。倒幕運動に邁進したが、坂本龍馬とともに暗殺された。 |

| 11月17日 | **100**周年 | **1917（大正6）年【没】オーギュスト・ロダン**
フランスの彫刻家。『考える人』（1888）で有名。 |

| 11月20日 | **10**周年 | **2007（平成19）年 iPS細胞開発に成功**
山中伸弥教授らの研究グループがヒトの皮膚細胞から人工多能性幹細胞（iPS細胞）の開発に成功したと発表。 |

| 11月22日 | **110**周年 | **1907（明治40）年 逍遙訳『ハムレット』初演**
坪内逍遙訳『ハムレット』が東京・本郷座で上演された。 |

| 11月23日 | **310**周年 | **1707（宝永4）年 富士山大噴火**
富士山の噴火によって宝永火口が生じた。江戸、武蔵、相模、駿河に大量の降灰被害をもたらした。 |

| 11月25日 | **150**周年 | **1867（慶応3）年【没】物外不遷**
江戸時代末期、曹洞宗の僧、武術家。幕府と長州（萩）藩との調停に尽力。 |

| 11月25日 | **70**周年 | **1947（昭和22）年 赤い羽根共同募金始まる**
第1回共同募金が始まる。初年に胸に飾られたのは赤いブリキのバッジだった。「赤い羽根」が使われるようになるのは翌年（昭和23年）から。 |

| 11月28日 | **110**周年 | **1907（明治40）年【生】アルベルト・モラヴィア**
イタリアの小説家、評論家。最初の長篇『無関心な人々』（1929）を自費出版して大成功を収め、作家として独立。伝統的な物語小説を擁護し、疎外をテーマに、反資本主義の文学運動を展開している。 |

11月29日	90周年	**1927（昭和2）年【生】古田 足日** 昭和・平成期の児童文学作家、評論家。山口女子大学教授。「日本児童文学」編集長。主な作品に「宿題ひきうけ株式会社」「モグラ原っぱの仲間たち」。
11月30日	40周年	**1977（昭和52）年　自動焦点カメラ発売** 小西六写真工業（現コニカミノルタ）が世界初の自動焦点カメラ「C35AF（ジャスピンコニカ）」を発売。
12月1日	160周年	**1857（安政4）年　釜石で高炉の操業開始** 岩手県釜石市に洋式高炉が建てられその操業が始まる。これを記念し12月1日が鉄の記念日となっている。
12月3日	110周年	**1907（明治40）年【生】岡 小天** 昭和期の物理学者。国立循環器病センター研究所長。日本における物性物理学・バイオレオロジーの先駆者。都立大学教授、慶応義塾大学教授などを歴任。
12月3日	110周年	**1907（明治40）年【生】火野 葦平** 昭和期の小説家。「糞尿譚」で芥川賞を受賞。その他の作品に「青春と泥濘」「革命前後」など。
12月4日	100周年	**1917（大正6）年【没】杉 亨二** 江戸時代末期～大正期の統計学者。スタチスチック社社長。蕃書調所に出仕、統計学の重要性を知る。新政府の政表課に勤め、政府に統計調査の必要性を説いた。
12月5日	60周年	**1957（昭和32）年　原子力砕氷船進水** ソ連で世界初の原子力砕氷船レーニン号が進水。1万6,000トン、厚さ2mの氷を18ノットのスピードで砕きながら進むことができる。北極海航路を開拓する為に建造された。
12月6日	100周年	**1917（大正6）年　フィンランド独立** フィンランドがロシアからの独立を宣言。
12月7日	70周年	**1947（昭和22）年　福岡国際マラソンの源流** 福岡国際マラソンの源流「金栗賞朝日マラソン」が

行われた。コースは熊本県庁前から当尾村御野立
所を折り返すものであった。1974（昭和49）年の
第28回より「福岡国際マラソン」と現在の大会名
となった。

12月9日 **150**周年 **1867（慶応3）年　王政復古**
薩摩藩など倒幕派とこれに同調する公家らによって
朝廷から「王政復古の大号令」が発せられた。

12月10日 **110**周年 **1907（明治40）年【生】ルーマー・ゴッデン**
イギリスの女流作家。"The Fairy Doll"（1956）
で国際アンデルセン優良賞を受けた。

12月10日 **90**周年 **1927（昭和2）年【生】鎌田 茂雄**
昭和・平成期の宗教史学者。国際仏教学大学院大
学教授、東京大学教授。中国仏教史研究の第一人者。
著書に「中国仏教史」「中国の仏教儀礼」など。

12月10日 **20**周年 **1997（平成9）年　山陽自動車道全通**
山陽自動車道（神戸JCT ～山口JCT：405.6km）
が全通。

12月11日 **150**周年 **1867（慶応3）年【没】谷 三山**
江戸時代末期の儒学者。尊皇の思想家として吉田
松陰、頼山陽と交流を持った。

12月11日 **60**周年 **1957（昭和32）年　「100円玉」発行**
表面に鳳凰、裏面に
旭日を意匠とする銀
貨として発行。硬貨
としては当時の最高
額面であった。

12月11日 **50**周年 **1967（昭和42）年　総理、非核三原則を表明**
衆議院予算委員会で佐藤栄作首相が「核兵器をも
たず、つくらず、もちこませず」という非核三原則
を表明。

12月11日 **20**周年 **1997（平成9）年　「京都議定書」採択**
温室効果ガスの削減目標を定めた「京都議定書」
を採択し、地球温暖化防止京都会議（COP3）が閉幕。

12月13日	60周年	**1957（昭和32）年　ポラロイドカメラ誕生**
		アメリカのポラロイド社が撮影から焼付けまで1分でできるインスタントカメラが完成したことを発表。
12月15日	110周年	**1907（明治40）年【生】オスカー・ニーマイヤー**
		ブラジルの建築家。1950～60年ブラジリアの主要な公共建築の大部分を設計。
12月17日	60周年	**1957（昭和32）年　日本初のモノレール**
		上野動物園内に日本初のモノレール（軌道から車体をつりさげる懸垂式）が完成。
12月18日	20周年	**1997（平成9）年　東京湾アクアライン開通**
		川崎市～木更津市の東京湾横断道路（東京湾アクアライン）が開通。東京湾を横断する区間は東京湾アクアトンネル（9,610m）と呼ばれ、トンネルとしては日本第4位の長さで海底道路トンネルしては日本最長である。
12月20日	30周年	**1987（昭和62）年　海難史上最悪の事故**
		乗客1,400人乗りの内航フェリー、ドニャパス（2,215トン）とフィリピン籍の石油タンカー、ビクトル（629トン）が、ミンドロ島近くで衝突し炎上、両船とも沈没した。衝突直後、現場付近は海面まで火に包まれ、救出された人たちもやけどを負っていた。26人が救出されたが、翌年1月10日までに判明した乗客は3,009人。相手タンカーの乗組員を加えると、犠牲者は3,078人に上る。この死者数はタイタニック号沈没事故（死者1,513人）を大幅に上回り、海難史上最大となる。1988年10月24日には後継船ドニャマリリンが沈没、1,000人以上が死亡した。
12月22日	70周年	**1947（昭和22）年　家・戸主、家督相続が廃止**
		家・戸主の廃止、家督相続の廃止と均分相続の確立、婚姻・親族・相続などにおける女性の地位向上などを主要な内容とする民法改正が行われた。1948年1月1日施行。

12月23日	**100**周年	**1917（大正6）年【没】青山 胤通**
		明治・大正期の医学者。東京帝国大学教授、医学博士、男爵。行政や軍隊にも影響力が大きかった。

12月24日	**60**周年	**1957（昭和32）年　FM放送開始**
		NHKがFMの実験放送を行う。

12月25日	**120**周年	**1897（明治30）年　赤痢の病原体**
		志賀潔、北里柴三郎の指導により赤痢菌を発見。

12月27日	**150**周年	**1867（慶応3）年【生】鈴木 三郎助**
		明治～昭和期の実業家。昭和肥料社長、味の素創始者。日本化学工業創立。グルタミン酸ナトリウムを工業化、味の素として販売。

12月28日	**70**周年	**1947（昭和22）年　戦後初の外国人観光客**
		戦後初の外国人観光客を乗せ、世界一周の米客船「プレジデント・モンロー号」が横浜に入港。鎌倉観光などを行った。

12月30日	**110**周年	**1907（明治40）年　漢字タイプライター発明**
		篠沢勇作が漢字タイプライターを発明。

12月30日	**90**周年	**1927（昭和2）年　初の地下鉄**
		日本で初の地下鉄が上野～浅草2.2kmで開業。

2018年 （平成30年）

1月1日 **155**周年 **1863（文久3）年 奴隷解放**
米大統領リンカーンが南北戦争のさなかに奴隷解放を宣言しこの日から施行された。

1月1日 **150**周年 **1868（慶応4）年 神戸港開港**
神戸港開港。当初、開港地は兵庫であったが、付近の海域を測量した結果、開港地は神戸となった。

1月1日 **110**周年 **1908（明治41）年【生】佐貫 亦男**
昭和・平成期の航空宇宙評論家、航空工学者。東京大学教授。航空宇宙工学が専門。著書に「とぶ引力とのたたかい」「ロケット工学」など。

1月1日 **55**周年 **1963（昭和38）年 「鉄腕アトム」放送開始**
「鉄腕アトム」（フジテレビ）が放送を開始。初の本格的連続テレビアニメといわれている。

1月2日 **70**周年 **1948（昭和23）年 劇団・民芸初公演**
劇団・民芸（民衆芸術劇場）の第1回公演が東京・有楽座で行われた。島崎藤村作、村山知義脚色・演出の『破戒』が演じられた。

1月3日 **150**周年 **1868（慶応4）年 戊辰戦争**
京都の鳥羽・伏見で旧幕府軍と新政府軍が戦闘。

1月4日 **65**周年 **1953（昭和28）年 箱根駅伝を実況**
NHKラジオが初めて箱根駅伝（東京箱根間往復大学駅伝競走）を実況中継。

1月5日 **110**周年 **1908（明治41）年【生】長岡 輝子**
昭和・平成期の女優、演出家。文学座の女優、演出を手掛け、のち退団。映画やテレビでも活躍。出演作品に舞台「ガラスの動物園」など。

1月5日 **50**周年 **1968（昭和43）年 プラハの春**
チェコで共産党第一書記ノボトニーが解任され、ドプチェクが就任。そのもとで「プラハの春」と呼ばれた自由化政策がとられた。

1月8日	**100**周年	**1918（大正7）年　ウィルソンの14カ条** 米大統領ウイルソンが議会で第一次世界大戦和平と戦後世界について14カ条の構想を発表。講和交渉の公開、秘密外交の廃止、海洋（公海）の自由など。戦後国際政治の原則となった。
1月9日	**110**周年	**1908（明治41）年【生】シモーヌ・ド・ボーヴォワール** フランスの小説家、評論家、劇作家。小説『レ・マンダラン』で1954年ゴンクール賞受賞。
1月9日	**100**周年	**1918（大正7）年【没】アーサー・ヘスケス・グルーム** イギリス人実業家。1901年六甲山に日本初のゴルフ場を開き、1903年には神戸ゴルフ・クラブを創立するなどした日本ゴルフ生みの親。
1月10日	**155**周年	**1863（文久3）年　世界初の地下鉄が開通** ロンドンに世界初の地下鉄が開通。全長6キロ、最初の1年間の集客数950万人。蒸気機関車での運行だった。
1月10日	**145**周年	**1873（明治6）年　日本政府、徴兵令を発布** 満20才に達した男子は3年間の兵役に服することとなった。
1月11日	**90**周年	**1928（昭和3）年【没】トーマス・ハーディ** イギリスの小説家、詩人。『帰郷』(1878)『テス』(91)などの小説が有名。後年、詩作に転じ大作『覇王』(1903～08)を発表。
1月12日	**100**周年	**1918（大正7）年　全国高校ラグビー大会始まる** 豊中運動場で「日本フットボール大会」(現・全国高校ラグビー大会)が開幕。初回はラグビー式とアッソーシエーション式（サッカー）の二部門で行われた。会場が現在の花園ラグビー場に移されたのは第42回（1962年度）大会から。
1月14日	**40**周年	**1978（昭和53）年　伊豆大島近海地震** 伊豆大島西岸沖を震源とするマグニチュード7.0の

		直下型地震が発生。死者・行方不明25人、負傷者211人。
1月22日	**110**周年	**1908（明治41）年【生】レフ・ランダウ** ソ連の理論物理学者。物性理論などを研究。1962年ノーベル物理学賞受賞。
1月22日	**100**周年	**1918（大正7）年【没】吉田 東伍** 明治期の歴史地理学者。早稲田大学教授。「大日本地名辞書」を独力で完成。
1月23日	**100**周年	**1918（大正7）年【没】手島 精一** 明治・大正期の教育家。東京職工学校校長。わが国工業教育の発展に貢献。東京教育博物館長を歴任。
1月23日	**55**周年	**1963（昭和38）年 昭和38年1月豪雪** 日本海側と岐阜県山間部を襲った記録的豪雪。政府は北陸地方豪雪非常対策本部を設置した。28日までの被害は、23府県で死者・行方不明者84人、負傷者70人、家屋倒壊261棟となった。
1月26日	**70**周年	**1948（昭和23）年 帝銀事件発生** 帝国銀行椎名町支店で行員ら12人を毒殺し現金16万4,000円、小切手額面1万7,000円を強奪する帝銀事件発生。
1月27日	**45**周年	**1973（昭和48）年 ベトナム和平協定** パリで南北ベトナムと南ベトナム臨時革命政府、アメリカが参加してベトナム和平協定が調印された。戦争の停戦、アメリカ軍の撤退などで合意がなされた。
1月27日	**25**周年	**1993（平成5）年 初の外国人横綱誕生** 東関部屋の曙太郎が第64代横綱に昇進。初の外国人横綱となった。

1月30日	**90**周年	**1928（昭和3）年【没】ヨハネス・フィビゲル**
		デンマークの病理学者。人工的に胃癌をつくることに成功し、1926年ノーベル生理学・医学賞を受けた。
1月30日	**50**周年	**1968（昭和43）年 テト攻勢（ベトナム戦争）**
		解放戦線勢力がケサンのアメリカ軍基地を奇襲。アメリカ軍は大きな打撃を受けた。ベトナム戦争の流れを変える大きな軍事行動となった。
1月31日	**100**周年	**1918（大正7）年【没】磯村 春子**
		明治・大正期のジャーナリスト、新聞記者。「やまと新聞」の記者。日本近代小説の英訳を目指すが病死。著書に「今の女」。NHK朝の連続テレビ小説「はね駒」のモデル。
2月	**145**周年	**1873（明治6）年 明六社を設立**
		森有礼らが日本初の学術団体である明六社を設立。3月に機関誌『明六雑誌』を創刊。
2月1日	**90**周年	**1928（昭和3）年 初の電気吹き込み式レコード**
		日本ビクターが藤原義江の「出船の港」を日本で初の電気吹き込み式レコードとして発売。
2月1日	**65**周年	**1953（昭和28）年 テレビ本放送始まる**
		NHKが東京地区で本放送を開始。1日約4時間放送（受信料月200円）。受信契約数は866件であった。
2月4日	**90**周年	**1928（昭和3）年【没】ヘンドリック・アントーン・ローレンツ**
		オランダの物理学者。物質の性質を説明するために電子論を展開。1902年ノーベル物理学賞受賞。
2月5日	**145**周年	**1873（明治6）年 年齢を満年齢に**
		年齢を満年齢で数えるよう布告。
2月6日	**120**周年	**1898（明治31）年 最初のクルマ**
		東京の築地～上野間を初めて自動車が走る。
2月6日	**100**周年	**1918（大正7）年【没】グスタフ・クリムト**
		オーストラリアの画家。代表作はウィーン大学の天井画（1900 ～ 03）、『フリッツェ・リートラー婦人』

| 2月7日 | 145周年 | **1873（明治6）年　敵討ち禁止**
主君、近親などの仇を討ち果たすことが禁止される。 |

(06)、『接吻』(08) など。

2月7日	20周年	**1998（平成10）年　長野冬季五輪開幕** 72の国（地域）から選手・役員4,638人が参加する長野五輪が開幕を迎えた。
2月10日	100周年	**1918（大正7）年【没】エルネスト・テオドロ・モネータ** イタリアのジャーナリスト、平和運動家。1906年ミラノ国際平和会議議長として世界平和の促進に努め、1907年ノーベル平和賞受賞。
2月10日	100周年	**1918（大正7）年【没】蜂須賀 茂韶** 江戸時代末期・明治期の政治家。侯爵、元老院議官、文部大臣。徳島藩知事となり、のち東京府知事、貴族院議員など歴任。
2月10日	95周年	**1923（大正12）年　第1回全日本スキー選手権** 北海道・小樽で第1回全日本スキー選手権大会を開催。
2月10日	55周年	**1963（昭和38）年　北九州市誕生** 門司、小倉、八幡、戸畑、若松の5市が合併し北九州市となる。
2月10日	30周年	**1988（昭和63）年　名作「ドラゴンクエストIII」発売** 発売が社会現象ともなった「ドラゴンクエストIII」発売。
2月11日	150周年	**1868（慶応4）年【没】レオン・フーコー** フランスの物理学者。1851年フーコーの振子により地球の自転を実証。
2月12日	415周年	**1603（慶長8）年　江戸時代始まる** 徳川家康が征夷大将軍に任じられ江戸幕府が始まる。

2月12日	**60**周年	**1958（昭和33）年　バレンタインデーにチョコ** 新宿・伊勢丹がメーリーチョコーレートのハート型チョコレートを1個50円で発売。バレンタインチョコレートのはしりとなった。義理チョコという言葉はなかったものの、職場の男性などに配る例はその頃より見られた模様。
2月12日	**50**周年	**1968（昭和43）年　初のレトルトカレー発売** 世界初の市販用レトルトカレー「ボンカレー」を大塚食品が発売（阪神地区限定）。
2月13日	**35**周年	**1983（昭和58）年　青木功、米ツアーで勝利** 青木功が米ツアー「ハワイアン・オープンゴルフ」で優勝。日本人選手による初の米ツアー勝利となった。
2月16日	**135**周年	**1883（明治16）年　初の天気図** クニッピング（独）の指導のもと東京気象台が日本で初めての天気図を作成。
2月17日	**90**周年	**1928（昭和3）年【没】大槻 文彦** 明治・大正期の国語学者、洋学史。文部省より辞書の編纂を命ぜられ、「言海」を著す。帝国学士院会員。
2月19日	**10**周年	**2008（平成20）年　イージス艦衝突事故** 千葉県南房総市の野島崎から南南西約40kmの海上で、海上自衛隊のイージス艦「あたご」とマグロ延縄漁船「清徳丸」が衝突した。漁船は船体が二つに割れ、乗っていた親子2人が行方不明になり、5月には死亡が認定された。事故原因としてあたごの動静監視が不十分であったことが指摘され、平成21年1月22日の海難審判で、あたご側に主因があったとする裁決が下った。
2月20日	**95**周年	**1923（大正12）年　丸ビル完成** 9階建て、延べ床面積1万8,000坪で丸の内オフィス街のシンボルだった丸ビルが完成。
2月20日	**90**周年	**1928（昭和3）年　初の普通選挙** 第16回衆議院議員総選挙が行われた。国政選挙に

		おける初の普通選挙であった。
2月20日	50周年	**1968（昭和43）年　金嬉老事件** 寸又峡温泉で男が2人を射殺し人質をとって旅館に籠城する金嬉老事件発生。籠城の様子がテレビ、ラジオで実況された最初の劇場型事件といわれる。
2月21日	200周年	**1818（文化15）年【没】感和亭 鬼武** 江戸時代後期の戯作者。寛政3年～文化14年頃に活躍。蝦蟇の妖術を使う盗賊『自来也説話』で知られる。
2月22日	100周年	**1918（大正7）年　永久磁石鋼「KS鋼」特許取得** 本多光太郎らが強力な永久磁石鋼「KS鋼」の特許を取得。
2月23日	100周年	**1918（大正7）年【没】波多野 鶴吉** 明治期の実業家。郡是製糸社長。郡是製糸を設立、取締役に就任。
2月23日	10周年	**2008（平成20）年　新名神高速道路開通** 亀山JCT～草津田上ICが開通。名神間を結ぶ第二の高速道路となる。
2月24日	145周年	**1873（明治6）年　キリスト教禁教政策に終止符** 明治政府がキリシタンを禁止する高札を撤廃。
2月24日	120周年	**1898（明治31）年　初の鉄道スト** 日本鉄道会社の機関士ら400人が鉄道初のストライキに突入。
2月24日	60周年	**1958（昭和33）年　『月光仮面』放送開始** 日本初のフィルム製作による国産連続テレビ映画『月光仮面』の放送が始まる。子ども達から圧倒的な支持を受けた。
2月25日	40周年	**1978（昭和53）年　『未知との遭遇』封切** スピルバーグ監督『未知との遭遇』が封切された。『スター・ウォーズ』とともに世界的なSF映画ブームを牽引した。

043

2月27日	110周年	**1908（明治41）年【生】長谷川 一夫** 昭和期の俳優。「東宝歌舞伎」主宰。映画、舞台などの時代劇の二枚目として活躍。代表作は「雪之丞変化」「銭形平次」など。
3月	130周年	**1888（明治21）年　サッカー初の対抗戦** インターポートマッチ（港対抗戦）開催。横浜カントリー・アンド・アスレチック・クラブ（YC&AC）と神戸レガッタ・アンド・アスレチック・クラブ（KR&AC）が対戦した。この対戦は日本最古の対抗戦といわれている。
3月2日	90周年	**1928（昭和3）年【生】堂本 尚郎** 昭和・平成期の洋画家。アンフォルメル運動に参加。波紋のフォルムに特徴がある。作品に「臨界」シリーズなど。
3月2日	60周年	**1958（昭和33）年　南極大陸横断** ヴィヴィアン・フックス率いるイギリス連邦南極横断探検隊が初めて南極大陸横断をとげた。
3月3日	85周年	**1933（昭和8）年　昭和三陸津波** 三陸沖でM8.1の巨大地震が発生。死者1,823名、行方不明1,140名、流出倒壊6,837戸の被害をもたらす。
3月5日	110周年	**1908（明治41）年　初のミス日本** 時事新報社「全国美人写真審査」の審査結果が発表される。日本における初のミスコンテスト。
3月5日	100周年	**1918（大正7）年【没】藤岡 市助** 明治期の電気工学者、実業家。工部大学校教授。電球・電気機械を研究。のち東京電灯技師長。白熱舎を創立。
3月6日	90周年	**1928（昭和3）年【生】ガブリエル・ガルシア＝マルケス** コロンビアの小説家。代表作『百年の孤独』（1967）を発表し、現代ラテンアメリカの最も重要な作家の1人と認められる。

日付	周年	内容
3月7日	110周年	**1908（明治41）年　青函連絡船運行開始** 国鉄青函連絡船が比羅夫丸の就航で始まる。
3月8日	110周年	**1908（明治41）年【生】宮城 音弥** 昭和・平成期の心理学者。東京工業大学教授。体質人類学を活用し、各県人の先天的な気質を分析した「日本人の性格」が代表的著作。
3月9日	100周年	**1918（大正7）年【没】納富 介次郎** 明治期の官吏、工芸教育者。各地で工芸の技術や図案を指導。石川県の工業学校などを創立。
3月9日	60周年	**1958（昭和33）年　関門国道トンネル開通** 世界初の海底道路である関門国道トンネル（全長3,461m）の開通式が行われた。
3月9日	50周年	**1968（昭和43）年　イタイイタイ病訴訟** 富山県神通川流域のイタイイタイ病患者28人が原因企業・三井金属に損害賠償を求め提訴。
3月10日	90周年	**1928（昭和3）年【生】渥美 清** 昭和・平成期の俳優。連続ドラマ「男はつらいよ」で主演、山田監督で映画化され、全48作品がヒット。
3月10日	10周年	**2008（平成20）年　チベット騒乱** チベットで、中華人民共和国からの独立を求めるデモと治安部隊が衝突。多数の死者を出す騒乱に発展。
3月13日	85周年	**1933（昭和8）年　日本初の救急車** 日本初の救急車が登場。横浜下町消防署に配置。
3月14日	145周年	**1873（明治6）年　国際結婚が認められる** 日本人と外国人の結婚が許される。3月14日は「国際結婚の日」に。
3月15日	150周年	**1868（慶応4）年【没】川路 聖謨** 江戸時代末期・明治期の幕府官僚。勘定奉行。徳川将軍家への忠誠を精神の背骨におき、海外事情に通じ開明性を持ち続けた。
3月15日	105周年	**1913（大正2）年　米国大統領初の記者会見** ウイルソン米大統領が初の大統領記者会見を行った。

045

3月16日	**90**周年	**1928（昭和3）年【生】若乃花 幹士（初代）** 昭和期の力士。日本相撲協会理事長、相撲博物館館長。第45代横綱。優勝10回。「土俵の鬼」とよばれ、栃錦とともに栃若時代を築いた。二子山部屋をおこす。
3月16日	**90**周年	**1928（昭和3）年【生】ウィリアム・メイン** イギリスの作家。1957年の『草の綱』でカーネギー賞を獲得。受賞以後もっとも重要な作品は『砂』(1964)。
3月17日	**30**周年	**1988（昭和63）年　東京ドームオープン** 後楽園球場跡地に日本初の全天候型ドーム「東京ドーム」がオープンした。プロ野球のほかコンサート、格闘技興行など様々な大イベントの会場として使われている。
3月18日	**90**周年	**1928（昭和3）年【生】光瀬 龍** 昭和・平成期のSF作家。SF同人誌「宇宙塵」に参加。作品に「百億の昼と千億の夜」など。「平家物語」など歴史小説の著書もある。
3月19日	**15**周年	**2003（平成15）年　イラク戦争開戦** アメリカ合衆国のブッシュ政権が、イラクが大量破壊兵器を保持しているとして空爆および地上軍によって侵攻。サダム＝フセイン政権を倒壊させた。
3月20日	**150**周年	**1868（慶応4）年【生】秋山 真之** 明治・大正期の海軍軍人。中将。日露戦争時、参謀として日本海海戦の作戦を立案。
3月20日	**45**周年	**1973（昭和48）年　水俣病裁判、原告側全面勝訴** 水俣病患者がチッソに損害賠償を求めた第1次訴訟で、熊本地裁はチッソの過失責任を認定し患者側の主張を全面的に認める判決を下した。
3月21日	**415**周年	**1603（慶長8）年　二条城** 徳川家康が京に二条城を造営。1750年、落雷で天

守閣を焼失。

3月21日 **70**周年 **1948（昭和23）年　のど自慢初の全国大会**
「のど自慢全国コンクール優勝大会」が神田共立講堂で開催された。のど自慢日本一の座が争われた。

3月24日 **80**周年 **1938（昭和13）年　国家総動員法が成立**
資源、工場施設、人員、資本から運輸、通信などを国家の統制下におき、さらに言論統制、争議禁止など国民の自由も制限するという国会総員法が成立した。

3月24日 **35**周年 **1983（昭和58）年　中国自動車道全線開通**
吹田から下関（542.7km）をつなぐ中国自動車道が全通。

3月25日 **100**周年 **1918（大正7）年【没】クロード・ドビュッシー**
フランスの作曲家。全音音階、平行和音、などを自由に駆使し、印象主義の音楽を確立。現代音楽の出発点となった。作品、『牧神の午後への前奏曲』など。

3月25日 **75**周年 **1943（昭和18）年　日本初の長編アニメ**
日本初の長編アニメ『桃太郎の海鷲』（監督：瀬尾光世）が封切られる。

3月27日 **85**周年 **1933（昭和8）年　国際連盟から離脱**
国際連盟総会が日本の満州からの撤退勧告案を可決したことを受け、日本は国際連盟を脱退。

3月29日 **100**周年 **1918（大正7）年【没】外山 亀太郎**
明治・大正期の遺伝学者。東京帝国大学教授。蚕の1代雑種の発明者。帝国発明協会有功賞を受賞。

3月30日 **60**周年 **1958（昭和33）年　国立競技場完成**
第3回アジア競技大会会場となる国立競技場が神宮外苑に完成。東京五輪や陸上、サッカー、ラグビーなどで様々な名勝負の舞台となった。

3月30日 **10**周年 **2008（平成20）年　日暮里・舎人ライナー開業**
日暮里駅（荒川区）と見沼代親水公園駅（足立区）

を結ぶ日暮里・舎人ライナーが開業。

4月1日 　**90**周年 　**1928（昭和3）年【生】菊竹 清訓**
昭和・平成期の建築家。菊竹清訓建築設計事務所
所長、早稲田大学教授。出雲大社庁の庁舎、沖縄
海洋博のアクアポリスなどを設計。著書に「代謝建
築論」など。

4月1日 　**60**周年 　**1958（昭和33）年　売春防止法施行**
売春行為を禁止する売春防止法が施行され「赤線」
が消える。

4月2日 　**385**周年 　**1633（寛永10）年　地動説裁判**
ガリレオ・ガリレイがローマで行われていた地動説
裁判に召喚される。コペルニクスの地動説支持の撤
回を迫られ屈す。

4月2日 　**90**周年 　**1928（昭和3）年【没】セオドア・リチャーズ**
アメリカの化学者。ノーベル化学賞を受賞（1914）。
25種にのぼる元素の原子量の精密測定を行い鉛の
同位元素を発見した。

4月4日 　**50**周年 　**1968（昭和43）年　キング牧師暗殺される**
アメリカの黒人解放運動指導者マーティン・ルー
サー・キングがテネシー州メンフィスで演説中に撃
たれて死亡した。公民権運動の指導者として活動し、
1964年にはノーベル平和賞を受賞していた。

4月5日 　**150**周年 　**1868（慶応4）年【生】内田 魯庵**
明治・大正期の批評家、小説家。尾崎紅葉ら硯友
社を批判、作品に、評論「文芸小品」翻訳「罪と罰」
など。

4月5日 　**110**周年 　**1908（明治41）年【生】カラヤン**
オーストリアの指揮者。ヘルベルト・フォン・カラ
ヤン財団を発足させた。

4月5日 　**20**周年 　**1998（平成10）年　明石海峡大橋開通**
神戸と淡路島を結ぶ世界最長の吊り橋、明石海峡
大橋（全長3,911m）が開通。

4月6日	150周年	**1868（慶応4）年【没】小栗 忠順** 江戸時代末期の幕臣。1860年遣米使節随員としてアメリカに渡る。
4月6日	40周年	**1978（昭和53）年 「サンシャイン60」オープン** 東京・池袋に60階建超高層ビル「サンシャイン60」がオープン。
4月7日	55周年	**1963（昭和38）年 NHK大河ドラマ始まる** 井伊直弼の生涯を描いたNHKテレビ「花の生涯」（主演：尾上松緑）の放映が始まる。大河ドラマ第1作となった。
4月8日	25周年	**1993（平成5）年 日本人国連ボランティア銃撃死** カンボジアで国連ボランティアとして選挙監視活動中に中田厚仁さんが銃撃され死亡。
4月9日	110周年	**1908（明治41）年【生】ヴィクトル・ヴァザルリ** フランスの造形家。1960年代の動く芸術（キネティック・アート）、都市環境に働きかける芸術の動向に大きな影響を与えた。
4月10日	95周年	**1923（大正12）年 馬券発売復活** 競馬法が公布され禁止されていた馬券発売が復活。
4月10日	30周年	**1988（昭和63）年 瀬戸大橋開通** 児島～坂出間を結び道路と鉄道の併用橋では世界最長の瀬戸大橋（全長9.4km）が開通。これによって本州、北海道、四国、九州がつながった。
4月11日	150周年	**1868（慶応4）年 江戸城無血開城** 江戸城が新政府に明け渡された。勝海舟と西郷隆盛が会談し武力攻撃は直前に回避された。
4月11日	110周年	**1908（明治41）年【生】井深 大** 昭和・平成期の実業家、電子工学者。ソニー社長、ソニー教育振興財団理事長。ソニーを創業。幼児

開発協会を設立、幼児教育問題に尽力。著書に「幼稚園では遅すぎる」など。

4月12日 **50**周年 **1968（昭和43）年 霞ヶ関ビル完成**
日本初の36階建て超高層ビル「霞が関ビルディング」オープン。

4月13日 **200**周年 **1818（文化15）年【没】伊能 忠敬**
江戸時代後期の地理学者、測量家。

4月13日 **130**周年 **1888（明治21）年 日本で初めてのコーヒー店**
東京・下谷黒門町に日本で初めてのコーヒー店「可否茶館」が開業。

4月15日 **35**周年 **1983（昭和58）年 東京ディズニーランド開園**
アメリカ本国以外で初めてのディズニーランドとして千葉県浦安に東京ディズニーランドが開園。

4月16日 **15**周年 **2003（平成15）年 産業再生機構発足**
政府と民間の共同出資で設立された産業再生機構が発足。

4月17日 **370**周年 **1648（慶安元）年 日光の杉並木が完成**
徳川家康の近臣であった松平正綱によって20年以上の歳月をかけ約20万本の杉が植えられた日光の杉並木が完成。

4月17日 **110**周年 **1908（明治41）年【生】三宅 泰雄**
昭和期の地球化学者。地球化学研究協会理事長、東京教育大学教授。原水禁運動、原子力発電所の安全性追求などに活躍。著書に「地球化学」「死の灰と闘う科学者」など。

4月19日 **90**周年 **1928（昭和3）年 オックスフォード英語辞典完成**
オックスフォード大学出版局が44年の歳月をかけ編纂した『オックスフォード英語辞典』全12巻が完成。

4月20日	100周年	**1918（大正7）年【没】フェルディナント・ブラウン**
		ドイツの物理学者。1897年ブラウン管を発明し、1909年ノーベル物理学賞受賞。
4月22日	90周年	**1928（昭和3）年【没】大倉 喜八郎**
		明治・大正期の実業家。大倉商会。大倉財閥の創設者。中国や朝鮮に多数の事業を興す。男爵。
4月24日	200周年	**1818（文政元）年【没】松平 治郷**
		江戸時代中期・後期の大名。出雲松江藩主。当時の茶道界の第一人者。
4月24日	15周年	**2003（平成15）年 55年ぶり新種ビタミン発見**
		理化学研究所グループが納豆などに含まれる有機化合物「ピロロキノリンキノン」（PQQ）が、新種のビタミンであることを発見。
4月25日	150周年	**1868（慶応4）年【没】近藤 勇**
		江戸時代末期・明治期の武士。新撰組組長。池田屋騒動で勇名を馳せる。新撰組局長として君臨。
4月25日	55周年	**1963（昭和38）年 初の横断歩道橋**
		国鉄大阪駅前に日本初の横断歩道橋が完成。
4月28日	110周年	**1908（明治41）年 ブラジルへの集団的移民開始**
		ブラジルへの移民738人が笠戸丸で出発。多くは沖縄、鹿児島、福島、熊本などの出身者でサンパウロ周辺のコーヒー農場で職に就いた。
4月30日	120周年	**1898（明治31）年 初のトラピスチヌ女子修道院**
		初のトラピスチヌ女子修道院がフランスから派遣された8人の修道女によって創立される。
4月30日	100周年	**1918（大正7）年【没】池田 謙斎**
		明治～昭和期の医学者。陸軍軍医総監、宮内省侍医局長官。文部省留学生としてドイツに留学後東大医学部初代総理となる。日本最初の医学博士。
5月2日	10周年	**2008（平成20）年 サイクロン・ナルギス発生**
		ベンガル湾（インド東方550Km付近）で発生した

熱帯低気圧が発達、「サイクロンナルギス」となりミャンマーを中心に高波と暴風で甚大な被害をもたらした。死者・行方不明者約14万人にのぼるといわれ、ミャンマー史上最悪の自然災害となった。

5月3日 **110**周年 **1908（明治41）年【生】菊池 一雄**
昭和期の彫刻家。東京芸術大学教授、京都市立美術大学教授。30年間美術教育に務める。代表作に「青年像」「原爆の子の像」など。

5月3日 **85**周年 **1933（昭和8）年 大阪で初の地下鉄**
大阪市営地下鉄・梅田〜心斎橋間が開業。

5月4日 **100**周年 **1918（大正7）年【生】田中 角栄**
昭和期の政治家。内閣総理大臣。衆院議員を16期、日中国交正常化、日本列島改造に尽力。ロッキード事件で逮捕起訴。

5月5日 **60**周年 **1958（昭和33）年 多摩動物園開園**
東京都日野市に柵がないことを観覧の基本とした日本で最初の動物園、多摩動物公園がオープン。

5月7日 **130**周年 **1888（明治21）年 博士第1号誕生**
植物学の伊東圭介が初めて博士号（理学博士）を授与される。

5月8日 **90**周年 **1928（昭和3）年【生】渋沢 龍彦**
昭和期の文芸評論家、フランス文学者。マルキ・ド・サドや中世ヨーロッパの悪魔学を紹介翻訳した。訳書に「悪徳の栄え」、著書に「ねむり姫」など。

5月8日 **70**周年 **1948（昭和23）年 アンリ・デュナン誕生**
赤十字の創立者アンリ・デュナン誕生。これを記念してこの日を現在世界赤十字デーとしている。

5月8日 **25**周年 **1993（平成5）年 八景島シーパラダイス開園**
水族館・遊園地・ショッピングモール・レストラン・ホテル等を含む複合型海洋レジャー施設として横浜・八景島シーパラダイス開業。

日付	周年	出来事
5月11日	1310周年	**708（和銅1）年　日本最初の貨幣** 日本最初の貨幣—和同開珎が発行される。
5月12日	70周年	**1948（昭和23）年　母子手帳配付開始** 妊娠中のお母さんと生まれた子どもの健康を守る手帳として「母子手帳」を配布。
5月12日	10周年	**2008（平成20）年　四川大地震発生** 中国四川省でM8.0の巨大内陸地震発生。中国政府の発表では死者6万9,207人、負傷者37万4,468人、行方不明者1万8,194人となっている。
5月14日	200周年	**1818（文化15）年【没】マシュー・グレゴリー・ルイス** イギリスの小説家。『怪僧』(96)を書き、「モンク・ルイス」とあだ名された。
5月14日	70周年	**1948（昭和23）年　イスラエル建国** イギリスによる委任統治期間終了後、テルアビブで初代首相ベングリオンが独立を宣言。
5月15日	145周年	**1873（明治6）年　初の公立公開図書閲覧施設** 京都で民間の有志が集書院を開設。現在の京都府立図書館の源泉。
5月15日	25周年	**1993（平成5）年　サッカーJリーグ開幕** Jリーグ開幕。プロサッカーとして日本で初のリーグ戦「93Jリーグサントリーシリーズ」が10クラブ参加でスタート。
5月16日	110周年	**1908（明治41）年　初の無線電信局開設** 千葉県・銚子に日本初の無線電信局を開設。現在も全世界を航行する船舶や南極基地との交信を行っている。
5月16日	50周年	**1968（昭和43）年　十勝沖地震** 北海道襟裳岬の南120kmを震源とするM7.8の大地震が発生。死者52人、負傷者330人、家屋全壊673戸の被害をもたらした。

5月17日	**50**周年	**1968（昭和43）年　プッシュホンお目見え** 押しボタン式の電話機が発売される。翌年愛称を公募しプッシュホンと命名される。
5月20日	**40**周年	**1978（昭和53）年　成田空港開港** 空港建設が閣議決定されてから12年の歳月を経て、新東京国際空港（成田空港）が開港。
5月21日	**90**周年	**1928（昭和3）年【没】野口 英世** 明治～昭和期の細菌学者。進行麻痺、脊髄癆が梅毒性疾患であることを解明。黄熱研究中、感染し死亡。
5月22日	**90**周年	**1928（昭和3）年【生】佐野 洋** 昭和・平成期の推理作家。日本推理作家協会理事長。本格推理を著す。著書に「華麗なる醜聞」「透明受胎」「轢き逃げ」など。
5月23日	**110**周年	**1908（明治41）年【生】ジョン・バーディーン** アメリカの物理学者。トランジスタを発明した後、超伝導の理論を完成。1956年ノーベル物理学賞受賞。
5月23日	**40**周年	**1978（昭和53）年　第1回国連軍縮特別総会開催** ユーゴスラビアの J.チトー大統領が提唱し、149カ国の代表が出席して開催された。第3回まで開催されたがその後は開催されていない。
5月24日	**140**周年	**1878（明治11）年　日本初の盲あ学校** 日本初の盲あ学校として京都府立盲あ院が開校。
5月24日	**115**周年	**1903（明治36）年　日本初のゴルフ場** 神戸ゴルフ倶楽部（六甲山）で開場式が行われた。服部兵庫県知事による始球式が日本最古のコースで放たれた最初のショットとなった。

5月26日	95周年	**1923（大正12）年 第1回ル・マン** フランスで自動車耐久レースの最高峰、第1回ル・マン24時間自動車競争が開催される。
5月26日	35周年	**1983（昭和58）年 日本海中部地震** 秋田県沖を震源とする地震（M7.7）が発生。10mを超える津波が湾岸を襲い死者104人と大きな被害をもたらした。
5月27日	100周年	**1918（大正7）年【没】大砲 万右衛門** 明治期の力士。18代横綱。引き分けの珍記録で「分け綱」の異名あり。引退後、巡業の売り込みに手腕を発揮。
5月28日	825周年	**1193（建久3）年 曾我兄弟の仇討** 「日本三大仇討ち」のひとつとして知られる曾我兄弟の仇討ちが起きる。
5月29日	65周年	**1953（昭和28）年 エベレスト初登頂** ニュージーランドのエドモンド・ヒラリー卿とシェルパのテンジン・ノルゲイがエベレストの登頂に世界で初めて成功。
5月30日	150周年	**1868（慶応4）年【没】沖田 総司** 江戸時代末期の剣士。新撰組の一番隊隊長。
5月30日	110周年	**1908（明治41）年【生】ハネス・アルヴェーン** スウェーデンの物理学者。アルベーン波を解明。電磁流体力学やプラズマ物理学の基礎を開き、1970年ノーベル物理学賞受賞。
5月30日	60周年	**1958（昭和33）年 「巣鴨プリズン」の歴史に幕** 最後の戦犯が仮出所し巣鴨拘置所（巣鴨プリズン）が閉鎖される。現在その跡地は東池袋中央公園となっている。
6月	110周年	**1908（明治41）年 バーゲンのはしり** 松屋呉服店が大安売りを始める。バーゲンセールのはしりと言われている。

6月1日	**140**周年	1878（明治11）年　株式取引所を設立 東京証券取引所の前身である東京株式取引所開設。
6月1日	**130**周年	1888（明治21）年　東京天文台設置 東京麻布に東京天文台を設置。星を観測し、経緯度の決定、暦の計算、時間の決定などを行った。
6月1日	**115**周年	1903（明治36）年　日比谷公園、開園 元は陸軍の練兵場だった場所にドイツ帰りの本田静六が設計案をまとめ日比谷公園を造成。
6月1日	**10**周年	2008（平成20）年　「もみじマーク」始まる 「道路交通法」が改正され75歳以上のドライバーに対し「もみじマーク」（高齢運転者標識）の貼付が義務化された。尚、マークは2011年2月に現在の四つ葉のクローバーをモチーフとしたマークに変更された。
6月3日	**165**周年	1853（嘉永6）年　黒船来航 ペリー率いる4隻の黒船が浦賀に来航。
6月5日	**70**周年	1948（昭和23）年　国立国会図書館開館 日本における唯一の国立図書館として国会図書館開館。
6月5日	**55**周年	1963（昭和38）年　黒四ダム完成 関西電力の黒部川第4発電所ダム（黒四ダム）が完成。
6月7日	**110**周年	1908（明治41）年【生】脇田 和 昭和・平成期の洋画家。東京芸術大学教授、脇田美術館理事長。代表作に「あらそい」「女と貝殻」など。
6月8日	**10**周年	2008（平成20）年　秋葉原無差別殺傷事件 秋葉原の歩行者天国をトラックで突入した男がナイフで通行人らを立て続けに殺傷。7人を死亡させた。

日付	周年	出来事
6月9日	530周年	**1488（長享2）年　加賀一向一揆** 加賀国で約20万人の浄土真宗（一向宗）門徒が守護・富樫政親の高尾城を攻め落とした。
6月9日	25周年	**1993（平成5）年　皇太子・雅子様ご成婚** 宮中三殿において結婚の儀が行われた。
6月10日	90周年	**1928（昭和3）年【生】モーリス・センダック** 米国の絵本作家。著書に『ケニイの窓』『とても遠くに』などがある。
6月11日	145周年	**1873（明治6）年　初の銀行** 第一国立銀行を設立。
6月13日	70周年	**1948（昭和23）年【没】太宰 治** 昭和期の小説家。「女生徒」で透谷文学賞受賞。戦後、代表作「斜陽」「人間失格」などを相次いで発表。
6月14日	90周年	**1928（昭和3）年【生】エルネスト・チェ・ゲバラ** ラテンアメリカの革命家。キューバ革命でカストロらとゲリラ戦争を展開、革命成功後、国立銀行総裁、工業相などを歴任。1967年ボリビアで活動中、政府軍に銃殺された。主著『ゲリラ戦争』（61）、『ゲバラ日記』（68）。
6月14日	60周年	**1958（昭和33）年　日本海溝潜水調査** 日仏共同の日本海溝の潜水調査が仏船バチスカーフを使い行われた。
6月14日	10周年	**2008（平成20）年　東京地下鉄副都心線開業** 和光市〜渋谷間（20.2キロ）を運行する東京地下鉄副都心線が開業。
6月18日	30周年	**1988（昭和63）年　リクルート事件発覚** 川崎駅前再開発に関して川崎市助役へ関連会社の未公開株が譲渡されたことを朝日新聞が報じて発覚。
6月19日	160周年	**1858（安政5）年　日米修好通商条約に調印** 幕府、ハリスと日米修好通商条約に調印。既に開かれていた下田、箱館のほか、神奈川、長崎、新潟、兵庫を開港。

6月20日	**30**周年	**1988（昭和63）年　牛肉、オレンジ自由化** 日米農産物交渉において、牛肉・かんきつの輸入枠の順次拡大、輸入数量制限撤廃等で合意。牛肉、オレンジの輸入が自由化される。
6月21日	**70**周年	**1948（昭和23）年　LPレコード発売** 米コロンビアレコードがLPレコードを発売。それまでのSPレコードに比べ演奏時間、音質、雑音などのすべての点で勝りレコードの主流となった。
6月21日	**10**周年	**2008（平成20）年　フィリピンでフェリー沈没** フィリピンで大型フェリー「プリンセス・オブ・ザ・スターズ」が沈没。死者700人を出す惨事となった。
6月23日	**90**周年	**1928（昭和3）年【生】河合 隼雄** 昭和・平成期の臨床心理学者。京都大学教授、国際日本文化研究センター教授、文化庁長官。わが国のユング派分析の第一人者で、著書に「ユング心理学入門」など。
6月23日	**90**周年	**1928（昭和3）年【没】物集 高見** 明治・大正期の国学者。「日本大辞林」「広文庫」などを編纂。
6月26日	**50**周年	**1968（昭和43）年　小笠原復帰** 小笠原諸島が日本に復帰し東京都小笠原村に。
6月28日	**70**周年	**1948（昭和23）年　福井大地震** 福井平野を震源とするマグニチュード7.1の地震が発生。地震動は強烈で全壊する家屋が高い確率で相次ぎ住家の全半壊4万8,000戸となった、また地震の直後から火災が多発し、3,851戸が焼失し被害を拡大させた。死者3,895人。震度7（激震）を創設するきっかけとなった。
6月30日	**70**周年	**1948（昭和23）年　トランジスタを初めて公開** アメリカのベル電話研究所のウィリアム・ショック

		レーらが発明したトランジスタが初めて公開された。
7月1日	115周年	**1903（明治36）年　第1回ツールド・フランス** 世界最大の自転車競技、ツール・ド・フランスが始まる。
7月1日	50周年	**1968（昭和43）年　核拡散防止条約に調印** アメリカ、ソ連、イギリスなど62カ国が核拡散防止条約に調印。
7月1日	50周年	**1968（昭和43）年　郵便番号制度始まる** 集配事務を行う郵便局に郵便番号が導入された。
7月1日	10周年	**2008（平成20）年　「taspo（タスポ）」運用開始** たばこ自動販売機の成人識別ICカード「taspo（タスポ）」の運用が全国で開始される。
7月2日	110周年	**1908（明治41）年【生】宝生 弥一** 昭和期の能楽師（下掛宝生流ワキ方）。後進の指導に貢献。日本能楽会会員、人間国宝。著書に「下掛宝生流謡本昭和決定版」。
7月6日	235周年	**1783（天明3）年　天明の浅間山噴火** 浅間山が大噴火。浅間山北麓から利根川流域を中心とする関東平野に甚大な被害をもたらした。
7月8日	110周年	**1908（明治41）年【生】東山 魁夷** 昭和・平成期の日本画家。日展理事長。風景画家として国内外で活躍。作品に「残照」「道」など。文化勲章受章。
7月9日	110周年	**1908（明治41）年【生】朝比奈 隆** 昭和・平成期の指揮者。大阪フィルハーモニー交響楽団音楽総監督・常任指揮者、日本指揮者協会会長。新交響楽団の指揮でデビュー。文化功労者。文化勲章、芸術院賞など受賞多数。
7月10日	85周年	**1933（昭和8）年　日本で初めてナイター** 東京・新宿区戸塚の早稲田球場に夜間照明設備ができる。早大野球部の1軍と2軍の間で初めての「ナイター」が行われた。

7月12日	25周年	**1993（平成5）年　北海道南西沖地震** 北海道南西部を震源とするM7.8の地震が発生。震源地近くの奥尻島では、高さが最大21m（藻内地区）の津波が地震発生直後の数分間で襲来。島の南部・青苗地区は火災も起きて全壊状態になった。死者・行方不明者226人。
7月15日	130周年	**1888（明治21）年　磐梯山大噴火** 磐梯山が大噴火し小磐梯山が水蒸気爆発により崩壊、直径2kmの爆裂火口ができる。濁流が集落を襲い死者400人超の被害をもたらす。
7月15日	35周年	**1983（昭和58）年　ファミコン発売** 任天堂がファミリーコンピュータを発売。
7月16日	25周年	**1993（平成5）年　横浜ランドマークタワー開業** 横浜みなとみらい21の中核をなす横浜ランドマークタワー（地上70階、高さ296m）が開業。当時、日本で一番高いビルであった。
7月18日	25周年	**1993（平成5）年　55年体制崩壊** 第40回衆議院議員総選挙で新党が躍進して自民党・社会党が大敗し、55年体制が崩壊。
7月19日	50周年	**1968（昭和43）年【没】子母沢 寛** 昭和期の小説家。侠客ものや股旅もの、御家人を主人公にした小説を発表。作品に「勝海舟」など。
7月21日	90周年	**1928（昭和3）年【生】宇沢 弘文** 昭和・平成期の経済学者。東京大学教授、世界計量経済学会会長。マクロ、ミクロ経済学の先駆者で公共経済学が専門。地球温暖化問題にも取り組む。
7月23日	100周年	**1918（大正7）年　米騒動** 富山県魚津で米の県外移出を阻止しようと集団行動にでたのをきっかけに全国に飛び火していった。
7月23日	30周年	**1988（昭和63）年　なだしお事故** 神奈川県横須賀港沖の東京湾で、海上自衛隊第2潜水隊所属の潜水艦「なだしお」（2,200トン）と富士商事所属の大型釣り船第一富士丸（154トン、乗

員9人、乗客39人）が衝突し、第一富士丸が沈没。近くを通ったタンカーやヨットなども救助に加わり、釣り客と乗員19人を助けたが、うち1人は同夜死亡し、残りの29人も27日未明に海底から引き揚げられた第一富士丸から全員が遺体で収容された。また事故当初、なだしおが釣り客を救助しなかったことや、艦長が航海日誌を改ざんしたことなどがわかり非難をあびた。

7月25日	110周年	**1908（明治41）年　「味の素」誕生** 池田菊苗博士が昆布だしの味成分がグルタミン酸というアミノ酸の一種であることを発見。そこからうま味調味料の製造方法を発明。「味の素」が誕生した。
7月25日	110周年	**1908（明治41）年【生】秋野 不矩** 昭和・平成期の日本画家。京都市立芸術大学教授。山本丘人、上村松篁らと創造美術協会（現・創画会）を創設。作品に「紅裳」など。
7月25日	60周年	**1958（昭和33）年　ジェトロ設立** 日本の貿易事業の進展をはかる政府出資の特殊法人として日本貿易振興会（JETRO）を設立。
7月25日	40周年	**1978（昭和53）年　試験管ベビー** イギリスで世界初の試験管ベビーが誕生。
7月25日	20周年	**1998（平成10）年　和歌山カレー毒物殺人事件** 和歌山市内の夏祭りでカレーライスを食べた住民67人が腹痛などの症状を訴え4人が死亡する和歌山カレー毒物殺人事件発生。
7月28日	320周年	**1698（元禄11）年　永代橋を架ける** 江戸・隅田川に永代橋がかかる（現在の橋より約200m下流）。
7月28日	200周年	**1818（文政元）年【没】ガスパール・モンジュ** フランスの数学者、技術者。設計技術の進歩に貢献すると共に、近世綜合幾何学への端緒を与えた。

7月30日	**15**周年	**2003（平成15）年　VWビートル生産中止** 1938年の生産開始以来2千万台生産されてきた フォルクスワーゲン・タイプ1の生産が終了となった。
8月1日	**110**周年	**1908（明治41）年【生】窪田 章一郎** 昭和・平成期の歌人、国文学者。「まひる野」主宰、 早稲田大学教授。歌誌「まひる野」を創刊。西行 研究の第一人者。歌集に「雪解の土」など。
8月1日	**60**周年	**1958（昭和33）年　ステレオレコード発売** 日本ビクターが初の国産ステレオレコードを発売。
8月2日	**90**周年	**1928（昭和3）年　初の金メダル** 織田幹雄が第9回アムステルダム五 輪で行われた三段跳びで優勝。日本 人初の金メダル獲得となった。
8月6日	**25**周年	**1993（平成5）年　初の女性衆院議長** 衆議院議長に土井たか子を選出。憲政史上初の女 性議長。
8月6日	**25**周年	**1993（平成5）年　平成5年8月豪雨** 記録的な豪雨が鹿児島市内とその周辺部を襲い、 死者行方不明49人という甚大な被害をもたらした。
8月8日	**110**周年	**1908（明治41）年【生】植草 甚一** 昭和期の評論家、エッセイスト。映画、ジャズ、外 国文学雑誌について評論。「ワンダーランド」を創刊。 著書に「ファンキー・ジャズの勉強」など。
8月8日	**50**周年	**1968（昭和43）年　日本初の心臓移植** 札幌医科大学で日本初の心臓移植手術が行われた。 しかし手術の是非、臓器提供者の死の判定などを 巡って問題が提起された。
8月10日	**15**周年	**2003（平成15）年　沖縄都市モノレール開通** 那覇空港〜首里を結ぶ沖縄都市モノレール（ゆい レール）が開業。戦後沖縄では初めての軌道系交 通機関。

8月11日	680周年	**1338（歴応元／延元3）年　足利尊氏将軍に** 足利尊氏が征夷大将軍に任じられる。室町時代の始まり。
8月12日	40周年	**1978（昭和53）年　日中平和友好条約締結** 北京で園田直、黄華両外相が調印し日中平和友好条約を締結。
8月13日	120周年	**1898（明治31）年　初の国際水泳競技会開催** 横浜の西波止場外国人水泳場で日本泳法と外国人クラブの水泳競技大会が開催された。日本初の国際水泳競技会となった。
8月15日	90周年	**1928（昭和3）年【生】出口 裕弘** 昭和・平成期の小説家、フランス文学者。一橋大学教授。専門はフランス近代文学。著書に「ボードレール」訳書にバタイユ「内的経験」など。
8月16日	150周年	**1868（慶応4）年【没】河井 継之助** 江戸時代末期の越後長岡藩家老。藩政改革に尽力。
8月17日	100周年	**1918（大正7）年【生】笑福亭 松鶴（6代目）** 昭和期の落語家。上方落語の復興と発展に尽力した。
8月21日	10周年	**2008（平成20）年　ソフトボール女子が金** 北京五輪でソフトボール女子日本代表チームが米国を破り優勝し金メダルを獲得した。
8月22日	115周年	**1903（明治36）年　東京で初の路面電車** 東京初の路面電車が新橋—品川八つ山間（5キロ）で営業を開始。
8月23日	150周年	**1868（慶応4）年　白虎隊自刃** 戊辰戦争で会津藩の白虎隊の17名が飯盛山で自刃。一人、飯沼貞吉は蘇生し日清戦争に従軍。76歳で生涯を閉じた。
8月25日	520周年	**1498（明応7）年　遠州灘沿岸に大地震（M8.4級）** 伊勢・志摩で1万人、静岡・志太郎で2万6,000人の死者。高波で砂州が決壊し浜名湖と海がつながる。

| 8月25日 | **475**周年 | **1543（天文12）年　種子島に鉄砲伝来** |
| | | ポルトガル船が種子島に漂着。鉄砲が日本に伝えられた。しかし鉄砲伝来にはこのほかにも諸説あり。 |

| 8月25日 | **60**周年 | **1958（昭和33）年　チキンラーメン発売** |
| | | 日清食品、即席チキンラーメン発売。一袋35円だったが、たちまち大ヒット。その効果もあり30円に値下げ。2年後には1日120万食を生産。 |

| 8月26日 | **40**周年 | **1978（昭和53）年　24時間テレビ始まる** |
| | | 24時間テレビ『愛は地球を救う』第1回が「寝たきり老人にお風呂を！身障者にリフト付きバスと車椅子を！」をメインテーマに放送される。 |

| 8月26日 | **30**周年 | **1988（昭和63）年　長屋王邸跡発見** |
| | | 奈良市の奈良そごう建設予定地で大量の4万点にも及ぶ木簡を発見。その中から「長屋親王」の文字が入った木簡が発見され、長屋王邸跡であることが判明。 |

| 8月26日 | **25**周年 | **1993（平成5）年　レインボーブリッジ開通** |
| | | 臨海副都心と都心を結ぶレインボーブリッジ（長さ798m）が開通。 |

| 8月28日 | **150**周年 | **1868（慶応4）年【没】橘 曙覧** |
| | | 江戸時代末期の歌人。没後、正岡子規をはじめとする文学者に高く評価された。 |

| 8月28日 | **65**周年 | **1953（昭和28）年　初の民放テレビ** |
| | | 日本テレビ放送網が初の民放としてテレビ放送を開始。 |

| 8月29日 | **100**周年 | **1918（大正7）年　初のケーブルカー** |
| | | 鳥居前と宝山寺を結ぶ生駒鋼索鉄道が開業。日本初のケーブルカーとして話題を呼んだ。 |

| 8月29日 | **60**周年 | **1958（昭和33）年【生】マイケル・ジャクソン** |
| | | ジャクソン家の五男に生まれ、黒人兄弟グループ |

"ジャクソン5"のリード・ボーカリストとして10代の頃から活躍。「ABC」「帰ってほしいの」「アイル・ビー・ゼア」「さよならは言わないで」など1970年代前半にモータウン・レコードからミリオンヒットを連発し、ソウルミュージックの代表的グループとして人気を博す。'72年ソロデビュー。'79年クインシー・ジョーンズをプロデューサーに迎えたアルバム「オフ・ザ・ウォール」、さらに「スリラー」「バッド」の大ヒットにより大スターの地位を確立。

| 8月30日 | 90周年 | **1928（昭和3）年【没】ヴィルヘルム・ウィーン** |

ドイツの物理学者。93年黒体放射について波長と温度の関係（ウィーンの法則）を発見。1911年ノーベル物理学賞受賞。

| 8月31日 | 110周年 | **1908（明治41）年【生】ウィリアム・サローヤン** |

アメリカの小説家、劇作家。作品に短篇集『わが名はアラム』（1940）、長篇『お母さん、大好きよ』（56）、戯曲『君が人生の時』（39、ピュリッツァー賞、辞退）などがある。

| 9月1日 | 95周年 | **1923（大正12）年　関東大震災** |

午前11時58分に試算でマグニチュード7.8とも8.2とも言われる直下型地震が発生。東京では134カ所から出火、3日間燃え続けて大半が焼け野原となった。被災者は150万人。死者・行方不明者は14万人以上といわれている。

| 9月3日 | 110周年 | **1908（明治41）年【生】レフ・ポントリャーギン** |

ソ連の数学者。1940年スターリン賞、62年レーニン賞を受賞。

| 9月7日 | 110周年 | **1908（明治41）年【生】吉村 順三** |

昭和・平成期の建築家。吉村順三設計事務所所長、東京芸術大学教授。代表作に「国際文化会館」「奈良国立博物館」など。

| 9月8日 | 150周年 | **1868（明治元）年　明治改元** |

明治天皇の即位にともない改元。一世一元と定めら

れる。

9月9日	**90**周年	**1928（昭和3）年　初めて電送写真を新聞に掲載** 京都で執り行われる天皇即位の御大典報道に際して毎日新聞が日本で初めて電送写真を紙面に掲載。使われたのは日本電気（NEC）のNE式写真電送装置であった。
9月15日	**60**周年	**1958（昭和33）年　初の缶ビール** 朝日麦酒（現アサヒビール）が日本で初めて缶ビールを発売。350mlで75円だった。
9月15日	**45**周年	**1973（昭和48）年　シルバーシート登場** 国鉄中央線にシルバーシートが登場。
9月15日	**30**周年	**1988（昭和63）年　国内初コンピュータウイルス** パソコン通信網PC-VANにコンピュータウイルスが侵入していることがわかった。日本のパソコンネットでウイルスが発見されたのはこれが初めてだった。
9月15日	**10**周年	**2008（平成20）年　リーマンショック** アメリカの大手証券会社リーマン・ブラザーズが倒産。「リーマン・ショック」と呼ばれる世界的な金融危機の引き金となった。
9月16日	**90**周年	**1928（昭和3）年【生】古橋 広之進** 昭和・平成期の水泳選手。日本水泳連盟会長、アジアオリンピック評議会（OCA）副会長。“フジヤマのトビウオ”の愛称で呼ばれ、占領下の日本人の希望の象徴となる。
9月17日	**90**周年	**1928（昭和3）年【生】園田 高弘** 昭和・平成期のピアニスト。昭和音楽大学教授、京都市立芸術大学教授。カラヤン指揮のN響演奏会に独奏者として出場するほか国際的ピアニストとして活躍。
9月17日	**90**周年	**1928（昭和3）年【没】若山 牧水** 明治～昭和期の歌人。歌集に「別離」「路上」「山桜の歌」など。

2018年

9月20日	**115**周年	**1903（明治36）年　バス事業の始まり** 京都の堀川中立売〜七条駅、堀川中立売〜祇園間で乗り合い自動車の運行が始まる。
9月20日	**70**周年	**1948（昭和23）年　「暮しの手帖」創刊** 大橋鎭子と花森安治が『美しい暮しの手帖』（『暮しの手帖』の前身）を創刊。
9月21日	**25**周年	**1993（平成5）年　FA制度導入** プロ野球で一定の条件をクリアすれば選手が自由に移籍できるフリーエージェント（FA）制の導入が決定。FA第1号は阪神の松永浩美でダイエーに移籍した。
9月23日	**85**周年	**1933（昭和8）年　第1回全日本ヨット選手権大会** 東京・品川沖で第1回全日本ヨット選手権大会を開催。
9月26日	**150**周年	**1868（慶応4）年【没】アウグスト・メビウス** ドイツの天文学者、数学者。射影幾何学の基礎を固め、また直線幾何学の先駆的理論をも展開した。
9月26日	**100**周年	**1918（大正7）年【没】ゲオルク・ジンメル** ドイツの哲学者、社会学者。ドイツにおいて社会学を社会科学として確立するのに功績があった。著書『社会的分化論』（1890）ほか多数。
9月26日	**10**周年	**2008（平成20）年【没】ポール・ニューマン** アメリカの俳優。代表作『傷だらけの栄光』『ハスラー』『明日に向って撃て』『評決』。
9月30日	**110**周年	**1908（明治41）年【生】ダヴィッド・オイストラフ** 20世紀ロシアを代表するバイオリニスト。
10月1日	**120**周年	**1898（明治31）年　「東京市」誕生** 東京府庁内に東京市役所が開設される。1953年、この日を都民の日に制定。
10月1日	**70**周年	**1948（昭和23）年　110番開設** 犯罪通報の専用電話「110番」が東京、大阪、京都、横浜、川崎、神戸、名古屋、福岡の8大都市で始まる。

10月1日	**15**周年	**2003（平成15）年　東海道新幹線・品川駅開業** 東海道新幹線の輸送サービスを向上させるために品川駅開業。
10月2日	**110**周年	**1908（明治41）年【生】増田 四郎** 昭和・平成期の歴史学者。一橋大学教授、東京経済大学教授。西洋中世経済史の権威。ロングセラー「大学でいかに学ぶか」など多数の著書がある。
10月8日	**10**周年	**2008（平成20）年　下村脩がノーベル化学賞受賞** スウェーデンの王立科学アカデミーは今年のノーベル化学賞を米ウッズホール海洋生物学研究所・元上席研究員の下村脩と米国の研究者2氏の計3人に贈ると発表。
10月14日	**35**周年	**1983（昭和58）年　日本初の試験管ベビー** 日本初の体外受精による出生児が生まれる。現在では体外受精は不妊に悩む夫婦の有力な不妊治療法として定着している。
10月16日	**40**周年	**1978（昭和53）年　「世界の青木」へ** ゴルフの青木功が世界マッチプレー選手権で優勝。男子選手としては初の海外優勝を飾った。
10月17日	**50**周年	**1968（昭和43）年　川端康成ノーベル文学賞受賞** 川端康成の日本人として初めてとなるノーベル文学賞受賞が決定。
10月20日	**45**周年	**1973（昭和48）年　シドニー・オペラハウス開場** デンマークの建築家ヨーン・ウッツォン設計のシドニー・オペラハウスが開場。オペラハウスは2007年世界遺産に登録された。
10月21日	**200**周年	**1818（文政元）年【没】司馬 江漢** 江戸時代中期・後期の洋風画家。
10月21日	**50**周年	**1968（昭和43）年　国際反戦デーで騒乱罪** 国際反戦デー（10月21日）に反日共系全学連の学生6,000人が防衛庁や国会、国鉄新宿駅などに突入しようとして警官隊と激しく衝突。警視庁が騒乱罪を適用した。

2018年

10月23日	**110**周年	**1908（明治41）年【生】イリヤ・フランク** ソ連の物理学者。チェレンコフ放射の理論を発表、1958年ノーベル物理学賞受賞。
10月23日	**45**周年	**1973（昭和48）年　江崎玲於奈がノーベル物理学賞受賞** 江崎玲於奈にノーベル物理学賞が贈られることが決定。
10月24日	**200**周年	**1818（文政元）年【没】山口 素絢** 江戸時代中期・後期、円山派の画家。日本風俗の美人画を得意とした。
10月25日	**150**周年	**1868（慶応4）年【生】徳冨 蘆花** 明治・大正期の小説家。著書に「不如帰」「思出の記」など。
10月25日	**50**周年	**1968（昭和43）年【没】村岡 花子** 大正・昭和期の児童文学者。日本ユネスコ協会連盟副会長。モンゴメリの「赤毛のアン」などの名訳で知られ、東京婦人会館理事長、NHK理事など幅広く活躍。
10月26日	**55**周年	**1963（昭和38）年　原発動力炉を初めて運転** 茨城県東海村の日本原子力研究所が、原子力動力炉の発電試験に成功。
10月28日	**25**周年	**1993（平成5）年　ドーハの悲劇** W杯サッカーアメリカ大会アジア予選で日本は試合終了間際にイラクに同点とされ本戦出場を逃す。試合が行われたカタールのドーハにちなみ"ドーハの悲劇"と呼ばれる。
10月29日	**95**周年	**1923（大正12）年　トルコ共和国発足** ムスタファ・ケマル・アタチュルク（初代大統領）の指導するトルコ大国民議会がスルタン制を廃し共和国を発足。
10月30日	**90**周年	**1928（昭和3）年【生】ダニエル・ネイサンズ** アメリカの微生物学者。サル腫瘍ウイルスのDNA

を切断し、構造を解明。1978年ノーベル生理学・
医学賞を受賞。

11月1日 **95**周年 **1923（大正12）年　目蒲線開業**
目黒蒲田電鉄の丸子玉川〜蒲田間が全通。目黒線と
統合し、目蒲線に改称。現在、目蒲線は目黒線と東
急多摩川線に分割されている。

11月1日 **90**周年 **1928（昭和3）年　山手線の環状運転始まる**
神田〜上野間の高架線ができ山手線の環状運転が
始まる。

11月1日 **90**周年 **1928（昭和3）年　ラジオ体操始まる**
東京中央放送局（NHK）がラジオ体操放送を始める。

11月3日 **90**周年 **1928（昭和3）年【生】手塚 治虫**
昭和期の漫画家。「鉄腕アトム」「リボンの騎士」な
どでストーリー漫画の世界を確立。手塚動画プロ（の
ち虫プロ）を設立、アニメーションの分野も開拓
した。

11月3日 **90**周年 **1928（昭和3）年【没】永井 繁子**
明治期の教育者、東京音楽学校教授。最初の女子
留学生。アメリカへ渡航。

11月4日 **10**周年 **2008（平成20）年　米、初の黒人大統領誕生**
米大統領選で民主党のバラク・オバマが当選。黒
人初の大統領に。

11月5日 **100**周年 **1918（大正7）年【没】島村 抱月**
明治・大正期の評論家、劇作家。「早稲田文学」を創刊。
文芸協会創立に加わり、「人形の家」の訳・演出など。
芸術座を結成。

11月5日 **90**周年 **1928（昭和3）年　電光ニュース始まる**
東京と大阪朝日新聞社社屋で流動式の電光ニュー
ス始まる。

11月5日 **65**周年 **1953（昭和28）年　園遊会**
天皇、皇后が主催する園遊会が戦後初めて行われた。

日付	周年	内容
11月6日	100周年	**1918（大正7）年【生】藤原 てい** 昭和・平成期の小説家、随筆家。小説家新田次郎と結婚。主な作品は、北朝鮮からの引揚げ体験記「流れる星は生きている」「三つの国境線」など。
11月7日	125周年	**1893（明治26）年　日本で最初の国際定期遠洋航路** 日本郵船が日本で最初の国際定期遠洋航路として神戸とボンベイ（現ムンバイ）を結ぶ航路を開設。
11月8日	90周年	**1928（昭和3）年【生】寺村 輝夫** 昭和・平成期の児童文学作家。文京学院大学教授。童話雑誌「のん」を主宰・発行。著書に「ぼくは王さま」絵本「おしゃべりなたまごやき」など。
11月9日	100周年	**1918（大正7）年【没】ギヨーム・アポリネール** フランスの詩人。ダダイズム、シュールレアリスムなど新しい詩、芸術の創造に影響を与えた。ピカソとともにキュビスム理論の確立に努力。主著、詩集『アルコール』(1913)、評論『キュビスムの画家たち』(13)。
11月9日	55周年	**1963（昭和38）年　三池三川鉱炭じん爆発事故** 大牟田市の三井三池鉱業所三川鉱第一斜坑の坑道で大爆発が発生。死者458人、CO中毒患者約839人の犠牲者を出す大惨事となった。
11月11日	90周年	**1928（昭和3）年【生】カルロス・フエンテス** メキシコの小説家。『アルテミオ・クルスの死』(1962)が有名。
11月11日	40周年	**1978（昭和53）年　ネズミ講防止法公布** ネズミ講を防ぐ目的の無限連鎖講防止法が公布された。
11月12日	110周年	**1908（明治41）年【生】吉田 精一** 昭和期の日本文学者。東京大学教授。日本の近代文学全般にわたり実証的に研究。著書に「芥川龍之介」「自然主義の研究」など。

| 11月12日 | **70**周年 | **1948（昭和23）年　極東国際軍事裁判（東京裁判）** |
| | | 25被告を有罪、東条英機など7人を絞首刑とする刑の宣告が行われた。12月23日、7名に対する絞首刑の執行が行われ、29日、極東国際軍事裁判所は閉鎖された。 |

| 11月13日 | **150**周年 | **1868（明治元）年【没】ジョアキーノ・ロッシーニ** |
| | | イタリアの作曲家。『セビリアの理髪師』の作曲を手がけた。 |

| 11月14日 | **110**周年 | **1908（明治41）年【生】南条 範夫** |
| | | 昭和・平成期の小説家、経済学者。國學院大学教授。時代小説中心。NHK大河ドラマ「元禄太平記」を執筆。作品に「細香日記」など。 |

| 11月14日 | **45**周年 | **1973（昭和48）年　関門橋開通** |
| | | 北九州市と山口県下関市を結ぶ関門橋（全長1,068メートル）が開通。 |

| 11月16日 | **150**周年 | **1868（明治元）年【生】北村 透谷** |
| | | 明治期の文学者、自由民権家。「厭世詩家と女性」で恋愛論、芸術論を発表し、注目を集める。平和主義運動者。 |

| 11月16日 | **110**周年 | **1908（明治41）年　日比谷図書館、オープン** |
| | | 東京市立日比谷図書館として日比谷公園内に開館。普通閲覧が1回2銭、児童は1銭。7歳未満は入館不可であった。 |

| 11月16日 | **110**周年 | **1908（明治41）年【生】安藤 鶴夫** |
| | | 昭和期の演劇評論家、小説家。「巷談本牧亭」で直木賞を受賞。小説・随筆で下町好みの独自な世界を展開。 |

| 11月16日 | **30**周年 | **1988（昭和63）年　消費税3％決まる** |
| | | 新たな財源として消費税（税制改革六法案）が衆議院で可決。1989年4月1日より実施された。値札の差し替え、レジの設定変更などで混乱も見られた。 |

11月18日	90周年	**1928（昭和3）年　ミッキーマウス誕生**
		ウォルト・ディズニーの『蒸気船ウィリー』がニューヨークで封切られる。この映画でミッキーマウスがデビュー。

11月18日	10周年	**2008（平成20）年　元厚生事務次官宅連続襲撃事件**
		元厚生事務次官夫妻が自宅で刺殺。翌日、別の元厚生事務次官宅が襲われ妻が重傷を負った事件。11月22日に、46歳の男が警視庁に自首した。

11月19日	155周年	**1863（文久3）年　「人民の人民による人民のための政府」**
		リンカーン大統領がゲティスバーグにある全国戦没者墓地で有名な演説（「人民の人民による人民のための政府」）を行う。

11月20日	80周年	**1938（昭和13）年　岩波新書刊行開始**
		斎藤茂吉『万葉秀歌』、津田左右吉『支那思想と日本』などを刊行。

11月20日	70周年	**1948（昭和23）年　初の競輪**
		小倉市（現北九州市）で初めて競輪が開催された。

11月21日	115周年	**1903（明治36）年　初の早慶戦**
		初の早慶戦（野球）が東京・三田綱町の蜂須賀侯爵家運動場で行われた。勝敗は11対9で慶應が勝利をあげた。

11月22日	55周年	**1963（昭和38）年　ケネディ暗殺**
		米35代大統領ジョン・F・ケネディがテキサス州ダラスでパレードの最中に狙撃・暗殺された。このニュースは初の日米テレビ中継実験で日本にも報じられた。

11月23日	315周年	**1703（元禄16）年　元禄の大地震**
		死者2,300人を超え、さらに津波で数千人が死亡したとされる元禄の大地震が発生。

| 11月23日 | **70**周年 | **1948（昭和23）年　第1回全日本合唱コンクール** |
| | | 全日本合唱連盟と朝日新聞共催で、第1回全日本合唱コンクール開催。 |

| 11月26日 | **90**周年 | **1928（昭和3）年【没】山岡 順太郎** |
| | | 明治期の実業家。モスリン製造のパイオニア、大阪毛斯綸紡織会社設立者。 |

| 11月28日 | **110**周年 | **1908（明治41）年【生】レヴィ＝ストロース** |
| | | フランスの社会人類学者。構造言語学の方法を人類学に導入、いわゆる構造主義を確立。 |

| 11月29日 | **15**周年 | **2003（平成15）年　H-IIAロケット打ち上げ失敗** |
| | | 種子島宇宙センターから打ち上げられました H-IIAロケット6号機が、予定した高度に達することができず打ち上げに失敗。日本の宇宙開発の信頼が揺らぐ事態となった。 |

| 11月29日 | **15**周年 | **2003（平成15）年　イラク外務省職員殺害事件** |
| | | イラクで日本人外交官2人が車で移動中に何者かに銃撃され同行の運転手とともに殺害される事件が発生。未だに犯人は分かっていない。 |

| 11月30日 | **25**周年 | **1993（平成5）年　オランダで安楽死に法的根拠** |
| | | オランダで改正遺体埋葬法が成立。この法改正によって安楽死に法的根拠が与えられることとなった。 |

| 12月1日 | **95**周年 | **1923（大正12）年　全日本ホッケー選手権大会** |
| | | 第1回全日本ホッケー選手権大会が開催された。慶應義塾大学が7-1で東京クラブに勝利。 |

| 12月1日 | **60**周年 | **1958（昭和33）年　初の一万円札発行** |
| | | 初の一万円札が発行された。聖徳太子の肖像が描かれていた。 |

| 12月3日 | **150**周年 | **1868（明治元）年【没】土井 利忠** |
| | | 江戸時代末期の大名。越前大野藩主。藩財政の立て直しと、人材登用を進めた幕末の名君。 |

| 12月4日 | **110**周年 | **1908（明治41）年【生】アルフレッド・ハーシ** |
| | | アメリカの分子生物学者。『ウイルスの増殖機構と |

遺伝学的な構造に関する発見』で1969年のノーベル生理学・医学賞を受賞。

12月6日 **150周年** **1868（明治元）年【没】アウグスト・シュライヒャー**
ドイツの言語学者。インド＝ヨーロッパ諸言語の研究に従事し、言語系統樹説を提唱した。

12月6日 **100周年** **1918（大正7）年　大学令公布**
大学令公布。新たに公立、私立大学の設置、単科大学の設立が認められるようになった。

12月8日 **200周年** **1818（文政元）年【没】ヨハン・ゴットリーブ・ガーン**
スウェーデンの化学者、鉱物学者。マンガンを発見（1774）。

12月9日 **25周年** **1993（平成5）年　法隆寺、屋久島など世界遺産に**
屋久島、白神山地、法隆寺、姫路城の4か所が日本初の世界遺産に決定。

12月10日 **110周年** **1908（明治41）年【生】オリヴィエ・メシアン**
フランスの作曲家。主作品はオルガン曲『昇天』、『トゥランガリラ交響曲』（1948）、『異国の鳥たち』（56）など。

12月10日 **70周年** **1948（昭和23）年　国連、世界人権宣言を採択**
「すべての人民とすべての国とが達成すべき共通の基準」を宣言する世界人権宣言が第3回国連総会で採択される。1950年、この日を人権デーと制定。

12月10日 **50周年** **1968（昭和43）年　三億円事件発生**
東芝府中工場のボーナスを運ぶ現金輸送車から3億円が奪われる事件が発生。大量の遺留品や目撃証言が残されたが犯人は逮捕されず、1975年12月9日に時効を迎えた。

12月15日	**100**周年	**1918（大正7）年【生】いわさき ちひろ** 子どもを生涯のテーマとして描き続けた画家、絵本作家。代表作に『おふろでちゃぷちゃぷ』などがある。
12月16日	**150**周年	**1868（明治元）年【生】尾崎 紅葉** 明治期の小説家。「多情多恨」は写実主義の傑作と激賞された。明治文学随一の「金色夜叉」は人気作品。
12月16日	**90**周年	**1928（昭和3）年【生】フィリップ・K・ディック** アメリカのSF作家。代表作に『アンドロイドは電気羊の夢を見るか?』など。
12月17日	**115**周年	**1903（明治36）年　ライト兄弟初飛行** ライト兄弟が製作したフライヤー1号が世界最初の飛行に成功。最初の飛行時間は12秒。
12月17日	**110**周年	**1908（明治41）年【生】ウィラード・リビー** アメリカの化学者。炭素同位体による絶対年代測定を研究。ノーベル化学賞受賞（1960）。
12月18日	**120**周年	**1898（明治31）年　西郷隆盛像除幕式** 高村光雲作。枢密顧問官・吉井友実の発案で進められていた上野公園の西郷隆盛の銅像の除幕式が行われた。
12月19日	**90**周年	**1928（昭和3）年【没】桜井 ちか** 明治・大正期の教育者。桜井女塾を創立、キリスト教主義的良妻賢母教育を目標に全寮制教育を行った。
12月19日	**50**周年	**1968（昭和43）年　日本隊、南極点に到着** 第9次越冬隊極点調査旅行隊が史上9番目の早さで南極点に到達。
12月23日	**90**周年	**1928（昭和3）年【没】高畠 素之** 大正期の国家社会主義者。マルクス「資本論」を

12月23日	60周年	**1958(昭和33)年 東京タワー完工** 高さ333mの東京タワーが完工。
		完訳。国家社会主義運動の理論的指導者。著書多数。

※ 先頭行が一部前ページからの続きです。

12月23日　60周年　**1958(昭和33)年　東京タワー完工**
高さ333mの東京タワーが完工。

12月25日　90周年　**1928(昭和3)年【没】小山内 薫**
明治・大正期の演出、小説家。慶応義塾大学教授、松竹キネマ研究所。著書に詩集「小野のわかれ」、小説「大川端」、戯曲「息子」など。

12月25日　65周年　**1953(昭和28)年　初の食料品スーパー**
東京・青山に対面ではなく初のセルフサービス方式の食料品店(スーパーマーケット)紀ノ国屋が開店。

12月25日　65周年　**1953(昭和28)年　奄美群島返還**
12月24日に奄美群島の復帰協定が日米間で調印される。25日、返還が実現。

12月26日　15周年　**2003(平成15)年　イラン南東部バム地震**
イラン南東部ケルマン州のバム市においてM6.3の地震が発生。建物の倒壊などにより総死者数が約43,200人にものぼる大災害となった。

12月30日　150周年　**1868(明治元)年【生】斎藤 緑雨**
明治期の小説家、評論家。「今日新聞」「東西新聞」「国会」「二六新聞」など渡り歩く。小説「油地獄」など。

12月31日　65周年　**1953(昭和28)年　大晦日の紅白、始まる**
テレビの本放送開始にともない「紅白歌合戦」(NHK)が第4回から大みそかの番組に。

2019年 (平成31年)

1月1日 | **250**周年 | **1769（明和6）年【生】高田屋 嘉兵衛**
江戸時代中期・後期の海運業者。1812年カムチャッカで抑留される。司馬遼太郎「菜の花の沖」で生涯が描かれている。

1月1日 | **150**周年 | **1869（明治2）年　最初の洋式灯台点火**
日本で最初の洋式灯台である観音崎灯台が点火。

1月1日 | **130**周年 | **1889（明治22）年　市外電話始まる**
東京と熱海間に公衆用市外電話の通話が始まる。保養のため熱海を訪れる政財界の大物が多く、その対応のために始まったといわれている。

1月1日 | **100**周年 | **1919（大正8）年【生】田端 義夫**
昭和・平成期の歌手。日本歌手協会会長。マドロススタイルで知られ、ヒット曲に「大利根月夜」「島育ち」など。著書に自伝「オース！オース！オース！」。

1月1日 | **85**周年 | **1934（昭和9）年　東京宝塚劇場こけら落とし**
東京宝塚劇場のこけら落とし。宝塚少女歌劇の『花詩集』『寶三番曳』『巴里のアパッシュ』『紅梅殿』が上演された。

1月1日 | **20**周年 | **1999（平成11）年　単一通貨「ユーロ」誕生**
欧州連合（EU）の単一通貨「ユーロ」が誕生。2002年1月1日よりユーロ紙幣・硬貨の流通開始。

1月2日 | **115**周年 | **1904（明治37）年　最初の新聞写真**
川上貞奴らの肖像写真を報知新聞が掲載。輪転機で印刷された新聞では初めての写真。

1月2日 | **60**周年 | **1959（昭和34）年　ソ連ルーニク1号打上げ**
ソ連が世界初の月ロケット・ルーニク1号の打ち上げに成功。

1月5日 | **150**周年 | **1869（明治2）年【没】横井 小楠**
江戸時代末期・明治期の熊本藩士、論策家。藩政改革で重商主義論策を提示。「国是三論」を著作。

1月5日	100周年	**1919（大正8）年　ナチス結成** ナチスの前身のドイツ労働者党が設立される。1920年にナチスと改称。
1月5日	100周年	**1919（大正8）年【没】松井 須磨子** 明治・大正期の女優。「ハムレット」「故郷」などで一躍著名。新劇を象徴する女優の先駆者。
1月6日	100周年	**1919（大正8）年【没】セオドア・ルーズベルト** アメリカの政治家、第26代大統領。パナマ運河を建設。日露の和平会談で仲介の労をとり1906年ノーベル平和賞受賞。
1月10日	70周年	**1949（昭和24）年　ドーナツ盤公開** 米ビクターが開発した「ドーナツ盤」（45回転レコード）を公開。
1月10日	60周年	**1959（昭和34）年　NHK教育テレビが開局** NHK教育テレビジョン（現NHK Eテレ）が開局。
1月13日	40周年	**1979（昭和54）年　共通一次試験スタート** 国公立大学共通一次試験スタート。
1月14日	60周年	**1959（昭和34）年　生きていたタロ、ジロ** 前年の南極観測隊（越冬隊）が悪天候の為やむを得ず南極基地に置き去りとした樺太犬タロ、ジロと生きて再会。
1月15日	260周年	**1759（宝暦9）年　大英博物館、開館** 世界最大の博物館の一つ大英博物館が開館。古今東西の美術品をはじめ、約800万点を所蔵。
1月15日	145周年	**1874（明治7）年　警視庁設立** 首都警察として東京警視庁が設立される。
1月15日	140周年	**1879（明治12）年　学士院創設** 教育・学術の進歩発展を図るため東京学士院（のち帝国学士院、日本学士院に改称）第1回会合が開かれる。

| 1月15日 | 120周年 | **1899（明治32）年　「中央公論」に改題**
『反省雑誌』（創刊時の誌名は『反省会雑誌』）を『中央公論』と改題。 |

1月15日　100周年　1919（大正8）年【没】ローザ・ルクセンブルク
ドイツの女性社会主義者。1889～96年チューリヒに亡命、1898年ベルリンに移りドイツ社会民主党に属し、1904～14年には第2インターナショナルで活動。1916年スパルタクス団、1918年ドイツ共産党の創設に参加。

1月15日　100周年　1919（大正8）年【没】カール・リープクネヒト
ドイツの左派社会主義運動の指導者。W.リープクネヒトの子。スパルタクス団を結成。主著『社会発展の運動法則の研究』（1922）。

1月15日　90周年　1929（昭和4）年【生】松村 禎三
昭和・平成期の作曲家。東京芸術大学教授。代表作に「管弦楽のための前奏曲」「オペラ『沈黙』」など。

1月16日　1265周年　754（天平勝宝6）年　鑑真来朝
中国の僧・鑑真が大伴古麻呂に伴われ、7人の唐僧とともに来朝。乗船が5回にわたって難破するなどで日本に来るまでに11年かかった。

1月16日　50周年　1969（昭和44）年　有人宇宙船同士のドッキング
ソ連、ソユーズ4号、5号史上初の有人宇宙船同士のドッキングに成功。

1月17日　25周年　1994（平成6）年　ロサンゼルス地震発生
ロサンゼルス市ノースリッジ地方を震源とするM6.7の地震。死者57名、負傷者約5,400人などの被害を受けた。

1月18日　95周年　1924（大正13）年　都バス記念日へ
東京市営乗合バスが巣鴨から東京駅への2系統運行を開始。東京都交通局はこれにちなんでこの日を都バス記念日に。

1月19日	50周年	**1969（昭和44）年　安田講堂封鎖解除** 半年にわたり学生が安田講堂を占拠・封鎖してきたが、8,500人の警察官が出動して封鎖を解除。大学構内での逮捕者は397人。東大ではこの年の入学試験が行われなかった。
1月20日	65周年	**1954（昭和29）年　地下鉄丸の内線開通** 池袋～御茶ノ水間を結ぶ地下鉄丸の内線が開通。
1月21日	65周年	**1954（昭和29）年　世界初の原潜進水** アメリカの原子力潜水艦「ノーチラス号」が進水。一度潜水すると数ケ月間は充電の必要がなく潜航できる。制御核反応炉を利用した世界初の原子力潜水艦である。
1月23日	35周年	**1984（昭和59）年　初の実用放送衛星打ち上げ** 山間部などでのテレビ放送の難視聴地域の解消を目的として放送衛星2号「ゆり2号a/2号b」を打ち上げ。
1月23日	10周年	**2009（平成21）年　H-IIAロケット15号機成功** 温室効果ガス観測衛星「いぶき」、「まいど1号」など8基の人工衛星を搭載したH-IIAロケット15号機の打ち上げに成功。
1月25日	140周年	**1879（明治12）年　「朝日新聞」創刊** 大阪で創刊第1号を発行。村山龍平、上野理一が創始。
1月25日	95周年	**1924（大正13）年　初の冬季オリンピック** 第1回冬季オリンピックがフランスのシャモニーで開幕。
1月25日	40周年	**1979（昭和54）年　大清水トンネル貫通** 長さ22.2kmと当時世界最長であった大清水トンネル（上越新幹線）が貫通。開通は1982（昭和57）年11月15日。
1月26日	70周年	**1949（昭和24）年　法隆寺金堂壁画焼損** 法隆寺で金堂の壁画（国宝）の大半を火災により失う事故が発生。これをきっかけに文化財防火デーが制定された。

1月27日	**800**周年	**1219（承久元）年　源実朝暗殺** 鎌倉幕府第3代将軍源実朝が甥の公暁に殺される。
1月27日	**130**周年	**1889（明治22）年　第1回移民船出航** ペルーへの移民810人が日本郵船の佐倉丸で出発。初の南米への移民であった。
1月29日	**200**周年	**1819（文政2）年【没】増山 雪斎** 江戸時代中期・後期の大名。伊勢長島藩主。文人大名として著名。
1月29日	**110**周年	**1909（明治42）年【生】川喜田 愛郎** 昭和期のウイルス学者。千葉大学教授。日本細菌学会会長、ジュネーブ軍縮委日本政府代表顧問を務める。著書に「ウイルスの世界」など。
1月31日	**100**周年	**1919（大正8）年【生】ジャッキー・ロビンソン** アメリカのプロ野球選手。初の黒人大リーグ選手。
2月	**115**周年	**1904（明治37）年　初めて外国人チームと対戦** 東京高師がYC&ACとサッカーで対戦。試合は0-9で敗れる。この試合が日本で行われた初めての外国チームとの対戦と言われている。
2月1日	**150**周年	**1869（明治2）年【没】玉楮 象谷** 江戸時代末期の漆芸家。讃岐漆芸を創始。
2月1日	**120**周年	**1899（明治32）年　長距離通話始まる** 東京〜大阪間電話が開通。加入者が急増した。
2月1日	**90**周年	**1929（昭和4）年【生】須賀 敦子** 昭和・平成期のイタリア文学者、随筆家。上智大学教授。イタリアやパリに留学するが、イタリア人の夫と死別し帰国。著書に「トリステの坂道」など。
2月1日	**15**周年	**2004（平成16）年　横浜・みなとみらい線開業** 横浜〜元町・中華街を結ぶ横浜高速鉄道みなとみらい21線（みなとみらい線）が開業。
2月4日	**15**周年	**2004（平成16）年　Facebook開設** マーク・ザッカーバーグが「Facebook」を開設。

2月6日	**100**周年	**1919（大正8）年【生】やなせ たかし** 昭和・平成期の漫画家、作詞家。日本漫画家協会理事長、「詩とメルヘン」編集長。大ヒット作「それいけ！アンパンマン」で知られる。
2月7日	**110**周年	**1909（明治42）年【生】吉田 耕作** 昭和期の数学者。東京大学教授。日本の函数解析学研究のパイオニア。"解析的半群理論"は米国のレヒと並び"吉田・レヒの理論"と呼ばれる。
2月10日	**115**周年	**1904（明治37）年　日露戦争開戦** 日本がロシアに宣戦布告し、日露戦争がはじまる。
2月10日	**10**周年	**2009（平成21）年　人工衛星衝突事故** アメリカのイリジウム社の通信衛星「イリジウム33」とロシアの軍事用通信衛星「コスモス2251号」が衝突。人工衛星本体同士の衝突は史上初。
2月11日	**130**周年	**1889（明治22）年　大日本帝国憲法発布** 「大日本帝国憲法」が発布される。アジア初の憲法で、主な特徴は強大な天皇大権、行政権の優位、統帥権の独立など。同時に憲法附属法（「皇室典範」・「議院法」・「衆議院議員選挙法及附録」・「貴族院令」・「会計法」）が公布される。また憲法発布恩赦が行われた。1890年11月29日施行。
2月11日	**40**周年	**1979（昭和54）年　イラン革命** パーレビ王朝を倒しイスラム教国家を構築。亡命中のホメイニ師が帰国し指導者に就いた。
2月12日	**35**周年	**1984（昭和59）年　植村直己、マッキンリー登頂** 冒険家・植村直己がマッキンリー冬季単独登頂に成功。
2月13日	**90**周年	**1929（昭和4）年【没】長井 長義** 明治・大正期の薬学者。東京大学教授、大日本製薬会社社長。漢方薬の麻黄からエフェドリンを分離・合成。日本に有機化学を移植。
2月13日	**30**周年	**1989（平成元）年　リクルート事件** リクルート事件、江副浩正を贈賄容疑で逮捕。

2月15日	**395**周年	**1624（元名10）年　江戸歌舞伎が始まる** 猿若（中村）勘三郎が江戸で猿若座を興行。
2月16日	**360**周年	**1659（万治2）年　世界初の小切手** 英でニコラス・バナッカーが世界初の小切手を振り出す。
2月17日	**100**周年	**1919（大正8）年【没】ウィルフリッド・ローリエ** カナダの政治家。1896年カナダ初のフランス系でローマ・カトリックの首相となる。
2月18日	**100**周年	**1919（大正8）年【没】大山 捨松** 明治・大正期の社会奉仕家。最初の女子留学生。赤十字社篤志看護婦会、愛国婦人会などで活躍。
2月19日	**90**周年	**1929（昭和4）年【生】粟津 潔** 昭和・平成期のグラフィックデザイナー。粟津デザイン研究室主宰、印刷博物館館長。「海を返せ」で日宣美賞を受賞。国際的造形作家で、日本のデザイン界では草分け的存在。
2月20日	**10**周年	**2009（平成21）年　黒人初の米大統領** 第44代米大統領にバラク・オバマが就任。アメリカ史上初の黒人大統領。
2月22日	**30**周年	**1989（平成元）年　吉野ケ里遺跡で環濠集落発掘** 佐賀県・吉野ケ里遺跡で弥生時代後期の国内最大規模の環濠集落を発掘。
2月22日	**10**周年	**2009（平成21）年　54年ぶりにアカデミー賞受賞** 『おくりびと』（監督：滝田洋二郎）が日本映画としては54年ぶりとなるアカデミー賞（外国語映画賞）を受賞。
2月23日	**235**周年	**1784（天明4）年　金印発見** 筑前国那珂郡（福岡市）志賀島の畑の中から「漢委奴国王」と彫られた金印を発見。
2月25日	**50**周年	**1969（昭和44）年　「夕刊フジ」創刊** タブロイド版の夕刊紙「夕刊フジ」創刊。

2019年

2月27日	70周年	**1949（昭和24）年　松山城炎上** 松山城（国宝）の炎上本丸に通じる筒井門と続櫓が放火によって焼け落ちた。築城時の最古の建物だった。
2月28日	20周年	**1999（平成11）年　初の脳死移植** 高知赤十字病院で「臓器移植法」に基づく初めての脳死者からの臓器移植を実施。
3月1日	65周年	**1954（昭和29）年　第五福竜丸、被曝** 静岡の漁船・第五福竜丸が太平洋マーシャル諸島ビキニ環礁で操業中、アメリカの水爆実験によって被曝。無線長が半年後に死亡。世界で初めての水爆による犠牲者となった。
3月1日	20周年	**1999（平成11）年　対人地雷を全面禁止** 地雷問題・対人地雷禁止条約（オタワ条約）が発効。
3月3日	165周年	**1854（嘉永7）年　日米和親条約締結** アメリカの特使ペリーと江戸幕府が日米和親条約を締結。
3月3日	90周年	**1929（昭和4）年【没】吉田 彦六郎** 明治・大正期の化学者。理学博士、京都帝国大学教授。ウルシの化学的研究の先駆者、ラッカーゼを発見。
3月4日	120周年	**1899（明治32）年　著作権法公布** 「著作権法」（「旧著作権法」）を制定し近代的な著作権法を備える。著作権保護の基本条約である「ベルヌ条約」も締結。
3月4日	100周年	**1919（大正8）年【没】成瀬 仁蔵** 明治・大正期の教育家。日本女子大学校を創立。女子高等教育の発展に貢献。
3月5日	50周年	**1969（昭和44）年　日本初のスクランブル交差点** 熊本市子飼交差点に日本初のスクランブル交差点を設置。
3月6日	110周年	**1909（明治42）年【生】大岡 昇平** 昭和期の小説家、フランス文学者。「武蔵野夫人」

がベストセラーになる。「野火」で読売文学賞。他に「酸素」など。

3月8日 **150**周年 **1869（明治2）年【没】エクトル・ベルリオーズ**
フランス・ロマン主義の作曲家。「標題音楽」の創始者。『幻想交響曲』（30）が有名。

3月9日 **125**周年 **1894（明治27）年　初の記念切手**
初の記念切手として明治天皇・皇后陛下ご成婚25周年記念切手を発行。

3月10日 **200**周年 **1819（文政2）年【没】フリードリヒ・ハインリヒ・ヤコービ**
ドイツ啓蒙主義後期の哲学者。信仰哲学、感情哲学の大成者。

3月17日 **60**周年 **1959（昭和34）年　マガジン、サンデー創刊**
初の少年向け漫画誌「少年マガジン」（講談社）、「少年サンデー」（小学館）が創刊。

3月18日 **55**周年 **1964（昭和39）年　初の電卓を開発**
早川電機（現シャープ）とソニーが日本初の電卓を発表。

3月18日 **35**周年 **1984（昭和59）年　グリコ社長誘拐される**
江崎グリコ社長、西宮市の自宅から誘拐される。グリコ森永事件の発端。

3月18日 **30**周年 **1989（平成元）年　世界フィギアで初の金**
伊藤みどりがパリ世界フィギュア選手権で女子選手として史上初めてトリプルアクセル（3回転半ジャンプ）を飛び、金メダルを獲得。

3月19日 **105**周年 **1914（大正3）年　東京駅竣工**
東京駅の丸の内側の駅舎（設計：辰野金吾）が竣工。重厚な鉄骨レンガ造りの3階建ての建物で工事には7年の歳月を要したという。

2019年

3月20日	**10**周年	**2009（平成21）年　阪神なんば線開業** 阪神なんば線（西九条～大阪難波、旧称西大阪線）が開業。
3月21日	**145**周年	**1874（明治7）年　日本初の陸上競技会** 東京・築地の海軍兵学寮で日本初の陸上競技会が開かれた。当時は競闘遊戯会という名称だった。
3月21日	**110**周年	**1909（明治42）年　初めてのマラソンレース** 神戸の湊川埋め立て地と大阪の新淀川西成大橋の間で「マラソン大競走」が開催される。優勝者は金子長之助、31.7kmを2時間10分54秒で走った。
3月22日	**115**周年	**1904（明治37）年　新聞初カラー写真掲載** 米「デーリー・イラストレーテッド・ミラー紙」が初めて新聞にカラー写真を掲載。
3月22日	**85**周年	**1934（昭和9）年　マスターズ・トーナメント** アメリカ・ジョージア州のオーガスタ・ナショナル・ゴルフクラブでゴルフのマスターズが開催された。優勝者はホートン・スミスだった。尚、最初の5年間は「オーガスタ・ナショナル・インビテーション・トーナメント」という名前で行われた。
3月23日	**150**周年	**1869（明治2）年　小学校設置令** 「小学校設置令」発布。5月、京都に上京第二七番小学校が開校（日本で最初の近代小学校）。
3月25日	**150**周年	**1869（明治2）年　士農工商の身分制度廃止** 身分制度を廃止し、大名を「華族」、一般武士を「士族」、農民と町人らの庶民を「平民」に改めた。
3月25日	**150**周年	**1869（明治2）年【没】甲賀 源吾** 江戸時代末期・明治期の幕臣。軍艦繰練方手伝出役、軍艦組出役、軍艦頭並など歴任。官軍の甲鉄艦奪取作戦を展開。
3月25日	**100**周年	**1919（大正8）年【没】辰野 金吾** 明治・大正期の建築家。東京帝国大学工科大学長、建築学会会長。作品に、日本銀行、東京駅、日銀主要支店など。

| 3月25日 | **100**周年 | **1919（大正8）年【没】ヴィルヘルム・レームブルック** |
| | | ドイツの彫刻家。主作品は『うつぶせる男』（1915〜16）。 |

| 3月25日 | **30**周年 | **1989（平成元）年　横浜博覧会開幕** |
| | | みなとみらい21で横浜博覧会が開幕。この前後はバブル期や市制100周年などが重なり各地で博覧会が開催される「地方博ブーム」が起きた。 |

| 3月27日 | **330**周年 | **1689（元禄2）年　芭蕉、出立** |
| | | 弥生も末の七日（3月27日）、松尾芭蕉がおくのほそ道への旅に出立。 |

| 3月28日 | **90**周年 | **1929（昭和4）年【生】色川 武大** |
| | | 昭和期の小説家。”麻雀の神様”と呼ばれ、「離婚」で直木賞。著書に「怪しい来客簿」「狂人日記」など。 |

| 3月28日 | **50**周年 | **1969（昭和44）年【没】ドワイト・アイゼンハワー** |
| | | アメリカの軍人、政治家。第2次世界大戦ノルマンディー進攻で活躍、1952年共和党から第34代大統領。 |

| 3月28日 | **40**周年 | **1979（昭和54）年　スリーマイル島原発事故** |
| | | 米スリーマイル島原発で大量の放射能漏れ事故が発生。30日に緊急事態宣言が出された。周辺住民14万人以上が避難した。 |

| 3月30日 | **130**周年 | **1889（明治22）年　エッフェル塔完成** |
| | | パリ万博のシンボルとして建設されたエッフェル塔が完成。高さ312m。 |

| 4月 | **90**周年 | **1929（昭和4）年【没】後藤 恕作** |
| | | 明治〜昭和期の実業家。毛織物業の改良発達に貢献。民間毛織物業のパイオニア。緑綬褒章受章。 |

| 4月1日 | **105**周年 | **1914（大正3）年　タカラヅカ、初公演** |
| | | 宝塚少女歌劇（現：宝塚歌劇団）が宝塚温泉で初公演を行う。 |

2019年

| 4月1日 | **55**周年 | **1964（昭和39）年　海外旅行自由化**
日本人の海外旅行が自由化された。 |

4月1日　35周年　1984（昭和59）年　「第3セクター」始まる
全国初の第三セクター「三陸鉄道」（南リアス線 盛岡～釜石、北リアス線 宮古～久慈）が開業。

4月1日　10周年　2009（平成21）年　教員免許が更新制に
教員免許が更新制となる。これにより大学などが開設する30時間以上の免許状更新講習の受講、都道府県教育委員会への申請が必要となった。

4月3日　1415周年　604（推古天皇12）年　「十七条憲法」を制定
聖徳太子「十七条憲法」を制定。

4月3日　105周年　1914（大正3）年　日本初カラー劇映画
日本で初のカラー劇映画として製作された「義経千本桜」（監督：吉野二郎）が公開された。

4月4日　140周年　1879（明治12）年　沖縄県を設置
琉球藩を廃し沖縄県を設置することを布告。450年あまり続いた琉球国は終焉した。

4月4日　90周年　1929（昭和4）年　初の国産ウイスキー発売
寿屋（現サントリー）が初の国産ウィスキー（白札）を発売。

4月4日　70周年　1949（昭和24）年　NATO発足
アメリカ、イギリス、フランス、イタリア、ベルギー、オランダ、ルクセンブルク、ポルトガル、デンマーク、ノルウェー、アイスランド、カナダの西側12か国が調印し北大西洋条約機構（NATO）が発足。

4月5日　95周年　1924（大正13）年　選抜高校野球、始まる
名古屋で第1回選抜中等学校野球大会を開催。決勝戦は高松商業と早稲田実業が対戦。2-0で高松商業が勝利し優勝した。

4月6日	**90**周年	**1929（昭和4）年【生】小沢 昭一** 昭和・平成期の俳優、演出家。シャボン玉座主宰。舞台や映画に多数出演。上演作に「我輩は漱石である」「唐来参和」、著書に「日本の放浪芸」など。
4月6日	**10**周年	**2009（平成21）年　イタリア中部ラクイラ地震** イタリア中部ラクイラでM6.3の地震が発生。死者300名、多くの歴史的建造物にも被害が及んだ。
4月9日	**150**周年	**1869（明治2）年【没】玉虫 佐太夫** 江戸時代末期・明治期の仙台藩士。養賢堂学頭副役。観察力と克明な記録は抜群で「航米日録」「官武通記」を著述。
4月9日	**80**周年	**1939（昭和14）年　集団就職列車** 秋田で高等小学校を卒業した584人の少年を乗せた列車が、東京・上野駅に到着。最初の集団就職列車といわれている。
4月10日	**10**周年	**2009（平成21）年　マツダスタジアム開場** 広島カープの本拠地、新広島市民球場（MAZDA Zoom-Zoom スタジアム広島）が開場。
4月13日	**110**周年	**1909（明治42）年【生】ユードラ・ウェルティー** アメリカの女流作家。主著『追いはぎ花婿』（1942）、『ポンダー家の心情』（54）など。
4月14日	**90**周年	**1929（昭和4）年　第1回モナコ・グランプリ開催** インディ500、ル・マン24時間レースと並び「世界3大レース」の1つに数えられるモナコ・グランプリが開催される。1950年のF1世界選手権発足時より同シリーズに組み込まれている。
4月15日	**90**周年	**1929（昭和4）年　初の本格的ターミナルデパート** 駅に直結した電鉄系ターミナルデパートとして大阪・梅田に阪急百貨店が開業。
4月15日	**90**周年	**1929（昭和4）年　ヨーロッパ向け無線送信** 日本無線電信会社名古屋無線電信局が初となるヨーロッパ向けの無線送信を開始。

4月16日	60周年	**1959（昭和34）年　国民年金法公布** 厚生年金や公務員共済の適用をうけない自営業者などを対象とした国民年金法公布。11月より施行。
4月20日	20周年	**1999（平成11）年　コロンバイン高校銃乱射事件** アメリカ・コロラド州のコロンバイン高校で生徒2人が銃を乱射し13人を射殺。犯人2人も自殺した事件。この事件を題材にマイケル・ムーア監督はドキュメンタリー映画『ボウリング・フォー・コロンバイン』を制作した。
4月21日	30周年	**1989（平成元）年　子ども達から大人まで大人気** 任天堂が携帯用のゲーム機「ゲームボーイ」を発売した。スーパーマリオランド、テトリスなどが大人気で発売後は入手困難な状況に。
4月23日	100周年	**1919（大正8）年【生】野村 芳太郎** 昭和・平成期の映画監督。プロダクション・クラップボード社長、橋本プロダクション役員。霧プロダクション役員などを歴任。主な作品に「張込み」「ゼロの焦点」など。
4月26日	150周年	**1869（明治2）年【没】井上 伝** 江戸時代末期の女性。久留米絣の創始者。
4月26日	95周年	**1924（大正13）年　国内初のタイトルマッチ** 日本軽体量級拳闘選手権試合が日比谷公園で行われた。国内初のボクシング・タイトルマッチであった。
4月27日	100周年	**1919（大正8）年【没】前島 密** 明治期の官吏、実業家。東京専門学校校長、男爵。近代郵便制度の確立に尽力。駅逓局長、逓信次官などを歴任。のち貴族院議員。
5月1日	90周年	**1929（昭和4）年　号砲からサイレンに** 東京の午砲がそれまでの皇居内の大砲からサイレンに替った。

5月1日	**20**周年	**1999（平成11）年　本四連絡橋の全ルートが完成** 本四連絡橋・尾道今治ルート（しまなみ海道）の7つ全ての橋梁が開通。これによって本四連絡橋の全ルートが完成。
5月4日	**45**周年	**1974（昭和49）年　女性初マナスル登頂に成功** 日本女性山岳隊がマナスル（標高8,163m）登頂に成功。当時の女性最高度登頂を記録した。
5月5日	**110**周年	**1909（明治42）年【生】中島 敦** 昭和期の小説家。作品に「狼疾記」「山月記」「李綾」「弟子」など。
5月6日	**130**周年	**1889（明治22）年　パリ万博開催** フランス革命から100年を記念しパリで万国博覧会が開催された。この万博最大の目玉はエッフェル塔であった。
5月6日	**25**周年	**1994（平成6）年　ユーロー・トンネル開通** ドーバー海峡を結ぶユーロ・トンネルが開通。全長49.2km、海底部分36.5kmは世界最長を記録。11月14日には高速旅行列車「ユーロスター」の運行が開始された。
5月7日	**105**周年	**1914（大正3）年　5月第2日曜日を「母の日」に** 米、上院で5月の第2日曜日を「母の日」とする法案が成立。
5月8日	**40**周年	**1979（昭和54）年　パソコン時代到来** 日本電気が8ビットパソコンPC-8001を発表（発売は9月）。初期国産PCの代表格であった。
5月9日	**150**周年	**1869（明治2）年　横浜で「あいすくりん」発売** 町田房蔵が横浜・馬車道通りで「あいすくりん」を製造・販売。
5月9日	**90**周年	**1929（昭和4）年　トーキー映画初公開** 東京・新宿武蔵野館で米製トーキー映画「進軍」「南海の唄」が公開される。日本初の本格的トーキー映画の上映であった。

日付	周年	出来事
5月10日	150周年	**1869（明治2）年　米大陸横断鉄道全通** アメリカの大陸横断鉄道が全通し西部、中部、東部の鉄道による横断が可能となった。
5月10日	130周年	**1889（明治22）年　汽車に化粧室** 東海道線に初めての化粧室付き列車が登場。
5月11日	150周年	**1869（明治2）年【没】土方 歳三** 新撰組副長、箱館五稜郭政権の陸軍奉行並。
5月11日	50周年	**1969（昭和44）年　国鉄にグリーン車登場** 改正に伴い等級制を廃止し「グリーン車」という名称が登場した。
5月11日	45周年	**1974（昭和49）年　足尾鉱毒事件決着** 明治初期に発生した足尾鉱山鉱毒事件で、政府の公害等調整委員会が示した被害者971人に15億5,000万円の補償金を支払うという調整案を、被害者（鉱毒根絶期成同盟会）と加害者（古河鉱業）の双方が受諾し決着した。
5月12日	150周年	**1869（明治2）年【没】伊庭 八郎** 江戸時代末期の幕臣、剣術家、遊撃隊士。
5月12日	80周年	**1939（昭和14）年　ノモンハン事件発生** モンゴルと満州（中国東北部）との国境地区で起った日本軍とソ連軍の大規模な衝突事件、ノモンハン事件発生。日本軍が惨敗した。
5月12日	35周年	**1984（昭和59）年　NHKテレビ衛星放送開始** NHKが世界初の本格的な直接受信衛星放送を開始。この衛星放送によって大東島などテレビ難視聴地域問題は、放送開始以来約50年を経て解消された。
5月16日	130周年	**1889（明治22）年　東京・京都・奈良に帝国博物館** 上野の文部省博物館が帝国博物館に改称。併せて京都、奈良に帝国博物館を設置。

5月16日	**90**周年	**1929（昭和4）年　第1回アカデミー賞** アメリカ・ハリウッドで第1回アカデミー賞の授賞式が開催された。主演男優賞はエミール・ヤニングス（独）、主演女優賞はジャネット・ゲイナー、作品賞は「つばさ」であった。
5月17日	**110**周年	**1909（明治42）年【生】横山 隆一** 昭和・平成期の漫画家。おとぎプロダクション社長。毎日新聞に「フクちゃん」を連載。アニメ映画製作も行い、「おんぶおばけ」「ふくすけ」などを発表。
5月18日	**150**周年	**1869（明治2）年　戊辰戦争終わる** 箱館戦争が終わり戊辰戦争終結。
5月21日	**10**周年	**2009（平成21）年　「裁判員制度」スタート** 国民から選ばれた裁判員が裁判官とともに特定の刑事事件の裁判に関与する「裁判員制度」が始まる。8月3日に初の裁判員裁判を実施。
5月23日	**50**周年	**1969（昭和44）年　初の『公害白書』刊行** 日本政府が初の『公害白書』を発表。
5月24日	**175**周年	**1844（天保15）年　電信に成功** アメリカ人モースがワシントン～ボルティモア間の電気通信に成功。「神は何を為し給いしか」という電信史に残るメッセージを送信。
5月25日	**120**周年	**1899（明治32）年　初の食堂車** 初の食堂車が私鉄山陽鉄道（京都～三田尻）の急行列車に登場。
5月25日	**70**周年	**1949（昭和24）年　通産省設置** 商工省が改組されて通商産業省（現・経産省）が設置される。
5月26日	**50**周年	**1969（昭和44）年　東名高速が全線開通** 大井松田IC ～御殿場ICが開通し東名高速道路が全通（東京—小牧346.7km）。東京から西宮（536km）が直接つながる。

5月30日	110周年	**1909（明治42）年【生】ベニー・グッドマン** アメリカのジャズ・クラリネット奏者、楽団指揮者。1938年カーネギー・ホールで史上初のジャズコンサートを行った。"スイングの王様"とよばれる。
5月31日	70周年	**1949（昭和24）年　国立大学設置法公布** 「国立学校設置法」が施行され、新制国立大学69校が設置される。
6月1日	120周年	**1899（明治32）年　初のニュース映画上映** 神田・錦輝館で初めてのニュース映画として米国製の「米西戦争活動大写真」が上映される。
6月1日	70周年	**1949（昭和24）年　国鉄発足** 政府は運輸省から国有鉄道事業を分離し、公社として国鉄を設立。
6月2日	160周年	**1859（安政6）年　長崎・横浜開港** 日米修好通商条約の締結によって長崎港と横浜港が開港。横浜港が開港した日を横浜開港記念日としている。
6月2日	110周年	**1909（明治42）年　両国に国技館完成** 東京・両国に相撲専用の建物として国技館が完成。総工費28万円。合計1万3,000人収容。国技館はその後、蔵前に移り、1985年、3代目が両国に建てられた。
6月3日	60周年	**1959（昭和34）年　シンガポール独立** シンガポールがマレーシアから独立。初代首相はリー・クアン・ユー。
6月4日	30周年	**1989（平成元）年　天安門事件** 民主化を求め天安門広場に集まっていた学生・市民に対して人民解放軍が戦車、装甲車で出動し厳しい武力鎮圧を行った。
6月5日	155周年	**1864（元治元）年　池田屋騒動** 京都三条小橋の旅籠池田屋に終結していた長州藩、土佐藩、肥後藩などの尊攘派を新撰組が襲撃。

6月5日	100周年	**1919（大正8）年【没】井上 円了** 明治期の仏教哲学者。怪異を合理的に論じた「妖怪学講義」を普及させ妖怪博士と呼ばれた。東洋大学創設者。
6月6日	75周年	**1944（昭和19）年　ノルマンディー上陸作戦** フランス・ノルマンディー海岸で連合軍が史上最大の作戦を行った。
6月10日	60周年	**1959（昭和34）年　国立西洋美術館開館** 国立西洋美術館開館式が行われた。設計はフランスのウ・コルビュジエ。前川国男、吉阪隆正らが実際の施工の監督にあたった。戦後フランスから返還された松方コレクションを収蔵。

6月12日　135周年　**1884（明治17）年　鹿鳴館で日本初のバザー**

上流階級の女性たちが手工芸品などを持ち寄り日本で初めての「バザー」を開催。

6月12日	50周年	**1969（昭和44）年　原子力船「むつ」進水** 日本初の原子力船「むつ」の進水式が、東京で行われた。
6月13日	95周年	**1924（大正13）年　築地小劇場、開場** 土方与志と小山内薫が新劇の常設劇場として築地小劇場を開設。
6月14日	90周年	**1929（昭和4）年【生】日野 啓三** 昭和・平成期の小説家、評論家。取材体験と自らの体験をもとに評論集「虚点の思想」、小説「あの夕陽」などを著作。
6月17日	150周年	**1869（明治2）年【生】藤原 銀次郎** 大正・昭和期の実業家、政治家。王子製紙社長、貴族院議員。戦時下商工大臣、軍需大臣など歴任。戦後、藤原科学財団を設立し教育や社会事業に貢献。

6月18日	30周年	**1989（平成元）年　ミャンマーに変更** 「ビルマ」の呼称をミャンマーに変更。
6月19日	110周年	**1909（明治42）年【生】太宰 治** 昭和期の小説家。「女生徒」で透谷文学賞受賞。戦後、代表作「斜陽」「人間失格」などを相次いで発表。
6月19日	75周年	**1944（昭和19）年　マリアナ沖海戦** マリアナ沖海戦—マリアナ諸島沖とパラオ諸島沖で行われたアメリカ軍空母機動部隊と日本軍空母機動部隊の戦い。日本側の大惨敗に終わった。
6月19日	55周年	**1964（昭和39）年　太平洋横断海底ケーブル** KDD、AT&T（米）とハワイ電話会社の3社が太平洋横断海底ケーブル第1号（TPC-1）を開通させた。電話128回線の容量を持ち、日本からグアムとハワイを経由して米国西海岸までを結んだ。
6月20日	365周年	**1654（承応3）年　玉川上水が完成** 多摩川から取水し江戸市中に水を供給する玉川上水が完成。
6月20日	120周年	**1899（明治32）年　初の日本映画公開** 初の日本製映画が歌舞伎座で上映される。
6月20日	70周年	**1949（昭和24）年　デラ台風** 西日本を中心にデラ台風が被害をもたらした。死者252名、行方不明者216名。出漁中の漁船などが甚大な被害を受けた。
6月21日	350周年	**1669（寛文9）年　シャクシャインの乱** 蝦夷で総酋長シャクシャインが松前藩の不正交易とアイヌ分断政策に怒り反乱を起こした。
6月23日	75周年	**1944（昭和19）年　昭和新山** 北海道・有珠山の東麓で噴火が始まり、地面が隆起し、噴火。屋根山の形成などを経て新山となった。

高さ約150m、標高407m。

6月23日 **20**周年 **1999（平成11）年　男性も女性もあらゆる分野で**
「男女共同参画社会基本法」公布・施行。

6月25日 **10**周年 **2009（平成21）年【没】マイケル・ジャクソン**
ジャクソン家の五男に生まれ、黒人兄弟グループ
"ジャクソン5"のリード・ボーカリストとして10代の
頃から活躍。「ABC」「帰ってほしいの」「アイル・
ビー・ゼア」「さよならは言わないで」など1970年
代前半にモータウン・レコードからミリオンヒット
を連発し、ソウルミュージックの代表的グループと
して人気を博す。'72年ソロデビュー。'79年クイン
シー・ジョーンズをプロデューサーに迎えたアル
バム「オフ・ザ・ウォール」、さらに「スリラー」「バッ
ド」の大ヒットにより大スターの地位を確立。

6月27日 **65**周年 **1954（昭和29）年　世界初の原発**
世界初の工業用原子力発電所ソ連・オブニンスク
原発が運転を開始。

6月27日 **25**周年 **1994（平成6）年　松本サリン事件**
松本市の住宅街で有毒ガスのサリンがまかれ住民7
人が死亡する事件が発生。当初第一発見者の会社
員が犯行を疑われるが後にオウム真理教の犯行と
判明し、警察・マスコミが報道の行きすぎを謝罪。

6月28日 **160**周年 **1859（安政6）年　横浜、長崎などで自由貿易**
徳川幕府は露・英・仏・蘭・米の5カ国に、横浜・長崎・
箱館（函館）で自由貿易を許可する布告を出した。

6月28日 **105**周年 **1914（大正3）年　サラエボ事件発生**
第一次世界大戦勃発のきっかけとなるサラエボ事
件（オーストリア皇太子夫妻がサラエボで暗殺され
る）発生。

6月28日 **100**周年 **1919（大正8）年　ベルサイユ条約締結**
第一次世界大戦の連合国とドイツの間の講和条約
（ベルサイユ条約）が締結される。

6月29日	**110**周年	**1909（明治42）年【生】伏見 康治** 昭和・平成期の物理学者。大阪大学教授、参議院議員。専門は理論物理学。名古屋大学プラズマ研究所長、日本学術会議会長などを歴任。
6月30日	**100**周年	**1919（大正8）年【没】ジョン・ウィリアム・ストラット・レイリー** イギリスの物理学者。1904年ノーベル物理学賞受賞。
7月1日	**95**周年	**1924（大正13）年　メートル法に切り換え** 「改正度量衡法」が施工され、メートル法が基本になった。
7月1日	**90**周年	**1929（昭和4）年【生】ジェラルド・エーデルマン** アメリカの生化学者。抗体蛋白質の主成分である血清中のガンマ・グロブリンの中から1種類のみを精製し、その化学的構造を決定した。1972年のノーベル生理学・医学賞受賞。
7月1日	**40**周年	**1979（昭和54）年　ウォークマン発売** ソニーがウォークマンを発売。世界的な大ヒットとなった。
7月5日	**90**周年	**1929（昭和4）年【生】本間 長世** 昭和・平成期のアメリカ史学者。成城学園長、東京大学教授。幅広いアメリカ研究で知られ、著書に「理念の共和国」「思想としてのアメリカ」など。
7月6日	**90**周年	**1929（昭和4）年【生】都筑 道夫** 昭和・平成期の推理作家。「エラリイ・クイーンズ・ミステリー・マガジン」日本語版編集長。「やぶにらみの時計」で注目される。代表作に「南部殺し唄」「退職刑事」シリーズなど。
7月6日	**70**周年	**1949（昭和24）年　下山事件** 国鉄初代総裁下山定則の轢断死体が常磐線北千住〜綾瀬間の線路上で発見される事件発生。現在に至るまで真相は明らかになっていない。
7月7日	**100**周年	**1919（大正8）年　カルピス発売** モンゴル遊牧民の飲み物をヒントに開発された乳酸

飲料カルピスが発売される。

7月8日 **25**周年 **1994（平成6）年　向井千秋、宇宙へ**
向井千秋がスペースシャトル・コロンビアで日本女性として初めて宇宙へ出発した。

7月14日 **230**周年 **1789（寛政元）年　フランス革命の発端**
パリの民衆が蜂起しバスティーユ監獄を襲撃した。

7月14日 **140**周年 **1879（明治12）年　コレラ伝染予防**
海港虎列刺病伝染予防規則公布。

7月16日 **100**周年 **1919（大正8）年【没】板垣 退助**
江戸時代末期・明治期の民権家。自由党総理。「民選議員設立建白書」を提出し自由民権運動を展開、自由党結成。

7月16日 **15**周年 **2004（平成16）年　「性同一性障害特例法」施行**
戸籍上の性別記載の変更を可能とする「性同一性障害者の性別の取扱いの特例に関する法律」を施行。

7月17日 **50**周年 **1969（昭和44）年【没】市川 雷蔵（8代目）**
昭和期の歌舞伎役者、映画俳優。大映に入社、「眠狂四郎シリーズ」など多くの映画に出演する。

7月19日 **155**周年 **1864（元治元）年　蛤御門の変**
長州藩が京都に出兵し会津、薩摩などの藩兵と蛤御門で戦闘。この変の後、長州は朝敵となる。

7月20日 **50**周年 **1969（昭和44）年　人類初、月面に着陸**
米・宇宙船アポロ11号でアームストロング船長とオルドリンが月面に着陸。「この一歩は小さいが、人類にとっては偉大な躍進だ」という著名な言葉をアームストロング船長は残した。

7月22日 **50**周年 **1969（昭和44）年　初の全国肥満児調査**
文部省（文科省）が初の肥満児全国調査の結果を発表した。

7月23日 **110**周年 **1909（明治42）年【生】飯沢 匡**
昭和・平成期の劇作家、演出家。「婦人朝日」「アサヒグラフ」編集長を歴任。「二号」で岸田演劇賞、「五

		人のモヨノ」で読売文学賞を受賞。
7月23日	20周年	**1999（平成11）年　全日空61便ハイジャック事件** 全日空機がハイジャックされる。犯人は機長を刺殺し一時機体を操縦。日本のハイジャックで死者が出た初めてのケース。
7月25日	125周年	**1894（明治27）年　日清戦争始まる** 日本艦隊が豊島沖で清国艦隊を攻撃し日清戦争がはじまる。
7月25日	90周年	**1929（昭和4）年【没】牧野 省三** 明治～昭和期の映画製作者、映画監督。講談的時代劇の先駆者。作品に「実録忠臣蔵」など。
7月28日	150周年	**1869（明治2）年【没】ヤン・エヴァンゲリスタ・プルキニェ** チェコスロバキアの生理学、組織学、発生学の先覚者。原形質という術語の創始者。
7月28日	105周年	**1914（大正3）年　第一次世界大戦始まる** オーストリアがセルビアに宣戦布告し第一次世界大戦がはじまる。
7月30日	110周年	**1909（明治42）年【生】パーキンソン,C.N.** イギリスの歴史学者、経営研究者。主著に『パーキンソンの法則』（1957）など。
8月1日	95周年	**1924（大正13）年　甲子園球場完成** 阪神電鉄が全国中等学校野球大会（現全国高等学校野球大会）の会場として甲子園球場（当時の名称は甲子園大運動場）を建設。甲子園は高校野球の聖地として、阪神タイガースの本拠地として野球ファンに愛され続けている。
8月3日	10周年	**2009（平成21）年　初の裁判員裁判** 初の裁判員制度を適用した裁判が東京地裁で行われた。
8月4日	120周年	**1899（明治32）年　初のビヤホール** 日本麦酒が東京・銀座に初のビヤホール「恵比

寿ビール BEER HALL」を開店。

8月5日 **120**周年 **1899（明治32）年【生】壺井 栄**
昭和期の小説家。プロレタリア文学運動に参加、宮本百合子、佐多稲子を知る。代表作に「二十四の瞳」など。

8月5日 **25**周年 **1994（平成6）年 5億円強奪事件**
神戸市三宮の福徳銀行神戸支店で現金約5億4,100万円が強奪される事件発生。

8月9日 **15**周年 **2004（平成16）年 関電・美浜発電所で事故**
関西電力美浜発電所（3号機）で高温の蒸気が漏れ出る事故が発生。この事故で5人が全身やけどで死亡した。日本の運転中の原発で起きた初の死亡事故となった。

8月11日 **110**周年 **1909（明治42）年【生】古関 裕而**
昭和期の作曲家。「長崎の鐘」、「君の名は」などがヒット。また「オリンピックマーチ」などの名曲も。

8月11日 **100**周年 **1919（大正8）年【没】アンドルー・カーネギー**
アメリカの鉄鋼王。ホームステッド製鋼工場、カーネギー鉄鋼株式会社を経営。主著"Triumphant Democracy"（1886）、『富の福音』（89）。

8月11日 **30**周年 **1989（平成元）年 「しんかい6500」最深記録**
科学技術庁海洋科学技術センターの深海調査船「しんかい6500」が宮城県金華山沖の日本海溝で6,527mまで潜航。世界の最深記録を更新。

8月13日 **15**周年 **2004（平成16）年 米軍ヘリ大学に墜落**
米軍普天間飛行場に隣接する沖縄国際大に米軍の大型ヘリが墜落。

8月15日 **150**周年 **1869（明治2）年 蝦夷地から北海道に**
新政府、太政官布告によって蝦夷地を北海道に改名。

8月15日	105周年	**1914（大正3）年　パナマ運河開通** 長さ80km、二重水門6か所、スエズ運河を拓いたフェルディナン・ド・レセップスが開発に着手したパナマ運河が開通。
8月16日	170周年	**1849（嘉永2）年　種痘に成功** 佐賀藩主・鍋島直正（閑叟）が天然痘予防のために西欧から伝わってきたばかりの種痘を自らの子ども・淳一郎に施した。
8月16日	90周年	**1929（昭和4）年【没】津田 梅子** 明治・大正期の女子教育者。女子高等師範学校教授。八歳で渡米。津田塾大学を創始。
8月17日	70周年	**1949（昭和24）年　松川事件** 東北本線の松川～金谷川間で列車が転覆する松川事件発生。機関士ら乗務員3名が死亡した。戦後、国鉄をめぐって起こった3大事件の一つ。
8月17日	20周年	**1999（平成11）年　トルコ北西部地震** トルコ北西部、イズミット市を震源とするM7.4の大地震が発生。死者17,262人、負傷者43,953人。
8月19日	200周年	**1819（文政2）年【没】ジェームズ・ワット** スコットランドの技術者。ピストンを気圧で動かす蒸気機関など多くの発明をし、産業革命に貢献。
8月20日	25周年	**1994（平成6）年　広島アストラムライン開業** 広島市の新交通システム・広島新交通1号線（アストラムライン）が開業。
8月21日	110周年	**1909（明治42）年【生】遠山 啓** 昭和期の数学者、数学教育運動家。東京工業大学教授。教育誌「ひと」を創刊し真学塾を開く。著書に「無限と連続」など。
8月21日	110周年	**1909（明治42）年【生】ニコライ・ボゴリューボフ** ソ連の理論物理学者。変分法、概周期関数、などの研究で1947年スターリン賞受賞。58年レーニン賞受賞。

8月21日	**95**周年	**1924（大正13）年　新聞に天気図掲載** 新聞（国民新聞）に天気図が初めて掲載される。
8月22日	**155**周年	**1864（元治元）年　国際赤十字発足** ジュネーブ条約が結ばれ、国際赤 十字が発足。
8月24日	**90**周年	**1929（昭和4）年【生】ヤーセル・アラファト** パレスチナ・ゲリラの指導者。1969年2月パレスチナ解放機関PLO議長となった。
8月25日	**125**周年	**1894（明治27）年　ペスト菌発見** 北里柴三郎がペスト菌を発見。
8月26日	**90**周年	**1929（昭和4）年【没】アーネスト・サトウ** イギリスの外交官。1862年来日、西郷隆盛、木戸孝允ら倒幕派雄藩の指導者とイギリス公使パークスとの連絡につとめた。
8月26日	**50**周年	**1969（昭和44）年　『男はつらいよ』第1作公開** 山田洋次監督、渥美清主演の映画『男はつらいよ』の第1作が公開となる。初代マドンナは光本幸子。『男はつらいよ』はシリーズ化され全48作が制作された。
8月28日	**110**周年	**1909（明治42）年【生】菱山 修三** 昭和期の詩人、フランス文学者。詩作の他フランス文学の翻訳を手がける。詩集に「夢の女」「恐怖の時代」など。
8月28日	**25**周年	**1994（平成6）年　初の「気象予報士」** 気象予報士の試験（国家資格）始まる。
8月29日	**60**周年	**1959（昭和34）年　炭鉱争議** 三井・三池争議―石炭大手の三井鉱山が労組に4,580人の希望退職による会社の第2次再建案を提示。交渉は決裂し、戦後最大の炭鉱争議となった。
8月30日	**45**周年	**1974（昭和49）年　三菱重工爆破事件** 東京・丸の内の三菱重工ビルで過激派が仕掛けた

時限爆弾が爆発。死者8人。

| 8月30日 | 10周年 | **2009（平成21）年　政権交代** |

第45回衆議院総選挙の開票が行われ、民主党が過半数を超える308議席を獲得して圧勝。自民党に代わり第一党となり政権を奪取した。

| 9月1日 | 80周年 | **1939（昭和14）年　第二次世界大戦始まる** |

ドイツ軍がポーランドへの侵攻を開始。第二次世界大戦が始まった。

| 9月4日 | 25周年 | **1994（平成6）年　関西国際空港、開港** |

日本初の24時間運用国際空港として関西国際空港が開港。

| 9月4日 | 25周年 | **1994（平成6）年　武豊、海外G1を制す** |

武豊騎手が騎乗するスキーパラダイスがフランスのG1ムーラン・ド・ロンシャン賞で優勝。日本人初の海外G1制覇となった。

| 9月10日 | 90周年 | **1929（昭和4）年【生】矢代 秋雄** |

昭和期の作曲家。東京芸術大学教授。「弦楽四重奏曲」で、毎日音楽賞受賞。作品に、「チェロ協奏曲」「ピアノソナタ」など。

| 9月11日 | 90周年 | **1929（昭和4）年【生】栄久庵 憲司** |

昭和・平成期のインダストリアルデザイナー。静岡文化芸術大学教授、GKインダストリアルデザイン研究所所長。世界デザイン機構初代会長に就任。卓上醤油瓶から秋田新幹線こまちまで多数をデザイン。

| 9月16日 | 80周年 | **1939（昭和14）年　地下鉄、浅草～渋谷つながる** |

東京地下鉄道と東京高速鉄道が浅草～渋谷間で直通運転を開始。

| 9月16日 | 65周年 | **1954（昭和29）年　日本中央競馬会発足** |

「競馬の健全な発展を図って」日本中央競馬会が発足。

| 9月16日 | 10周年 | **2009（平成21）年　非自民政権発足** |

民主党の鳩山由紀夫が93代内閣総理大臣に就任。

民主・社民・国民の3党連立による鳩山由紀夫内閣が発足。15年ぶりの非自民政権となった。

9月17日 **55**周年 **1964（昭和39）年　東京モノレール運行開始**
浜松町〜羽田空港を結ぶ東京モノレールが運行を開始。

9月19日 **60**周年 **1959（昭和34）年　「国立青年の家」登場**
静岡県御殿場市に「国立中央青年の家」が皇太子殿下御成婚記念事業の一環として開設された。

9月20日 **25**周年 **1994（平成6）年　イチロー、200安打達成**
オリックスのイチローが日本プロ野球史上初の1シーズン200本安打を達成。その後も打ちまくったイチローはこのシーズン210安打（130試合）を記録した。

9月21日 **85**周年 **1934（昭和9）年　室戸台風**
最低気圧911.9ヘクトパスカルの大型台風が大阪を直撃。大阪湾などに高潮をもたらし死者・行方不明者は3,036名に達した。

9月21日 **20**周年 **1999（平成11）年　台湾「921大地震」**
台湾中部でマグニチュード7.3の極めて強い地震が発生。死者2,455名を出した。

9月25日 **70**周年 **1949（昭和24）年　象のインディラ公開**
インドのネルー首相から贈られた象のインディラが上野動物園で公開される。

9月26日 **60**周年 **1959（昭和34）年　伊勢湾台風**
伊勢湾台風（15号）が紀伊半島に上陸。台風災害としては明治以降最多の死者・行方不明者数5,098名に及ぶ被害を受けた。

9月27日 **30**周年 **1989（平成元）年　横浜ベイブリッジ開通**
横浜港の港口に横浜ベイブリッジが開通。世界最大級の斜張橋で、2本のタワーの間隔は460m。桁下

クリアランス55m。クィーンエリザベスⅡ世号が通過できるように設計されている。

| 9月28日 | 25周年 | **1994（平成6）年　エストニア号海難事件** |

ストックホルムへ向けて乗客・乗員989名を乗せてエストニアのタリンを出港したエストニア号が転覆沈没。死者行方不明者852名という大惨事となった。

| 9月29日 | 20周年 | **1999（平成11）年　下関通り魔殺人事件** |

下関駅で男が車で駅構内に侵入して7人をはねた後、車から降りて包丁で8人を切りつけた。5人が死亡。犯人は死刑となり2012年刑が執行された。

| 9月30日 | 20周年 | **1999（平成11）年　東海村臨界事故** |

茨城県東海村の核燃料加工会社JCO東海事業所に於いて臨界事故が発生。至近距離で被曝した作業員3名中、2名が死亡、1名が重症となった他、667名の被曝者を出した。

| 10月1日 | 90周年 | **1929（昭和4）年【没】アントワーヌ・ブールデル** |

フランスの彫刻家、画家。代表作は『アルベアル将軍の記念碑』（1923）など。

| 10月1日 | 55周年 | **1964（昭和39）年　東海道新幹線開通** |

「夢の超特急」新幹線開業。
東京〜新大阪間を6時間30分から4時間に短縮。

| 10月1日 | 55周年 | **1964（昭和39）年　日本武道館開館** |

東京オリンピックの柔道競技場として東京・千代田区の北の丸公園内に日本武道館が建設される。ビートルズ初来日公演は武道館で行われた初めてのコンサートであった。

| 10月2日 | 55周年 | **1964（昭和39）年　東京五輪記念硬貨発行** |

日本初の記念貨幣として東京五輪の記念硬貨（千円、百円）が発行された。

| 10月5日 | 125周年 | **1894（明治27）年　日本初の時刻表刊行** |

日本初の時刻表として「汽車汽船旅行案内」（庚寅

新誌社）が刊行される。

10月9日 **145**周年 **1874（明治7）年　万国郵便連合（UPU）条約**
スイス・ベルンで22カ国が集まって第1回万国郵便会議開催。万国郵便連合（UPU）条約を調印。日本は1877年に加盟。この日は現在「世界郵便デー」に制定されている。

10月9日 **50**周年 **1969（昭和44）年【没】正力 松太郎**
大正・昭和期の実業家、政治家。読売新聞社主、衆議院議員。大日本東京野球倶楽部（のち読売巨人軍）を創設、日本テレビ放送網を創立。北海道開発庁長官などを歴任。

10月9日 **30**周年 **1989（平成元）年　幕張メッセがオープン**
日本初「常設見本市会場」として、千葉市の東京湾岸の埋め立て地に幕張メッセがオープン。

10月10日 **55**周年 **1964（昭和39）年　東京オリンピック開会**
世界94カ国が参加する東京オリンピックが開会。

10月10日 **50**周年 **1969（昭和44）年　金田400勝を達成**
巨人の金田正一投手が中日戦に勝利し、日本球界史上初の400勝を達成。

10月11日 **100**周年 **1919（大正8）年【没】カール・ギェレルプ**
デンマークの小説家。1917年ノーベル文学賞受賞。代表作『一理想家』（1878）、『カマニータの巡礼』（1906）など。

10月13日 **215**周年 **1804（文化元）年　日本初の麻酔手術**
華岡青洲が自ら考案した麻酔薬を使って乳がん手術を行う。

10月13日 **150**周年 **1869（明治2）年【没】シャルル＝オーギュスタン・サント＝ブーヴ**
フランスの評論家、詩人、小説家。『グローブ』紙上で批評活動を開始。

10月13日	25周年	**1994（平成6）年　大江健三郎ノーベル文学賞受賞** 大江健三郎にノーベル文学賞が贈られることが決定。日本人の同賞受賞は68年の川端康成氏に次ぎ2人目となった。
10月14日	200周年	**1819（文政2）年【没】各務 文献** 江戸時代中期・後期の整骨医。近代的整形外科の先駆者。
10月15日	50周年	**1969（昭和44）年　茨城県・鹿島港開港** 茨城県の鹿島コンビナートに120万トン級接岸可能な鹿島港が開港した。
10月16日	40周年	**1979（昭和54）年　富栄養化防止条例〜琵琶湖** 滋賀県議会は工業排水に対する窒素・リンの排水基準を適用する琵琶湖の富栄養化防止条例を可決した。
10月18日	150周年	**1869（明治2）年【没】新見 正興** 江戸時代末期・明治期の幕臣、外国奉行。日米修好通商条約批准使節に任命され、ワシントンで批准書を交換した。
10月22日	1225周年	**794（延暦13）年　平安京遷都** 桓武天皇が都を平安京に遷都。
10月22日	125周年	**1894（明治27）年　庄内大地震** 酒田市市街の大半を焼失。死者739人、倒壊4,488戸。
10月23日	90周年	**1929（昭和4）年【生】志賀 信夫** 昭和・平成期の放送評論家。テレビを批評し次代のニューメディアの人材育成に尽くす。著書に「映像の技法」「テレビ戦争」など。
10月23日	55周年	**1964（昭和39）年　東洋の魔女に栄冠** 東京オリンピックバレーボール女子決勝で日本代表がソ連を破り優勝。日本に球技初の五輪金メダルをもたらした。

10月23日	**15**周年	**2004（平成16）年　新潟県中越地震** 新潟県中越地方を震源とするM6.8の直下型地震が発生。死者68名、負傷者4,805名、避難した住民は最大で10万人という大きな被害を受けた。
10月24日	**75**周年	**1944（昭和19）年　戦艦・武蔵撃沈** レイテ沖海戦において世界最大の戦艦・武蔵が撃沈される。
10月25日	**35**周年	**1984（昭和59）年　初めてコアラが日本に上陸** 東京都多摩動物公園、名古屋市東山動物園、鹿児島市平川動物公園の3園で初のコアラの飼育が始まる。
10月26日	**200**周年	**1819（文政2）年【没】勝川 春英** 江戸時代中期・後期の浮世絵師。役者絵の全盛時代を築いた。
10月26日	**20**周年	**1999（平成11）年　桶川ストーカー殺人事件** 埼玉県桶川市で起きた女子大生殺人事件。ストーカー被害を訴える被害者への警察の対応が批判された。ストーカー規制法制定のきっかけとなった事件。
10月27日	**160**周年	**1859（安政6）年 【没】吉田松陰** 安政の大獄に連座し吉田松陰が伝馬町牢屋敷で斬首刑に処される。
10月28日	**130**周年	**1889（明治22）年　岡倉天心ら「国華」創刊** 日本・東洋古美術研究誌「国華」創刊。
10月28日	**110**周年	**1909（明治42）年【生】フランシス・ベーコン** イギリスの画家。写真や複製をもとにして描くという独特な方法で注目される。代表作『法王インノセント10世』。
10月31日	**135**周年	**1884（明治17）年　秩父事件発生** 借金に苦しむ埼玉県秩父の自由党員や農民が困民党を組織し、負債の延納、雑税の減少などを求めて武装蜂起し高利貸しや群役所を襲った。事件後の裁判で死刑7名を含む4,000名余が処罰された。

2019年

10月31日	50周年	**1969(昭和44)年　日本記者クラブ結成** 日本の主な新聞、放送、通信各社が日本記者クラブを結成。
11月1日	105周年	**1914(大正3)年　「少年倶楽部」創刊** 「少年倶楽部」(大日本雄弁会講談社)創刊。後に『のらくろ』を連載。
11月1日	70周年	**1949(昭和24)年　人は右、車が左** 道路交通取締法が改正され、人は右、車が左の「対面交通」がルール化される。
11月1日	60周年	**1959(昭和34)年　国民年金制度が発足** 国民年金法が可決・成立。
11月1日	15周年	**2004(平成16)年　新紙幣発行** 1万円札は旧紙幣と同じ福澤諭吉、5千円札は樋口一葉、千円札は野口英世。
11月3日	100周年	**1919(大正8)年【没】寺内 正毅** 明治〜昭和期の陸軍軍人。初代朝鮮総督、伯爵。武断政治を行い非立憲内閣と呼ばれ、米騒動の中で辞任。
11月3日	70周年	**1949(昭和24)年　日本人初のノーベル賞** 湯川秀樹(京大教授)に日本人初のノーベル物理学賞受賞が贈られることが決定。
11月4日	165周年	**1854(安政元)年　安政東海大地震** 死傷者20万人、倒壊家屋約10万戸とも言われる被害をもたらした大地震が発生。下田に停泊中のロシア船ディアナ号が津波で大破した。
11月5日	150周年	**1869(明治2)年【没】大村 益次郎** 江戸時代末期・明治期の兵学者、萩藩士。軍制改革のリーダー。戊辰戦争で天才的な軍事的手腕を発揮した。靖国神社を創建。

11月8日 **55**周年 **1964（昭和39）年　東京パラリンピック開催**
国際身体障害者スポーツ大会（パラリンピック）の
東京大会開催。

11月9日 **30**周年 **1989（平成元）年　ベルリンの壁崩壊**
東西ドイツ分断の象徴であったベルリンの壁が崩壊。

11月9日 **10**周年 **2009（平成21）年　事業仕分け**
政権交代によって生まれた民主党政権によって、国
家予算のムダを洗い出す「事業仕分け」が開始さ
れた。

11月11日 **50**周年 **1969（昭和44）年【没】長谷川 如是閑**
明治～昭和期の評論家、ジャーナリスト。大阪朝日
新聞社社会部長。新聞社退社後、雑誌「我等」（の
ち「批判」）を創刊。「日本的性格」を刊行。戦後、
勅選貴院議員。

11月14日 **25**周年 **1994（平成6）年　ユーロスター開業**
ロンドン～パリ・ブリュッセル間を結ぶユーロスター
が営業運転を開始。イギリス～ヨーロッパ大陸が鉄
路でつながる。

11月15日 **100**周年 **1919（大正8）年【没】アルフレート・ヴェルナー**
アルザス地方生れの化学者。スイスに帰化。錯塩
の構造解明でノーベル化学賞（1913）。

11月15日 **50**周年 **1969（昭和44）年【没】伊藤 整**
昭和期の小説家、評論家。日本近代文学館理事長、
東京工業大学教授。翻訳家、詩人としても活躍。"チャ
タレイ裁判"の被告人となる。作品に「日本文壇史」
「小説の方法」など。

11月16日 **110**周年 **1909（明治42）年【生】まど・みちお**
昭和・平成期の童謡詩人。代表作に「ぞうさん」「一
ねんせいになったら」など多数。日本人初の国際ア
ンデルセン賞作家賞を受賞。

11月17日 **150**周年 **1869（明治2）年　スエズ運河開通**
地中海と紅海を結ぶスエズ運河が開通。

11月18日	40周年	**1979（昭和54）年　初の女子フルマラソン** 第1回東京国際女子マラソン開催。優勝はイギリスのジョイス・スミス（2時間37分48秒）。国内で開催された初の女子フルマラソン公式試合であった。
11月20日	50周年	**1969（昭和44）年　大阪に川の流れる地下街** 大阪・梅田の阪急三番街に、90mの人工の川が流れる地下街が完成。
11月21日	130周年	**1889（明治22）年　初代・歌舞伎座開場** 東京・築地に歌舞伎座が開場。現在の歌舞伎座は3代目となる。
11月22日	110周年	**1909（明治42）年【生】梅沢 純夫** 昭和・平成期の有機化学者。慶應義塾大学教授、日本化学会会長。世界初のストレプトマイシンの化学生成や抗生物質合成に成功。著書に「抗菌性物質」など。
11月22日	90周年	**1929（昭和4）年【没】岸上 鎌吉** 明治・大正期の動物学者。理学博士、東京帝国大学教授。帝国学士院会員。
11月24日	125周年	**1894（明治27）年　オペラ、日本初公演** 日本最初のオペラ公演として東京音楽学校（現東京芸術大学）でグノーの歌劇『ファウスト』第1幕が上演される。
11月25日	110周年	**1909（明治42）年　新聞に「文芸欄」誕生** 東京朝日新聞と契約した夏目漱石が紙面に文芸欄を設ける。
11月26日	50周年	**1969（昭和44）年　全国スモンの会結成** 原因不明、伝染、奇病と言われ、社会から疎外されたスモン患者が全国スモンの会を結成。後にスモン症はキノホルムという整腸剤の副作用によって引き起こされた薬害であることが判明。
11月27日	100周年	**1919（大正8）年【生】金 達寿** 昭和期の小説家。在日朝鮮人として民族運動にも参加。作品に「玄界灘」「太白山脈」など。

11月28日	**160**周年	**1859（安政6）年　税関の始まり**

長崎、神奈川、函館に設置された運上所を「税関」と改称。

11月28日	**90**周年	**1929（昭和4）年【生】向田 邦子**

昭和期の脚本家、小説家。「時間ですよ」「寺内貫太郎一家」などヒット作を書き、20年間に1,000本以上の脚本を書いた。

11月29日	**85**周年	**1934（昭和9）年　初のアメフト試合**

全日本学生対横浜在住外国人の間で国内初のアメリカンフットボールの試合が行われた。

11月29日	**45**周年	**1974（昭和49）年　初のがん保険**

アメリカンファミリー生命保険会社日本支社が日本で初めてとなるがん保険の販売を開始。

12月1日	**60**周年	**1959（昭和34）年　南極条約締結**

南極の平和利用をうたった南極条約に日本、アメリカ、イギリスなど12カ国が調印した。

12月3日	**100**周年	**1919（大正8）年【没】ピエール＝オーギュスト・ルノワール**

フランスの画家。主作品『シャルパンティエ夫人とその家族たち』（1878）、『浴女たち』（84～87）。

12月3日	**60**周年	**1959（昭和34）年　個人タクシーの営業始まる**

「神風タクシー」「白タク」などのタクシーに対するマイナスイメージ払拭のための一策として東京で個人タクシー営業が許可された。初免許173人が誕生。以後、各都市に免許区域が拡大していった。

12月3日	**30**周年	**1989（平成元）年　マルタ会談—冷戦終結**

地中海のマルタ島でブッシュ米大統領とゴルバチョフ・ソ連大統領が会談し冷戦の終結を宣言した。

12月3日	**25**周年	**1994（平成6）年　プレイステーション発売**

ソニー・コンピュータエンタテインメントがプレイステーション（SCPH-1000）を発売。

| 12月4日 | 90周年 | **1929（昭和4）年【生】鳥越 信**
昭和・平成期の児童文学評論家。聖和大学教授。大阪国際児童文学館総括専門員を務めるが、のち辞任。著書に「児童文学入門」など。 |

| 12月7日 | 75周年 | **1944（昭和19）年　東南海地震**
和歌山県新宮市付近を震源とするM7.9の地震が発生。東海地方から近畿にかけ大きな被害をもたらした。死者1,223人。戦時下であったため被害状況など情報は統制された。 |

| 12月8日 | 110周年 | **1909（明治42）年【生】今 官一**
昭和期の小説家、詩人。「壁の花」で直木賞、「現代人」主宰。詩集に「隅田川」など。 |

| 12月8日 | 100周年 | **1919（大正8）年【没】原 亮三郎**
明治期の出版業者。東京書籍出版営業組合初代頭取。書店金港堂を開店。「教育界」「文芸界」など七大雑誌を創刊。 |

| 12月10日 | 110周年 | **1909（明治42）年【生】森口 華弘**
昭和・平成期の染色家。京都文化財団理事。42年人間国宝に認定された。 |

| 12月13日 | 360周年 | **1659（万治2）年　両国橋完成**
隅田川にかかる両国橋が完成。武蔵と下総の両国が結ばれたというので両国橋と呼ばれた。 |

| 12月14日 | 15周年 | **2004（平成16）年　世界一高い橋**
フランス南部、ミヨー近郊のタルン川渓谷に架かるミヨー橋が開通。主塔の高さが343メートルと世界で一番高い橋である。 |

| 12月15日 | 105周年 | **1914（大正3）年　日本最悪の炭鉱事故発生**
福岡・豊前田川郡の三菱方城炭坑でガス爆発があり687人が犠牲となった。日本最悪の炭鉱事故。 |

| 12月15日 | 60周年 | **1959（昭和34）年　第1回日本レコード大賞**
「黒い花びら」（歌・水原弘、永六輔作詞、中村八大作曲）が第1回日本レコード大賞を受賞。 |

12月17日	**120**周年	**1899（明治32）年　東京市で水道落成式** 東京市の水道工事が完成、淀橋浄水場で落成式。神田、玉川両上水はその役割を終えた。
12月18日	**145**周年	**1874（明治7）年　銀座にガス燈** 銀座に85基のガス燈がともる。
12月18日	**115**周年	**1904（明治37）年　初SOS** 山口県の角島沖で汽船「第二電信丸」が遭難し日本で初めて海難電信SOSを発信。
12月19日	**110**周年	**1909（明治42）年【生】埴谷 雄高** 昭和・平成期の小説家、評論家。「近代文学」に形而上学的な主題を繰広げた長編小説「死霊」を連載。またスターリニズム批判の先駆的存在として60年安保世代に大きな影響を与えた。
12月19日	**35**周年	**1984（昭和59）年　英中、香港返還に合意** イギリスと中国が1997年の香港返還合意文書に調印。
12月20日	**115**周年	**1904（明治37）年　デパートの始まり** 三井呉服店が三越呉服店に改称。日本初のデパートが誕生。
12月20日	**90**周年	**1929（昭和4）年【没】岸田 劉生** 明治～昭和期の洋画家。古典絵画に関心を持ち独自の世界を築く。「初夏の小径」で二科賞受賞。麗子像は12年間続く。
12月21日	**110**周年	**1909（明治42）年【生】松本 清張** 昭和・平成期の小説家。日本推理作家協会理事長。「点と線」がベストセラーとなり"社会派推理小説"ブームを起こした。
12月22日	**110**周年	**1909（明治42）年【生】池島 信平** 昭和期の雑誌編集者、ジャーナリスト。文芸春秋社社長。文芸春秋新社の設立に参加。「文芸春秋」編集長として、国民雑誌の域に高めた。

| 12月24日 | 25周年 | **1994（平成6）年 女性初南極点に到着**
リブ・アーネセン（ノルウェー）が女性として初めて単独で南極点に到達。 |

| 12月25日 | 150周年 | **1869（明治2）年 電報始まる**
東京～横浜間で電報の取り扱いがはじまる。 |

| 12月26日 | 85周年 | **1934（昭和9）年 大日本東京野球倶楽部設立**
来日した大リーグ選抜チームに対戦した全日本チームを母体に日本初のプロ野球チーム―大日本東京野球倶楽部（現在の読売ジャイアンツ）―を設立。沢村栄治、スタルヒン、水原茂、三原脩などが入団。 |

| 12月26日 | 15周年 | **2004（平成16）年 スマトラ島沖大地震**
インドネシア・スマトラ島沖でM9.0と推定される海溝型巨大地震が発生。これにより発生した大津波がインドネシアのみならず、タイ、マレーシア、インド、スリランカ、モルディブ、アフリカ大陸まで到達。死者・行方不明者数約23万人と未曾有の被害をもたらした。 |

| 12月27日 | 135周年 | **1884（明治17）年 往復ハガキ発行**
往復ハガキが初めて発行される。 |

| 12月28日 | 45周年 | **1974（昭和49）年 雇用保険法公布**
失業保険法が廃止され雇用保険法が公布された。 |

| 12月31日 | 100周年 | **1919（大正8）年【没】上野 理一**
明治・大正期の新聞経営者。朝日新聞社社長。朝日新聞の基礎を築いた。 |

2020年 (平成32年)

1月	**120**周年	**1900 (明治33) 年 ピアノの製造開始** 日本楽器 (ヤマハ)、ピアノの製造を開始。
1月	**115**周年	**1905 (明治38) 年 「吾輩は猫である」連載開始** 夏目漱石の「吾輩は猫である」の連載が雑誌ホトトギスで始まる。
1月1日	**135**周年	**1885 (明治18) 年 夕刊の始まり** 「東京日日新聞」が初めて夕刊を発行。
1月1日	**100**周年	**1920 (大正9) 年 「新青年」創刊** 博文館より雑誌「新青年」が創刊される。江戸川乱歩をはじめ多くの探偵小説作家が活躍する場となった。
1月1日	**95**周年	**1925 (大正14) 年 「キング」創刊** 大日本雄弁会講談社が娯楽雑誌「キング」を創刊。
1月4日	**10**周年	**2010 (平成22) 年 ドバイに世界一の高層ビル** アラブ首長国連邦・ドバイの世界一の超高層ビル「ブルジュ・ハリファ」（高さ828m）が営業開始。
1月5日	**115**周年	**1905 (明治38) 年 水師営の会見** 日本軍の乃木希典大将と、ロシア軍のステッセル将軍が会見し日露戦争旅順軍港攻防戦の停戦条約が締結された。
1月6日	**110**周年	**1910 (明治43) 年 初の外国人ツアー** 横浜にアメリカの観光団が到着。初の外国人観光ツアーであった。
1月7日	**110**周年	**1910 (明治43) 年【生】白洲 正子** 昭和・平成期の随筆家、評論家。こうげい社社長。女性として初めて能楽堂の舞台に立つ。日本の風土や宗教、美術工芸などを論じる。著書に「お能」など。
1月7日	**70**周年	**1950 (昭和25) 年 聖徳太子の千円札登場** 聖徳太子は紙幣に肖像が最も多く使われた人物で7種類の紙幣に使われている。千円札の後には5千円

札（昭和32年）、1万円札（昭和33年）で登場している。

| 1月8日 | **145**周年 | **1875（明治8）年　外国との郵便始まる**
日米郵便交換条約（1873年締結）に基づき米国との間で外国郵便が始まる。 |

| 1月8日 | **35**周年 | **1985（昭和60）年　「さきがけ」打ち上げ**
日本初の惑星間空間探査機でハレー彗星探査を行った「さきがけ」を打ち上げ。 |

| 1月9日 | **35**周年 | **1985（昭和60）年　両国国技館（3代目）完成**
東京・両国に3代目となる国技館が完成した。 |

| 1月10日 | **100**周年 | **1920（大正9）年　国際連盟発足**
第1次世界大戦の教訓からヴェルサイユ条約の発効日に発足。 |

| 1月12日 | **10**周年 | **2010（平成22）年　ハイチ地震発生**
ハイチの首都ポルトープランス近くでM7.0のハイチ地震発生。死者20万人以上の大被害をもたらした。 |

| 1月13日 | **160**周年 | **1860（安政7）年　咸臨丸、米国に向かう**
木村摂津守喜毅、勝海舟ら90人が乗り組んだ幕府の軍艦咸臨丸が品川を出港しアメリカに向かった。日本船初の太平洋横断航海であった。咸臨丸はオランダ製で全長約47m、12門の砲を備えていた。 |

| 1月13日 | **75**周年 | **1945（昭和20）年　三河地震**
岡崎平野南部や三ケ根山地周辺に最大震度7の地震発生。死者2,306名、住宅全壊7,211戸、半壊16,555戸という甚大な被害をもたらした。しかし東南海地震及び三河地震による被害は甚大で、軍需生産力にも大きく影響したため、戦時報道管制の下、被害に関する報道は厳しく規制された。「隠された地震」である。 |

| 1月17日 | **25**周年 | **1995（平成7）年　阪神・淡路大震災発生**
淡路島を震源とするM7.2の直下型地震。被害は死者6,434名、行方不明3名、負傷者43,792名、住家全壊104,906棟、住家半壊144,274棟、全半焼 |

7,132棟にのぼった。

| 1月18日 | **130**周年 | **1890（明治23）年　富山で米騒動** |

魚津港の主婦達が船に積み込み中の米の販売を求めたのが発端。その後、暴騰し続ける米価を理由とする「米騒動」は全国に広がった。

| 1月19日 | **60**周年 | **1960（昭和35）年　日米新安保条約調印** |

1951年の安保条約が締結期限の10年を迎えるため「日米相互協力及び安全保障条約」（日米新安保条約）が締結された。新安保条約を巡っては激しい反対運動が巻き起こった。

| 1月20日 | **90**周年 | **1930（昭和5）年【生】いずみ たく** |

昭和・平成期の作曲家、プロデューサー。参議院議員。「見上げてごらん夜の星を」「夜明けの歌」など数々のヒット曲を生み出す。ミュージカル制作にも活躍。

| 1月22日 | **90**周年 | **1930（昭和5）年【生】松平 康隆** |

昭和・平成期のバレーボール指導者。日本バレーボール協会専務理事。全日本男子監督となり、ミュンヘン五輪で金メダルを獲得。

| 1月23日 | **110**周年 | **1910（明治43）年　逗子開成中学のボート遭難** |

七里ケ浜で逗子開成中学生のボートが転覆、小学生1人を含む13人が死亡する事故が発生した。この遭難を悼んで作られた鎮魂歌は後に『真白き富士の根』としてレコードとなった。

| 1月23日 | **90**周年 | **1930（昭和5）年　冥王星を発見** |

米ローウェル天文台のクライド・ウィリアム・トンボーが冥王星を発見。

| 1月24日 | **200**周年 | **1820（大正9）年【没】北尾 重政** |

江戸時代中期・後期の浮世絵師。北尾派の祖。

| 1月25日 | **100**周年 | **1920（大正9）年【没】アメデオ・モディリアーニ** |

イタリア生れでパリで活躍した画家。簡潔で強い形態の独自な作風を確立。卵型の顔で首の長い人物像を得意とした。主作品は『横臥する裸婦』（1917）、

日付	周年	事項
		『ジャンヌ・エビュテルヌ像』(19)。
1月27日	250周年	**1770（明和7）年【生】鈴木 牧之** 江戸時代後期の随筆家、文人。雪国暮らしや越後の風習を集め「北越雪譜」を出版。
1月27日	150周年	**1870（明治3）年　日の丸の旗を国旗と制定** 明治政府が太政官布告第57号によって日の丸の旗を国旗と制定。
1月28日	65周年	**1955（昭和30）年　「春闘共闘」はじまる** 炭労、私鉄、電産など6単産が春季賃上げ共闘会議決起大会を開催。「春闘共闘」のさきがけとなった。
1月30日	100周年	**1920（大正9）年【生】長谷川 町子** 昭和期の漫画家。「朝日新聞」に「サザエさん」を連載。テレビアニメ化され、戦後の日本の家庭漫画を代表。
1月31日	100周年	**1920（大正9）年【没】藤沢 南岳** 江戸時代末期・明治期の儒学者。泊園書院を継承し数千の門人を教育。のち、大成教会をおこした。
2月1日	125周年	**1895（明治28）年　初の路面電車** 初の路面電車が京都（七条～北野神社）で開業。
2月1日	60周年	**1960（昭和35）年　日本初の地下駐車場** 東京・丸の内に日本で初めての地下駐車場が誕生した。
2月2日	100周年	**1920（大正9）年　バスガールお目見え** 東京の乗合自動車に初めてバスガールがお目見えした。年齢18歳以上。初任給は35円と当時としては高給で、その高待遇が話題となった。
2月5日	115周年	**1905（明治38）年　日本初国産乗合バス** 広島市の横川～可部町約16kmの路線に日本初の国産車バスを使った運行が始まる。
2月5日	100周年	**1920（大正9）年　初の私立大学** 大学令で慶應義塾と早稲田が初の私立大学として認可を受ける。

2月8日	**70**周年	**1950（昭和25）年 『原爆の図』発表** 画家の丸木位里・俊夫妻が原爆の惨状を描いた連作『原爆の図』の第1作目を発表。
2月8日	**35**周年	**1985（昭和60）年 光ケーブル、列島縦貫** 旭川から鹿児島まで日本を縦貫する光ファイバケーブルの伝送路が完成。
2月9日	**110**周年	**1910（明治43）年【生】ジャック・モノー** フランスの生化学者。微生物の酵素合成の遺伝的制御を研究、微生物学者A.ルウォフ、同僚F.ジャコブとともに1965年のノーベル生理学・医学賞受賞。
2月11日	**50**周年	**1970（昭和45）年　国産初の人工衛星打ち上げ** 国産初の人工衛星「おおすみ」が打ち上げられた。人工衛星打上げ技術向上並びに工学的試験が目的であった。
2月12日	**100**周年	**1920（大正9）年【生】山口 淑子** 昭和・平成期の女優、政治家。アジア女性基金副理事長、参院議員。「暁の脱走」など多くの映画に出演。参議院当選3回。引退後は文化交流に尽力。
2月13日	**145**周年	**1875（明治8）年　平民苗字必称義務令** すべての国民に苗字をつけることが義務づけられた。
2月13日	**30**周年	**1990（平成2）年　スギ花粉予報始まる** 気象協会がスギ花粉の飛散状況の予報を開始。
2月13日	**20**周年	**2000（平成12）年　漫画『ピーナッツ』連載終了** チャールズ・M・シュルツの死去により、1950年10月2日に始まった漫画『ピーナッツ』の連載が終了。
2月14日	**100**周年	**1920（大正9）年　箱根駅伝始まる** 東京箱根間往復駅伝競走（箱根駅伝）がはじめて開催された。現在の様に正月2日～3日開催となるのは昭和31年から。

日付	周年	内容
2月15日	915周年	**1105（長治2）年　中尊寺建立** 藤原清衡、平泉に中尊寺を建立。
2月15日	100周年	**1920（大正9）年【生】坂田 栄男** 昭和・平成期の棋士。囲碁9段、日本棋院理事長。"カミソリ坂田"などの異名を持ち、碁界ナンバーワンの64のビッグタイトルを獲得。
2月15日	65周年	**1955（昭和30）年　初の人間国宝指定** 重要無形文化財保持者、いわゆる人間国宝制度が始まる。
2月17日	15周年	**2005（平成17）年　セントレア開港** 中部国際空港（セントレア）が開港。
2月20日	150周年	**1870（明治3）年【没】柳河 春三** 江戸時代末期・明治期の洋学者。開成所で海外新聞翻訳に従事。日本人による日本最初の新聞である「中外新聞」を創刊する。
2月21日	100周年	**1920（大正9）年【生】石垣 りん** 昭和・平成期の詩人。福田正夫に師事。詩集「私の前にある鍋とお釜と燃える火と」などを刊行。
2月26日	90周年	**1930（昭和5）年【生】日高 敏隆** 昭和・平成期の動物学者。総合地球環境学研究所所長、京都大学教授。モンシロチョウのフェロモン研究など動物生態研究で著名。著書に「動物はなぜ動物になったか」など。
2月27日	145周年	**1875（明治8）年　小石川植物園に改称** 前身は1684年に徳川幕府が設けた小石川御薬園。世界でも有数の古い歴史を持つ植物園。
2月27日	10周年	**2010（平成22）年　南米チリ地震** 南米チリでM8.8の大地震が発生。死者800人を超える大きな被害をもたらした。

2月28日	**85**周年	**1935（昭和10）年　ナイロンが誕生**
		（米）デュポン社のウォーレス・カロザーズがナイロンを発明。

3月2日	**90**周年	**1930（昭和5）年【没】D.H.ロレンス**
		イギリスの小説家、詩人。『息子と恋人』（1913）、『チャタレイ夫人の恋人』（28）などの長篇小説で知られる。

3月3日	**160**周年	**1860（安政7）年　桜田門外の変**
		大老・井伊直弼が江戸城桜田門外で水戸浪士ら18人に襲われ暗殺される。

3月5日	**110**周年	**1910（明治43）年【生】安藤 百福**
		昭和期の実業家。日清食品会長、日本即席食品工業協会会長。"カップヌードル"を開発。加工食品の開発者を表彰する安藤百福記念賞を創設。

3月6日	**120**周年	**1900（明治33）年　小惑星発見**
		平山信が二つの小惑星を発見。日本、東京と命名。

3月6日	**90**周年	**1930（昭和5）年　冷凍食品発売**
		米ゼネラルフーズが初めて野菜や肉の冷凍食品を発売。

3月6日	**15**周年	**2005（平成17）年　リニモ開通（愛知県）**
		日本初の実用磁気浮上式鉄道で名古屋市の藤が丘駅から豊田市の八草駅までを結ぶ愛知高速交通東部丘陵線（愛称リニモ）が開業。

3月7日	**120**周年	**1900（明治33）年　未成年者の喫煙を禁止**
		「満二十年ニ至ラサル者ハ煙草ヲ喫スルコトヲ得ス」とする未成年者喫煙禁止法を公布。

3月8日	**85**周年	**1935（昭和10）年　忠犬ハチ公死す**
		飼い主の上野英三郎東大教授が死去したあとも毎日渋谷駅まで迎えにきた秋田犬のハチが駅の近くで死ぬ。

2020年

3月8日	20周年	**2000（平成12）年　営団日比谷線脱線衝突事故** 営団日比谷線中目黒駅附近で電車が脱線し、対向電車に衝突。乗客5人が死亡した。
3月10日	1310周年	**710（和銅3）年　平城京遷都** 都が藤原京から平城京に移された。
3月10日	100周年	**1920（大正9）年【生】大橋 鎭子** 昭和・平成期の出版経営者。暮しの手帖社社長、「暮しの手帖」発行・編集人。花森安治らと「暮しの手帖」を創刊。著書に「すてきなあなたに1、2」。
3月10日	90周年	**1930（昭和5）年【没】金子 みすゞ** 大正・昭和期の童謡詩人。多くの童謡を書き、若い童謡詩人中の巨星と評される。作品に「繭と墓」「夢売り」など。
3月10日	75周年	**1945（昭和20）年　東京大空襲** 午前0時8分、米軍B29爆撃機344機による焼夷弾爆撃が行われた。死傷者は約12万人、焼失家屋約23万戸という第2次世界大戦でも最大級の被害となった。
3月10日	55周年	**1965（昭和40）年　富士山レーダー設置** 気象庁が台風の早期察知のための気象レーダーを富士山頂に設置。
3月10日	45周年	**1975（昭和50）年　東京〜博多全通** 山陽新幹線の岡山〜博多が開業。これによって東京〜博多が全通した。
3月10日	35周年	**1985（昭和60）年　青函海底トンネル貫通** 世界最長53.85km（海底部23.3km）の青函海底トンネルが着工から21年を経て貫通。開業は1988年3月13日。
3月11日	200周年	**1820（文政3）年【没】ベンジャミン・ウェスト** アメリカの画家。国王ジョージ3世の宮廷画家。

3月11日	**140**周年	**1880（明治13）年　日本地震学会設立** 日本地震学会、英、地震学者ジョン・ミルンの努力により設立。
3月11日	**20**周年	**2000（平成12）年　四国4県が高速でつながる** 徳島自動車道が全線開通。四国4県の県庁所在地が高速道路で繋がる。
3月12日	**250**周年	**1770（明和7）年【生】大石 千引** 江戸時代後期の国学者。「栄花物語」「大鏡」研究者。
3月14日	**1220**周年	**800（延暦19）年　延暦大噴火（富士山）** 「日本紀略」によると、3月14日から4月18日にかけて大規模な噴火が起こったとされている。
3月14日	**110**周年	**1910（明治43）年【生】村上 元三** 昭和・平成期の小説家。新鷹会理事長。時代小説に新分野を拓き、流行作家となった。作品に「佐々木小次郎」「次郎長三国志」など。
3月14日	**50**周年	**1970（昭和45）年　大阪万博開幕** 大阪府吹田市の千里丘陵で日本万国博覧会が開幕（～ 9月13日）。77カ国参加。アジアで初。
3月15日	**150**周年	**1870（明治3）年　日本で初めて靴を製造** 東京・築地の相済社が日本で初めて軍靴の製造を始める。現在はこれを記念して3月15日を靴の記念日としている。
3月15日	**150**周年	**1870（明治3）年【生】三田村 鳶魚** 明治～昭和期の江戸風俗研究家。著書に「江戸の珍物」「好色一代男論講」など多数。
3月15日	**125**周年	**1895（明治28）年　平安神宮創建** 平安遷都1100年を記念し、桓武天皇を祭神として平安神宮を創建。
3月17日	**75**周年	**1945（昭和20）年　硫黄島玉砕** 硫黄島の日本軍守備隊が米軍に敗れ玉砕。
3月17日	**35**周年	**1985（昭和60）年　つくば博開幕** つくば科学万博（国際科学技術博覧会）開幕。

3月18日 **55**周年 **1965（昭和40）年　明治村オープン**
谷口吉郎（博物館明治村初代館長）と土川元夫（元
名古屋鉄道株式会社会長）が愛知県犬山市に日本
の明治時代の建築などを移築して保存する明治村
を創設。

3月19日 **90**周年 **1930（昭和5）年【生】オーネット・コールマン**
アメリカのジャズ・アルトサックス、トランペット
奏者、およびバイオリニスト。前衛ジャズの最先端
で活躍。

3月20日 **25**周年 **1995（平成7）年　地下鉄サリン事件**
通勤ラッシュ時の地下鉄・日比谷線、丸の内線、千
代田線など都心部16駅で同時多発的にサリン・ガ
スを散布され、乗客・乗員ら13人が死亡。多数が
病院に運ばれる事件が発生。化学兵器が一般市民
に使われた初のテロ事件として世界に衝撃を与えた。
オウム真理教の犯行と判明。

3月22日 **95**周年 **1925（大正14）年　ラジオ放送始まる**
「JOAK、JOAK、こちらは東京放送局であります」。
東京・芝浦の東京放送局仮放送所から初めてのラ
ジオ放送が流れる。

3月22日 **35**周年 **1985（昭和60）年　日本人初のエイズ患者**
日本人初のエイズ患者がみつかる。

3月23日 **110**周年 **1910（明治43）年【生】黒澤 明**
昭和・平成期の映画監督。黒沢プロを設立。生涯に「羅
生門」「影武者」などを製作。ベネチア映画祭グラ
ンプリ他多数受賞。

3月23日 **100**周年 **1920（大正9）年【生】川上 哲治**
昭和期のプロ野球選手・監督・野球評論家。日本プ
ロ野球OBクラブ会長。監督として巨人軍9連覇と
いう空前の偉業を達成。野球殿堂入り。

3月24日 **835**周年 **1185（元暦2／寿永4）年　壇の浦の合戦**
檀ノ浦の戦いで源義経軍が平家を破る。これによっ
て平家は滅亡した。

3月24日	**90**周年	**1930（昭和5）年【生】スティーブ・マックィーン** アメリカの俳優。1956年『傷だらけの栄光』でデビュー。個性の強いアクション・スターとして『大脱走』『パピヨン』などに出演した。
3月25日	**15**周年	**2005（平成17）年　愛知万博開幕** 「愛・地球博」の愛知万博が開幕。
3月26日	**815**周年	**1205（元久2）年　『新古今和歌集』（20巻）完成** 後鳥羽上皇の勅撰和歌集として藤原定家らが編んだ「新古今和歌集」が完成。
3月26日	**10**周年	**2010（平成22）年　足利事件無罪確定** 足利事件の再審で宇都宮地裁が被告に対して無罪を判決。検察が上訴権放棄を申し立てたため無罪判決は即日確定した。
3月27日	**110**周年	**1910（明治43）年【生】ジョン・ロビンソン ピアース** アメリカの電気技師。通信衛星の実用化に取り組み、1960年に打ち上げられたエコー1号の完成に主役を果たした。
3月28日	**160**周年	**1860（万延元）年　遣米使節団、米大統領と会見** 万延元年遣米使節（正使：新見正興）、米ブキャナン大統領と謁見、日米修好通商条約の批准書を渡した。
3月28日	**90**周年	**1930（昭和5）年【没】内村 鑑三** 明治・大正期のキリスト教伝道者、思想家。福音主義信仰に立ち、日露戦争で非戦論を唱える。
3月31日	**60**周年	**1960（昭和35）年　人口1億人突破** 法務省の住民登録集計で日本の人口が1億55万4,894人となる。

3月31日	50周年	**1970（昭和45）年 よど号事件** 共産主義者同盟赤軍派による日航機乗っ取り、いわゆる「よど号事件」が発生。日本で初のハイジャック事件であった。
4月	80周年	**1940（昭和15）年 初めてテレビドラマを放送** 1940（昭和15）年、NHKが初のテレビドラマ「夕餉前」を制作。実験放送も実施。
4月1日	100周年	**1920（大正9）年【生】三船 敏郎** 昭和・平成期の映画俳優。三船プロダクション社長。黒沢明監督「酔いどれ天使」で注目を浴び、以来黒沢作品のほとんどに出演、世界に名を知られる。
4月1日	15周年	**2005（平成17）年 個人情報保護法施行** 個人情報を取扱う事業者に対し、個人情報の取り扱い方法を定めた個人情報保護法施行。
4月8日	120周年	**1900（明治33）年 初の寝台車** 山陽鉄道の神戸～三田尻間の夜行列車に1等寝台車が導入された。日本で初めての寝台車両であった。
4月8日	10周年	**2010（平成22）年 ウナギの完全養殖に成功** 独立行政法人水産総合研究センターが世界で初めてウナギの完全養殖に成功したと発表。
4月9日	130周年	**1890（明治23）年 琵琶湖疎水開通** 琵琶湖の水を京都にひく疎水（大津市から京都市内まで全長約20km）が完成。
4月10日	10周年	**2010（平成22）年 ポーランド大統領専用機墜落** ポーランドの大統領ほか政府要人ら96人を乗せた大統領専用機がロシアの空港近くで墜落。レフ・カチンスキ大統領夫妻をはじめ乗員全員が死亡した。
4月12日	90周年	**1930（昭和5）年【生】桂 文枝（5代目）** 昭和・平成期の落語家。上方落語復興につとめる。はめもの入りを得意とする。
4月13日	90周年	**1930（昭和5）年 全日本体操連盟創設** 全日本体操連盟（現・日本体操協会）創設。翌年には、

国際体操連盟（FIG）に加盟、国際体操競技会への参加の道を開いた。

4月14日 **120**周年 **1900（明治33）年　パリ万国博覧会開催**
パリで万国博覧会が開催される。高架鉄道や動く歩道がつくられた。

4月17日 **125**周年 **1895（明治28）年　日清講和条約**
日本側全権の伊藤博文、陸奥宗光。清国側全権の李鴻章、李経方によって講和条約が調印される。

4月18日 **65**周年 **1955（昭和30）年　バンドン会議開催**
インドネシアのバンドンでバンドン会議（第1回アジア・アフリカ会議）が開かれた。第三世界の結集を目指し、平和十原則を共同宣言として発表。

4月19日 **140**周年 **1880（明治13）年　『新約聖書』日本語訳完成**
S.R.ブラウンとJ.C.ヘボンがそれぞれ委員長となり和訳、刊行。

4月19日 **25**周年 **1995（平成7）年　オクラホマシティ連邦政府ビル爆破事件**
アメリカ・オクラホマシティの連邦政府ビルで爆弾テロ。死者168人、負傷者800人。

4月20日 **10**周年 **2010（平成22）年　メキシコ湾原油流出事故**
メキシコ湾のブリティッシュ・ペトロリアム（BP）社の石油掘削施設「ディープウォーター・ホライズン」より約78万キロリットル（490万バレル）の原油が流出。原油流出は5カ月後に止めることができたが賠償や環境への影響など大きな問題が残された。

4月21日 **30**周年 **1990（平成2）年　ステルス公開**
アメリカ空軍が秘密兵器「ステルス」の公開飛行を行った。

4月22日 **130**周年 **1890（明治23）年　日本語の点字が完成**
東京盲学校の教師・石川倉次がブライユ式（仏）を改良し日本語の点字を完成させる。

2020年

4月22日	**70**周年	**1950（昭和25）年　第1回ミス日本コンテスト** 日本とアメリカの友好を図る女性親善大使を選ぶことを目的にミス日本コンテストが始まる。初代ミス日本には山本富士子が選ばれた。
4月24日	**30**周年	**1990（平成2）年　ハッブル宇宙望遠鏡打ち上げ** アメリカはスペースシャトルから口径2.4m、高精度分光装置や微光天体カメラなどの観測機器を搭載するハッブル宇宙望遠鏡を打ち上げた。
4月26日	**100**周年	**1920（大正9）年【没】シュリニヴァーサ・アイヤンガー・ラマヌジャン** インドの数学者。イギリスに留学し、整数論などの仕事を残した。
4月30日	**70**周年	**1950（昭和25）年　図書館法公布** 「社会教育法の精神に基づき、図書館の設置及び運営に関して必要な事項を定め、その健全な発達を図り、もつて国民の教育と文化の発展に寄与することを目的とする」図書館法が公布される。
4月30日	**60**周年	**1960（昭和35）年　世界初トランジスタテレビ** ソニーは世界初のトランジスタテレビとなる8インチのポータブルタイプTV8-301（価格は6万9,800円）を発売。
4月30日	**45**周年	**1975（昭和50）年　首都サイゴンが陥落** 南ベトナム政府が無条件降伏を発表。ベトナム戦争が終結した。
5月1日	**45**周年	**1975（昭和50）年　長崎空港開港** 日本初の海上空港として長崎空港が開港。
5月2日	**145**周年	**1875（明治8）年　郵便貯金始まる** 東京府下と横浜の郵便局で駅逓局貯金を開始。現在これにちなみ5月2日は郵便貯金の日となっている。
5月2日	**100**周年	**1920（大正9）年　初のメーデー** 日本最初のメーデーが東京・上野公園で開催された。

1日が土曜日だったため日曜日の2日に行われた。約1万人が参加。

5月3日 **110**周年 **1910（明治43）年【生】赤羽 末吉**
昭和期の絵本作家。作品に「かさじぞう」「スーホの白い馬」など。国際アンデルセン賞を受賞。

5月6日 **15**周年 **2005（平成17）年　初のセ・パ交流戦**
プロ野球セ・パ交流戦を初めて開催。

5月7日 **405**周年 **1615（慶長20）年　大阪城炎上**
大坂夏の陣で大坂城の天守閣が炎上。翌日、豊臣秀頼が淀君と自害、豊臣家が滅亡。

5月9日 **100**周年 **1920（大正9）年【生】森 光子**
昭和・平成期の女優。「放浪記」の林芙美子役でスターとなる。舞台、映画、テレビと幅広く活躍。

5月9日 **100**周年 **1920（大正9）年【没】岩野 泡鳴**
明治・大正期の小説家、評論家。雑誌「日本主義」主幹。「耽溺」で自然主義文学を確立、評論集「新自然主義」で刹那的生命哲学を主張。

5月10日 **120**周年 **1900（明治33）年　鉄道唱歌第1集出る**
「汽笛一声新橋を」で知られる『鉄道唱歌』第1集東海道篇（作詞・大和田建樹、作曲・多梅稚、上眞行）が発売される。

5月10日 **90**周年 **1930（昭和5）年【没】下村 観山**
明治・大正期の日本画家。日本美術院創立に参加、正員となる。第1回文展で審査員を務め、「木の間の秋」を発表。

5月11日 **50**周年 **1970（昭和45）年　日本隊、エベレスト初登頂**
日本山岳会エベレスト登山隊の松浦輝夫、植村直己がエベレストに日本人として初登頂。世界では6番目であった。

2020年

| 5月13日 | 90周年 | 1930（昭和5）年【没】田山 花袋
明治・大正期の小説家、詩人。自然主義文学運動のリーダー。作品に「田舎教師」「時は過ぎゆく」など。 |

| 5月13日 | 90周年 | 1930（昭和5）年【没】フリッチョフ・ナンセン
ノルウェーの北極地方探検家、科学者、政治家。1895年北緯86度13分に到達。第1次大戦後、難民救済などに貢献し、ノーベル平和賞受賞（1922）。主著『極北』（97）。 |

| 5月16日 | 90周年 | 1930（昭和5）年【没】木村 泰賢
大正・昭和期のインド哲学・仏教学者。東京帝国大学教授。近代インド学・仏教学の開拓者。 |

| 5月16日 | 45周年 | 1975（昭和50）年　女性初・エベレスト登頂に成功
日本女子登山隊の田部井淳子がシェルパのアンツェリンと共にエベレスト登頂に成功。世界初の女性によるエベレスト登頂となった。 |

| 5月17日 | 35周年 | 1985（昭和60）年　男女雇用機会均等法
職場での男女差別を撤廃させる男女雇用機会均等法を制定。 |

| 5月19日 | 460周年 | 1560（永禄3）年　桶狭間の戦い
織田信長が桶狭間の戦いで今川義元の大軍を破る。 |

| 5月20日 | 60周年 | 1960（昭和35）年　新安保条約を強行採決
衆議院本会議で野党欠席のまま自民党の強行採決で新安保条約が可決された。 |

| 5月21日 | 1300周年 | 720（養老4）年　『日本書紀』完成
人親王らが『日本書紀』30巻と系図1巻を完成。 |

| 5月21日 | 445周年 | 1575（天正3）年　織田の鉄砲隊が武田を破る
三河・長篠で武田勝頼が織田信長、徳川家康の連合軍と戦い敗れる。織田軍の鉄砲が威力を発揮した（長篠の戦い）。 |

5月22日	**30**周年	**1990（平成2）年 イエメン共和国が誕生** イエメン・アラブ共和国（北イエメン）とイエメン民主共和国（南イエメン）が合併しイエメン共和国が誕生。
5月23日	**95**周年	**1925（大正14）年 北但馬地震発生** 兵庫県北部の但馬地方を中心にM6.8の地震が発生。死者428人、全壊した家屋約1,300戸と大きな被害をもたらした。
5月23日	**25**周年	**1995（平成7）年 長良河口堰・本格運用開始** 長良川河口堰の本格的運用開始を発表。7月6日、ゲートが全面閉鎖。
5月24日	**120**周年	**1900（明治33）年 混浴禁止** 「客ノ来集ヲ目的トスル浴場ニ於テ十二歳以上ノ男女混浴セシメサル件」として12歳以上の男女混浴を禁止。
5月24日	**60**周年	**1960（昭和35）年 三陸などに大きな被害―チリ地震津波** 23日南米チリ沖で発生した地震による津波が、24日午後2時から日本の太平洋岸に到達。北海道南岸から三陸海岸、志摩半島付近まで大きな被害がでた。死者・行方不明者142人、家屋全半壊3,500戸以上。津波の高さは三陸海岸で5～6m。
5月24日	**20**周年	**2000（平成12）年 ストーカー規制法公布** 「ストーカー行為等の規制等に関する法律」（ストーカー規制法）公布。11月24日施行。「桶川ストーカー殺人事件」を契機に議員立法された。
5月25日	**65**周年	**1955（昭和30）年 『広辞苑』初版刊行** 『広辞苑』（岩波書店・発行、新村出・編）の初版、刊行される。
5月27日	**115**周年	**1905（明治38）年 日本海海戦** 日露戦争で連合艦隊がロシアのバルチック艦隊を破る。

5月31日	50周年	**1970(昭和45)年　ペルーアンカシュ地震発生** ペルー北部で大地震(M7.7)が発生(アンカシュ地震)。死者7万1,000人。ペルー史上最も被害の大きな地震となった。
5月31日	35周年	**1985(昭和60)年　第1回東京国際映画祭開催** 第1回東京国際映画祭が渋谷を中心に開催された。相米慎二監督の『台風クラブ』がグランプリを受賞。
6月1日	145周年	**1875(明治8)年　東京気象台設置** 気象庁の前身の東京気象台が東京・赤坂に設置され観測などを開始。
6月1日	65周年	**1955(昭和30)年　1円アルミニウム硬貨誕生** 日本初のアルミ硬貨である1円硬貨が発行される。
6月6日	150周年	**1870(明治3)年【生】巖谷 小波** 明治・大正期の小説家、児童文学作家。叢書「日本昔噺」「日本お伽噺」などで日本民話を定着させ、口演童話を開拓。
6月6日	90周年	**1930(昭和5)年　女性専用アパート登場** 東京を中心にアパートを提供してきた同潤会が文京区大塚に女性専用アパート(大塚女子アパートメントハウス)を建設。入居が始まった。
6月6日	55周年	**1965(昭和40)年　日本サッカーリーグ開幕** 日本サッカーリーグ開幕。初年度優勝は東洋工業。
6月8日	35周年	**1985(昭和60)年　大鳴門橋開通** 本四連絡橋の神戸〜鳴門ルートの大鳴門橋(全長1,690m)が開通。
6月13日	10周年	**2010(平成22)年　小惑星探査機「はやぶさ」地球に帰還** 小惑星探査機「はやぶさ」が7年、約60億kmの距離に及ぶ宇宙の旅を終えて帰還。
6月14日	80周年	**1940(昭和15)年　勝鬨橋が完成** 東京・隅田川の最下流にかかる勝鬨橋が完成。全長246mで中央の44mが電力によって開閉。

6月15日	**90**周年	**1930（昭和5）年【生】平山 郁夫** 昭和・平成期の日本画家。東京芸術大学学長、日本美術院理事長。仏教説話を題材に創作。世界文化財機構設立に尽力。作品に「仏教伝来」など。
6月15日	**60**周年	**1960（昭和35）年　安保—東大女子学生死亡** 全学連デモ隊が国会に突入、警察隊と衝突。この闘争で東大生の樺美智子が圧死、未明までに182人の逮捕者と1,000人以上の負傷者を出した。岸内閣は混乱の責任をとる形で7月15日に総辞職した。
6月16日	**100**周年	**1920（大正9）年　職業紹介所を開設** 職業紹介所—東京府が神田に中央職業紹介所を開設。
6月17日	**100**周年	**1920（大正9）年【生】原 節子** 昭和期の女優。"永遠の処女"と呼ばれ、100本以上の映画に出演。代表作に「青い山脈」「東京物語」など。
6月19日	**110**周年	**1910（明治43）年　父の日はじまる** 米、ワシントン州でジョン・B・ドット夫人が、母亡きあと父が自分たちを育ててくれたことに感謝して発案。
6月19日	**75**周年	**1945（昭和20）年　ひめゆりの塔** 第三外科壕に潜んでいた沖縄師範学校女子部、県立第一高女の生徒、教師らが黄燐手榴弾などの攻撃を受け、壕内の96名のうち87名が死亡。さらに壕の生存者8名のうち教師1名と生徒2名は壕脱出後に死亡した。第三外科壕にいたひめゆり学徒隊のうち沖縄戦終結まで生き残ったのは僅かに生徒5名のみであった。その他の壕にいた生徒達の多くも戦闘などで亡くなった。
6月19日	**45**周年	**1975（昭和50）年　国際婦人年** 国連が女性の地位向上を目指して国際婦人年を設ける。
6月21日	**385**周年	**1635（寛永12）年　参勤交代** 徳川幕府が外様大名に毎年4月の参勤交代を義務づけた。

6月21日	120周年	**1900（明治33）年　車の左側通行が決まる** 警視庁が道路取締規則を制定。「諸車牛馬は車馬道の左側を」と現代に通じる「車は左」が定められる。
6月21日	120周年	**1900（明治33）年　義和団事件** 義和団の蜂起に押され清朝が北京に出兵している日本をはじめとする米、英、独、仏、伊、オーストラリア、露の八カ国に宣戦を布告。7月に日本軍を主力とする連合軍が北京に入場して義和団を鎮圧。これによって列強の帝国主義的中国分割が進んだ。
6月21日	100周年	**1920（大正9）年【没】ジョサイア・コンドル** イギリスの建築家。1876年来日。日本の近代建築の発展に多大の貢献をなした。主要作品『旧帝室博物館』（78～82）、『鹿鳴館』（81～83）など。
6月22日	55周年	**1965（昭和40）年　日韓基本条約調印** 韓国が唯一の合法政府であること（北朝鮮を認めず）、文化協定、漁業協定、在日韓国人の地位、待遇に関する協定などが合意された。
6月23日	75周年	**1945（昭和20）年　沖縄戦慰霊の日** 第32軍の牛島司令官と長参謀長が自決したことにより沖縄における組織的戦争が終結。しかしこの後も沖縄本島以外の各島や本島内では引き続き戦闘が行なわれた。
6月23日	60周年	**1960（昭和35）年　新安保条約批准書** 新安保条約の批准書が交換・発効した。
6月24日	35周年	**1985（昭和60）年　女子差別撤廃条約を締結** 1979年の第34回国連総会で採択され、1981年に発効した「女子差別撤廃条約」を日本が1985年に締結。
6月25日	70周年	**1950（昭和25）年　朝鮮戦争勃発** 朝鮮半島の主権を巡り北朝鮮が三十八度線を越えて南へ進撃し勃発。米国を中心とする国連軍、中国軍も参戦。1953年7月27日休戦に至るまで激しい戦闘が繰り広げられた。

6月28日	**90**周年	**1930（昭和5）年【生】三波 伸介** 昭和期のコメディアン。"てんぷくトリオ"で人気を得た。「笑点」の司会でも知られた。
6月29日	**30**周年	**1990（平成2）年 紀子様ブーム** 天皇の第2皇子・礼宮文仁親王と学習院大学院生・川嶋紀子さんの結婚の儀が皇居で行われた。式後に天皇から秋篠宮の宮号が贈られた。
6月30日	**20**周年	**2000（平成12）年 雪印乳業食中毒事件** 雪印乳業大阪工場製造の「低脂肪乳」等を飲んだ人が次々と食中毒を起した事件。中毒発症者は14,780名にのぼった。
7月1日	**130**周年	**1890（明治23）年 第1回衆議院議員総選挙** 第1回衆議院議員総選挙が実施される。有権者は直接国税15円以上を納税している男子で全人口の1.24％、45万人あまりであった。
7月1日	**55**周年	**1965（昭和40）年 名神高速道路が完成** 小牧IC～一宮ICが開通し、日本で初めての本格的な高速道路、名神高速道路が全線開通。
7月1日	**30**周年	**1990（平成2）年 聖地メッカ巡礼で将棋倒し** イスラム教最大の聖地メッカで巡礼者が将棋倒しになり1,426人が死亡。
7月3日	**90**周年	**1930（昭和5）年【生】深作 欣二** 昭和・平成期の映画監督。日本映画監督協会理事長。時代劇、文芸物など幅広く演出。「仁義なき戦い」「蒲田行進曲」などを監督。
7月4日	**125**周年	**1895（明治28）年 初の自転車競技** 横浜の外国人居留地で初の自転車競技が行われる。
7月5日	**45**周年	**1975（昭和50）年 沢松組、全英ダブルス優勝** 沢松和子・アン清村組が1975年全英テニス大会（ウィンブルドン）の女子ダブルスで見事優勝を飾った。沢松の優勝は日本の女性として初のウィンブルドン優勝となった。

2020年

| 7月6日 | **30**周年 | **1990（平成2）年　全国初市民オンブズマン制度** |
| | | 川崎市が全国で初めてとなる本格的なオンブズマン制度を導入。 |

| 7月6日 | **30**周年 | **1990（平成2）年　神戸で門扉事故―生徒死亡** |
| | | 兵庫県の神戸高塚高校で遅刻した生徒を入れない為に生徒指導の教師が閉めようとした門扉に生徒が頭をはさまれ圧死。校則のありかたが問題に。 |

| 7月7日 | **405**周年 | **1615（慶長20）年　武家諸法度** |
| | | 徳川幕府が諸大名を統制するために武家諸法度を発布。 |

| 7月7日 | **90**周年 | **1930（昭和5）年【没】コナン・ドイル** |
| | | イギリスの作家。推理小説「シャーロック・ホームズもの」のほか、戯曲『ウォータール―物語』（1900）なども執筆。 |

| 7月7日 | **70**周年 | **1950（昭和25）年　カラーテレビ放送開始** |
| | | アメリカでカラーテレビ放送が開始される。 |

| 7月7日 | **15**周年 | **2005（平成17）年　ロンドン同時爆破事件発生** |
| | | ロンドン地下鉄3カ所と2階建てバスが同時に爆破され、自爆犯4人を含め56人の死者と、約700人の負傷者を出したテロ事件が発生。犯人はアルカイダといわれている。 |

| 7月9日 | **65**周年 | **1955（昭和30）年　後楽園遊園地オープン** |
| | | 後楽園遊園地が都市型遊園地として開業。ジェットコースターが人気を呼んだ。 |

| 7月11日 | **100**周年 | **1920（大正9）年【生】ユル・ブリンナー** |
| | | アメリカの俳優。1956年映画「王様と私」でアカデミー主演賞を獲得。 |

| 7月11日 | **70**周年 | **1950（昭和25）年　総評結成** |
| | | 初代議長・伊藤武雄のもと総評（日本労働組合総評議会）が結成される。1989年11月21日に解散。官民統一で日本労働組合総連合会（連合）となる。 |

7月12日	**95**周年	**1925（大正14）年　ラジオの本放送始まる** 愛宕山の東京放送局から出力1kWでラジオ本放送を開始。
7月13日	**90**周年	**1930（昭和5）年　第1回サッカー W杯開幕** 13カ国が参加する第1回サッカー W杯ウルグアイ大会が開幕。優勝はウルグアイ。
7月15日	**120**周年	**1900（明治33）年　アドレナリンの結晶化に成功** 高峰譲吉と助手の上中啓三がアドレナリンの結晶化に成功。
7月15日	**75**周年	**1945（昭和20）年　第1回宝くじ発行** 戦争中の7月に発行。しかし抽せん（8月）を待たず終戦となったため、皮肉にも"負札"の異名をとった。
7月16日	**135**周年	**1885（明治18）年　駅弁登場** 宇都宮の旅館白木屋が梅干の入ったオニギリにゴマ塩を振りかけ、タクアン2切を添えて竹の皮に包み、当時5銭で販売したのが始まりと言われている。しかし駅弁発祥については諸説有り。
7月16日	**75**周年	**1945（昭和20）年　最初の核実験** 米ニューメキシコ州アラモゴードで世界初の核実験が行われた。ここで開発した原爆が広島、長崎に投下された。
7月16日	**65**周年	**1955（昭和30）年　ディズニーランド誕生** ロサンゼルス郊外アナハイムにディズニーランドがオープン。
7月17日	**75**周年	**1945（昭和20）年　ポツダム宣言採択** 米英ソ三国首脳が集まり日本に無条件降伏を求めるポツダム宣言を採択。26日に発表。8月14日、日本政府受諾。
7月17日	**15**周年	**2005（平成17）年　知床が世界遺産に** 屋久島、白神山地に続き北海道・知床が世界自然遺産に登録された。

2020年

7月19日	60周年	**1960（昭和35）年　初の女性大臣** 自民党の池田勇人内閣が発足。初の女性大臣として中山マサが厚生大臣で入閣。
7月19日	45周年	**1975（昭和50）年　沖縄海洋博** 沖縄国際海洋博覧会開催。「海―その望ましい未来」をテーマに39の国、3つの国際機関が参加。
7月19日	20周年	**2000（平成12）年　二千円札発行** 42年ぶりの新額面紙幣として二千円札が発行された。
7月21日	90周年	**1930（昭和5）年【没】アルヴァー・グルストランド** スウェーデンの眼科医。グルストランド眼鏡、細隙燈を発明。1911年、「眼の屈折光学」の業績でノーベル生理学・医学賞受賞。
7月25日	20周年	**2000（平成12）年　コンコルド墜落** パリ郊外で離陸直後の超音速旅客機コンコルドが墜落。乗員乗客109人と地上で巻添えに遭った5人が死亡した。
7月26日	160周年	**1860（万延元）年　外国人が初めて富士登山** イギリス在日公使のラザフォード・オールコックが外国人として初めて富士山に登った。
7月26日	55周年	**1965（昭和40）年　モルディブ独立** インド洋の島国モルディブがイギリスから独立。
7月28日	20周年	**2000（平成12）年　四国縦貫自動車道全線開通** 徳島市〜大洲市（愛媛県）を結ぶ四国縦貫自動車道（全長222.2km）が全線開通。
7月29日	65周年	**1955（昭和30）年　強制保険制度始まる** 車の所有者に加入を義務づける自動車損害賠償保障法公布。
7月30日	25周年	**1995（平成7）年　八王子スーパー強盗殺人事件** 八王子市のスーパーの事務所に強盗が押し入り店員3人を射殺。その残忍な手口が社会に衝撃を与えた。

8月2日	**50**周年	**1970（昭和45）年　歩行者天国始まる** 東京の銀座、新宿、池袋、浅草の4ケ所で車の交通を遮断する日本で初めての本格的な歩行者天国が始まる。初日の人出は78万5,000人にのぼった。
8月3日	**110**周年	**1910（明治43）年【生】伊藤 佐喜雄** 昭和期の小説家。「コギト」「日本浪漫派」の作家として活躍。作品に「花の宴」「春の鼓笛」など。
8月4日	**45**周年	**1975（昭和50）年　クアラルンプール事件** 日本赤軍のメンバー5人がマレーシアの首都クアラルンプールで、アメリカ大使館とスウェーデン大使館を襲撃し、52人を人質にたてこもる日本赤軍クアラルンプール事件が発生。
8月5日	**1390**周年	**630（舒明天皇2）年　第1回遣唐使** 第1回遣唐使として犬上三田鍬、薬師恵日が出発。
8月5日	**10**周年	**2010（平成22）年　チリ鉱山作業員閉じ込め** チリのサンホセ鉱山で坑道が崩落し、33人の作業員が閉じ込められる。69日後の10月13日に全員を救出。この救出劇は全世界に放送され多くの人が固唾を呑んで見守った。
8月6日	**75**周年	**1945（昭和20）年　広島に原爆投下** 広島に原子爆弾が世界で初めて投下された。
8月7日	**65**周年	**1955（昭和30）年　初のトランジスタラジオ発売** 東京通信工業（現ソニー）が初のトランジスタラジオTR55を発売。
8月9日	**200**周年	**1820（文政3）年【没】岡田 米山人** 江戸後期の大阪を代表する文人画家。
8月9日	**75**周年	**1945（昭和20）年　長崎に原爆投下** 広島につづいて長崎に原爆が投下された。

2020年

8月10日	**70**周年	**1950（昭和25）年　警察予備隊誕生** 治安維持などを目的にした警察予備隊令を公布。7,000人が入隊した。後、警察予備隊は保安隊（現・陸上自衛隊）に改組された。
8月11日	**60**周年	**1960（昭和35）年　日本初のインスタントコーヒー** 森永製菓が日本初のインスタントコーヒーを発売。
8月11日	**50**周年	**1970（昭和45）年　ヘドロ公害訴訟** 静岡県田子の浦のヘドロ公害で住民団体が大手製紙会社4社の経営者と県知事を静岡地方検察庁に告発。
8月12日	**35**周年	**1985（昭和60）年　日航機墜落事故** 日本航空123便が群馬県上野村の御巣鷹山に墜落し、520名の犠牲者を出した。生存者4名。単独の事故としては史上最大の犠牲者。
8月12日	**20**周年	**2000（平成12）年　ロシア原潜沈没** ロシア北西部のバレンツ海の海底約100mで、ロシア北方艦隊所属の大型原子力潜水艦「クルスク」が航行不能となり、沈没した。乗組員118人の救助作業は悪天候で難航し、16日、艦内から生存を知らせる信号が途絶えた。ロシア政府は当初、国家機密の漏洩を恐れて他国の救助を拒んでいたが、19日にイギリスやノルウェーとの3国合同救助チームが組まれた。同艦は爆発によって船首部分が大きく破損し、艦の全域が浸水していることが21日になって判明し、全員の死亡が公式に表明された。事故原因として、当初は他国の潜水艦との衝突説なども浮上したが、クルスクが搭載していた船首部分の魚雷の爆発による可能性が高い。同艦の原子炉からの放射能漏れなどはなかった。
8月14日	**135**周年	**1885（明治18）年　特許第1号** 堀田瑞松の錆止め塗料など7件が最初の特許として認められる。

8月14日	**70**周年	**1950（昭和25）年　給食にパン始まる** 9月の新学期から小学校でパンによる給食を始めると文部省が発表。
8月15日	**75**周年	**1945（昭和20）年　戦争降伏—玉音放送** 天皇が戦争終結の詔書をラジオで放送（玉音放送）。
8月15日	**25**周年	**1995（平成7）年　村山談話を発表** 村山富市首相が第二次大戦における日本の植民地支配と侵略を反省し謝罪する「村山談話」を発表。
8月16日	**60**周年	**1960（昭和35）年　キプロス独立** 地中海のイギリス植民地であったキプロスが共和国として独立。
8月17日	**75**周年	**1945（昭和20）年　インドネシア独立** インドネシアがオランダからの独立を宣言。
8月18日	**105**周年	**1915（大正4）年　夏の高校野球** 第1回全国中等学校優勝野球大会が大阪豊中グランド開催される。京都第二中が優勝。
8月19日	**40**周年	**1980（昭和55）年　新宿西口バス放火事件** 新宿駅西口バスターミナル停車中の京王バスに男が火のついた新聞紙とガソリンが入ったバケツを車両へ投げ込んだ。6人が死亡、14人が重軽傷を負った。
8月20日	**110**周年	**1910（明治43）年【生】エーロ・サーリネン** フィランド生れのアメリカの建築家。主作品は、ゼネラル・モーターズ技術センター（1948〜56）、ダレス空港ビル（58〜62）など。
8月21日	**30**周年	**1990（平成2）年　ファールズ賞受賞** 京大数理解析研究所の森重文教授がフィールズ賞を受賞。日本人としては小平邦彦（1954年）、広中平祐（1970年）に次ぐ3人目の受賞となった。
8月22日	**110**周年	**1910（明治43）年　韓国併合** 日韓併合条約を締結。京城に朝鮮総督府が置かれた。
8月23日	**65**周年	**1955（昭和30）年　森永砒素ミルク事件** 1955年の6月頃から8月にかけて、西日本で人工栄

養児の間に原因不明の病気が集団的に発生。乳児がいずれも森永ドライミルクを飲用していたことから、岡山大学の浜本教授らが調査を実施。乳児が飲めば亜急性ないしは慢性のひ素中毒を起こす量のひ素が森永ドライミルクより検出されたことを公表。被害児は12,131名に（うち死者130名）のぼった。世界でも例を見ない大規模な乳幼児の集団食中毒事件となった。

| 8月24日 | 15周年 | **2005（平成17）年　つくばエクスプレス開通** |

秋葉原〜つくば、58.3kmを最速45分（快速）で結ぶつくばエクスプレスが開通。

| 8月25日 | 15周年 | **2005（平成17）年　ハリケーン・カトリーナ** |

ハリケーン・カトリーナがフロリダ半島に上陸。1,836人以上が死亡し、米国史上最悪の自然災害となった。

| 8月26日 | 45周年 | **1975（昭和50）年　CTスキャン第1号** |

東京女子医科大学がCTスキャンの国内第1号機となるEMIスキャナを導入。

| 8月27日 | 110周年 | **1910（明治43）年【生】マザー・テレサ** |

インドで活動する博愛家、修道会長。ユーゴスラビア生まれのアルバニア人。通称マザー・テレサ。1950年「愛の宣教者の会」を創立。71年ヨハネス23世平和賞、79年ノーベル平和賞受賞。

| 8月30日 | 50周年 | **1970（昭和45）年　植村直己・五大陸最高峰征服** |

冒険家・植村直己が北米大陸の最高峰マッキンリーの単独登頂に成功。五大陸の最高峰を世界で初めて征服する偉業であった。

| 9月1日 | 20周年 | **2000（平成12）年　三宅島—全住民島外避難** |

三宅島の火山活動の活発化により、全住民に島外への避難指示が発令された。2005年2月1日に避難指示が解除され帰島が始まった。

| 9月2日 | 50周年 | **1970（昭和45）年　広中平祐フィールズ賞受賞** |

広中平祐が日本人として1954年の小平邦彦に次い

で二人目となるフィールズ賞を受賞した。

9月3日 **200**周年 **1820（文政3）年【没】ベンジャミン・ラトローブ**
イギリス生れのアメリカの建築家、エンジニア。

9月4日 **200**周年 **1820（文政3）年【没】浦上 玉堂**
江戸時代後期の南画家。

9月5日 **115**周年 **1905（明治38）年　ポーツマス条約**
日露戦争の講和条約がアメリカのポーツマスで調印
された。

9月5日 **25**周年 **1995（平成7）年　仏・核実験強行**
フランスが太平洋・ムルロア環礁で地下核実験を
実施。

9月7日 **10**周年 **2010（平成22）年　尖閣諸島中国漁船衝突事件**
海上保安庁巡視船が中国漁船の沖縄県尖閣諸島
付近での操業を発見。停船を命じたが漁船は逃
走。逃走時に海上保安庁の巡視船に衝突を繰り返
し、巡視船2隻を破損した。漁船船長を公務執行妨
害で逮捕した。

9月8日 **90**周年 **1930（昭和5）年【生】フレデリック・ミストラル**
フランスの詩人。「フェリブリージュ」結成。『ミレ
イユ』(1859)、『カレンダル』(67)など。1904年ノー
ベル文学賞受賞。

9月10日 **60**周年 **1960（昭和35）年　カラーテレビの本放送開始**
NHK、日本テレビ、ラジオ東京（現TBS）、読売テ
レビ、朝日放送の各社が米国、キューバに次いで世
界で3番目にカラーテレビの本放送を開始した。

9月11日 **120**周年 **1900（明治33）年　初の公衆電話**
新橋駅と上野駅構内に初の公衆電話
が設けられた。

2020年

9月13日	45周年	**1975（昭和50）年　警視庁にSP誕生** 佐藤栄作元首相の国民葬で、三木武夫首相（当時）が右翼に殴られた事件を機にSP（セキュリティ・ポリス）発足。
9月14日	60周年	**1960（昭和35）年　OPEC設立** バグダッドにおいて、イラン、イラク、クウェート、サウジアラビア、ベネズエラの5か国がメジャーズ（国際石油資本）に対し共同行動をとること等を目的としてOPEC（石油輸出国機構）を設立。
9月15日	420周年	**1600（慶長5）年　関ケ原の戦い** 徳川家康の率いる東軍と石田三成が率いる西軍が美濃の関ケ原で戦った。東軍が勝利し戦国時代が終わった。
9月17日	75周年	**1945（昭和20）年　枕崎台風** 戦後日本を強烈な風雨が襲い、死者2,473名、行方不明者1,283名、負傷者2,452名、住家損壊89,839棟、浸水273,888棟など大きな被害をもたらした。
9月19日	150周年	**1870（明治3）年　平民苗字許可令** 平民に苗字使用が許可された。
9月20日	95周年	**1925（大正14）年　東京六大学初試合** 明大対立大第1回戦を連盟創設初試合として行う。現在の早慶明法立東による東京六大学野球リーグ戦の始まり。
9月23日	90周年	**1930（昭和5）年【生】レイ・チャールズ** アメリカのポピュラー歌手。『愛さずにはいられない』などのヒット曲がある。
9月24日	95周年	**1925（大正14）年　大日本相撲協会設立** 日本相撲協会の前身である大日本相撲協会設立。
9月24日	55周年	**1965（昭和40）年　みどりの窓口開設** 国鉄（JR）駅に特急券・座席指定券・寝台券などを予約・販売する「みどりの窓口」が開設される。

147

9月24日	**20**周年	**2000（平成12）年　女子マラソン日本人初の金** シドニー五輪女子マラソンで高橋尚子が2時間23分14秒のタイムで優勝。
10月1日	**100**周年	**1920（大正9）年　第1回国勢調査を実施** 人口は5,596万3,053人であった。
10月1日	**50**周年	**1970（昭和45）年　国勢調査で1億人突破** 第11回（1970年）国勢調査の結果、人口が1億人を突破した。
10月2日	**165**周年	**1855（安政2）年　安政の大地震** 江戸を震源とする直下型地震が発生。30数か所で火災が起き、死者は7,000人以上といわれている。
10月2日	**35**周年	**1985（昭和60）年　関越自動車道全線開通** 関越トンネルの開通により関越自動車道（練馬〜長岡245km）が全線開通。
10月3日	**30**周年	**1990（平成2）年　東西ドイツ統一** ベルリンの壁が崩壊し東西ドイツが45年ぶりに統一された。国名はドイツ連邦共和国に、首都はベルリンに置かれた。
10月4日	**125**周年	**1895（明治28）年　第1回全米オープン（ゴルフ）** ボストンの南にあるニューポート・ゴルフ・クラブで第1回全米オープンが開催された。優勝者はホーレス・ローリンズであった。
10月6日	**100**周年	**1920（大正9）年【没】黒岩 涙香** 明治・大正期の新聞人、翻訳家。同盟改進新聞、日本たいむすなどで活躍。翻訳小説「鉄仮面」「巌窟王」など。
10月8日	**90**周年	**1930（昭和5）年【生】武満 徹** 昭和・平成期の作曲家、評論家。独学で作曲を勉強、「ノヴェンバー・ステップス」で注目される。映画音楽も手がける。

10月8日	15周年	**2005（平成17）年　パキスタン等大地震** パキスタン北東部カシミール地方でM7.6の強い地震が発生、この地震による死者は約7万5千人、負傷者は約7万6千人にも上った。
10月9日	80周年	**1940（昭和15）年【生】ジョン・レノン** イギリス人のロック歌手。「ザ・ビートルズ」の一員。1980年12月ニューヨークの自宅付近で射殺された。
10月10日	90周年	**1930（昭和5）年【生】ハロルド・ピンター** イギリスの劇作家、俳優。戯曲『部屋』(1957)、『管理人』(60)などで評判となった。
10月10日	90周年	**1930（昭和5）年【生】野坂 昭如** 昭和・平成期の小説家、政治家。参議院議員。「面白半分」編集長。歌手、タレントとしても活躍。作品に「火垂るの墓」など。
10月12日	150周年	**1870（明治3）年【没】林 桜園** 江戸時代末期・明治期の国学者。学は国学、神道、老子、仏典などにも及んだ。のち藩校時習館に出仕。
10月12日	80周年	**1940（昭和15）年　大政翼賛会発足** 総裁は近衛文麿首相が兼任し、国民を大政翼賛運動に組織するために発足。
10月14日	130周年	**1890（明治23）年【生】ドワイト・アイゼンハワー** アメリカの軍人、政治家。第2次世界大戦ノルマンディー進攻で活躍、1952年共和党から第34代大統領。
10月14日	115周年	**1905（明治38）年　山岳会発足** 日本山岳会、会員393人で創立。
10月14日	20周年	**2000（平成12）年　パスネットの使用始まる** 関東地方の私鉄、地下鉄で共通カード乗車券システム「パスネット」の使用が開始された。
10月14日	15周年	**2005（平成17）年　「郵政民営化法」成立** 衆参で「郵政民営化関連法」案を可決。日本郵政公社は2007年10月に解散し、郵便、郵便貯金、簡

易保険の優勢3事業は民営化した4つの事業会社に分割されて引き継がれることが決まった。

10月16日 **50**周年 **1970（昭和45）年　全世界の宗教者集まる**
第1回世界宗教者平和会議が京都で開催された。

10月17日 **160**周年 **1860（万延元）年　第1回全英オープン（ゴルフ）**
スコットランド西海岸のプレストウィック・ゴルフ・クラブで第1回全英オープンが開催された。優勝者はウィリー・パークであった。

10月18日 **150**周年 **1870（明治3）年【生】鈴木 大拙**
明治〜昭和期の仏教哲学者、禅思想家。大谷大学教授、学習院大学教授。学士院会員。文化勲章、朝日文化賞を、タゴール生誕百年賞を受賞。著書に「禅思想史研究」など。

10月20日 **130**周年 **1890（明治23）年　元老院廃止**
1875（明治3）年に設置された元老院が国会開設に伴い廃止された。

10月21日 **55**周年 **1965（昭和40）年　朝永振一郎ノーベル物理学賞受賞**
朝永振一郎の日本人として2人目のノーベル賞（物理学賞）受賞が決定。

10月21日 **50**周年 **1970（昭和45）年　初のウーマン・リブのデモ**
「ぐるうぶ・闘う女の会」主催でウーマンリブの集会が行われ、日本で初めてウーマンリブのデモ活動が起きた。

10月24日 **230**周年 **1790（寛政2）年　仏、三色旗が制定される**
自由・平等・博愛を象徴する仏、三色旗が制定され、フランスのすべての軍艦および商船が縦じまの三色旗を掲げるように決められる。

10月24日 **150**周年 **1870（明治3）年　初の鉄道トンネル工事**
日本で最初の鉄道トンネルとして旧石屋川隧道（神戸市）の工事が始まる。翌年7月に完成。

日付	周年	内容
10月24日	**75**周年	**1945（昭和20）年　国連発足** 国際連合（UN）が51カ国の加盟国で発足。
10月25日	**140**周年	**1880（明治13）年　『君が代』の楽譜が完成** 林宏守の曲をエッケルト（独）が吹奏曲に編曲。
10月27日	**150**周年	**1870（明治3）年【没】広瀬 元恭** 江戸時代末期・明治期の蘭学者、医師。官軍病院院長。京都で開業とともに時習堂を設立。学識は幅広く、著書に「理学提要」「知生論」など。
10月27日	**45**周年	**1975（昭和50）年　「日刊ゲンダイ」創刊** タブロイト版夕刊紙「日刊ゲンダイ」が創刊される。
10月29日	**75**周年	**1945（昭和20）年　「宝籤」登場** ニセモノも出るほどの人気の「宝籤」が登場。1枚10円、1等10万円、カナキン50ヤールつき、ハズレ券4枚でたばこ10本がついた。
10月29日	**70**周年	**1950（昭和25）年　初のオートレース開催** 千葉県船橋市で日本初のオートレースが開催される。
10月30日	**130**周年	**1890（明治23）年　教育勅語発布** 明治天皇が山縣総理大臣、芳川文相を宮中に召して教育に関する勅語を下賜。教育勅語が発布された。
10月30日	**90**周年	**1930（昭和5）年【没】豊田 佐吉** 明治・大正期の織機発明家。豊田商会、豊田紡績設立。豊田式自動織機発明改良に努めた。
11月1日	**100**周年	**1920（大正9）年　明治神宮鎮座** 東京・代々木に明治神宮が完成し明治天皇、昭憲皇太后が御鎮座となった。
11月2日	**100**周年	**1920（大正9）年　最初のラジオ局が開局** 世界で初めてのラジオ局—米国ピッツバーグで電機会社ウェスティングハウス社が放送局KDKAを開局。

| 11月3日 | **405**周年 | **1615（元和元）年　慶長遣欧使節団**
伊達政宗の使節団（慶長遣欧使節団）がローマ法王庁でパウロ5世に謁見。 |

11月3日　**80**周年　**1940（昭和15）年　国産初のカラー・フィルム**
小西六（現・コニカミノルタ）が国産初となるクローム方式のカラーフィルムを発表。

11月5日　**125**周年　**1895（明治28）年　日本・ブラジル国交樹立**
曾禰荒助駐仏日本公使とアルメイダ駐仏ブラジル公使が「日伯修好通商航海条約」に調印。日本・ブラジルの間で国交が樹立された。

11月5日　**90**周年　**1930（昭和5）年【没】クリスティアーン・エイクマン**
オランダの生理学者、ビタミン欠乏症研究の先駆者。ノーベル生理学・医学賞受賞。

11月6日　**75**周年　**1945（昭和20）年　財閥解体**
GHQ、「持株会社の解体に関する覚書」を出し日本の軍国主義を支えた財閥の解体が決定づけられた。

11月7日　**40**周年　**1980（昭和55）年【没】スティーブ・マックィーン**
アメリカの俳優。1956年『傷だらけの栄光』でデビュー。個性の強いアクション・スターとして『大脱走』『パピヨン』などに出演した。

11月8日　**125**周年　**1895（明治28）年　X線を発見**
ウィルヘルム・レントゲン博士（独）がヴュルツブルク大学の研究室でX線を発見。

11月11日　**20**周年　**2000（平成12）年　ケーブルカー火災事故**
オーストリア、キッツシュタインホルン山のケーブルカーがトンネル内で火災事故。この事故で日本人10人を含む155人が亡くなった。

11月13日　**130**周年　**1890（明治23）年　初の電動式エレベーター**
日本初の電動式エレベーターを浅草に完成した12階建ての展望台「凌雲閣」に設置。尚、凌雲閣は1923年の関東大震災で大きな被害を受け解体された。

11月13日	35周年	**1985（昭和60）年　ネバド・デル・ルイス火山（コロンビア）大噴火** 南米コロンビアのネバド・デル・ルイス火山（標高5,399m）で噴煙の高さ10数kmにまで及ぶ大噴火が発生。大泥流により25,000人もの死者が出た。
11月14日	50周年	**1970（昭和45）年　初のウーマン・リブ大会** 東京・渋谷で初の「ウーマン・リブ大会」が開幕。
11月15日	125周年	**1895（明治28）年　「東洋経済新報」創刊** 町田忠治が東京市牛込区（現新宿区）に東洋経済新報社を創立、旬刊『東洋経済新報』（現『週刊東洋経済』）を創刊。
11月15日	100周年	**1920（大正9）年　国際連盟第1回総会** 国際連盟の第1回総会がジュネーブで開かれた。紛争解決を目指し42カ国が加盟。
11月15日	90周年	**1930（昭和5）年【生】笹沢 左保** 昭和・平成期の小説家。多作で知られ、377冊を超える単行本を執筆。代表作に「木枯し紋次郎」シリーズなど。
11月15日	65周年	**1955（昭和30）年　自民党発足** 社会党の左右両派の統一に対抗するため民主党と自由党が合同し自由民主党となる。いわゆる55年体制が確立した。
11月15日	45周年	**1975（昭和50）年　初のサミット** 日、米、英、仏、西独、伊の首脳が集まる先進6カ国首脳会議（サミット）がパリで開かれた。日本からは三木武夫首相が出席した。
11月15日	15周年	**2005（平成17）年　紀宮様ご結婚** 紀宮清子内親王が東京都職員の黒田慶樹さんと結婚。
11月16日	20周年	**2000（平成12）年　米大統領、ベトナム訪問** クリントン米大統領が米大統領としてはベトナム戦争後初めてベトナムを訪問。

11月21日	**115**周年	**1905（明治38）年　第1回全豪オープン（テニス）** テニスの第1回全豪オープンがオーストラリア・メルボルンのウェアハウスマンズ・クリケット・クラブで開催（当時の名称は「オーストラレージアン・テニス選手権」）された。第1回は男子シングルス、男子ダブルスの2部門が行われ、男子シングルス優勝者はロドニー・ヒースであった。
11月21日	**30**周年	**1990（平成2）年　スーパーファミコン発売** 任天堂が家庭用ビデオゲーム機「スーパーファミコン」を発売。
11月23日	**75**周年	**1945（昭和20）年　戦後初のプロ野球** 神宮球場で戦後初のプロ野球、日本職業野球連盟復興記念東西対抗戦が行われた。この試合で"青バット"の大下がデビューした。
11月23日	**25**周年	**1995（平成7）年　Windows95発売** パソコン用OS・Windows95日本語版が全国で一斉に発売。社会現象となった。
11月25日	**50**周年	**1970（昭和45）年　三島由紀夫事件** 三島由紀夫ら楯の会の5人が東京・市ケ谷の陸上自衛隊東部総監部を訪問、総監を人質にクーデターを呼びかけるが説得に失敗し三島ら2人が切腹した。著名作家の行動に世界が驚愕した。
11月26日	**85**周年	**1935（昭和10）年　日本ペンクラブ創立** ロンドンに本部をもつ国際ペンの日本センターとして日本ペンクラブを創立。初代会長は島崎藤村。
11月27日	**80**周年	**1940（昭和15）年【生】ブルース・リー** 香港の映画俳優。サンフランシスコ生まれ。漢字名李小龍、本名は李振藩。1971年『ドラゴン危機一発』（唐山大兄）に主演。73年にはアメリカ映画『燃えよドラゴン』に主演し、東洋人としてはじめて世界的映画ヒーローとなる。
11月28日	**70**周年	**1950（昭和25）年　プロ野球初の日本シリーズ** 初の日本シリーズ（第1回日本選手権）が開幕。毎

		日オリオンズが松竹ロビンズを4勝2敗でくだし初代日本一に。
11月29日	130周年	**1890（明治23）年　第1回帝国議会開かれる** 11月26日、第1回帝国議会（通常会）が召集され開院式が挙行された。
12月1日	85周年	**1935（昭和10）年　年賀用切手登場** 初の年賀郵便用切手発行。価格は1枚1銭5厘であった。
12月1日	60周年	**1960（昭和35）年　奥只見ダム完成** 電源開発会社の奥只見ダム（奥只見発電所）が運転開始。
12月1日	20周年	**2000（平成12）年　衛星デジタル放送開始** NHKと在京民放を基盤とするデジタル放送事業者が参画したBSデジタル放送がスタート。
12月2日	115周年	**1905（明治38）年　最初の日本大使館** 初めての大使館をロンドンに設置。
12月2日	60周年	**1960（昭和35）年　日本初のカード会社誕生** 日本交通公社、富士銀行等の出資によって日本ダイナースクラブを日本で最初の多目的クレジットカード会社として設立。
12月2日	30周年	**1990（平成2）年　日本人初の宇宙旅行** TBSテレビの秋山記者がソ連のソユーズTM11号で日本人として初の9日間の宇宙旅行を行った。
12月4日	130周年	**1890（明治23）年　ジフテリア、破傷風の血清療法を発見** 北里柴三郎はドイツ留学中に破傷風菌の純培養に成功、その毒素に対する免疫抗体の発見、血清療法を確立。このことにより、世界的な研究者として知られるようになった。
12月4日	75周年	**1945（昭和20）年　大学の男女共学** 「女子教育刷新要綱」が閣議諒解され大学の男女共学の実施、女子大学の創設などが決まった。

12月4日	**10**周年	**2010（平成22）年　東北新幹線全線開通** 八戸～新青森が延伸開業、これによって東北新幹線は全線開業した。
12月5日	**150**周年	**1870（明治3）年【没】アレクサンドル・デュマ・ペール** フランスの小説家、劇作家。小説『三銃士』(44)、『モンテ＝クリスト伯』(45) など。
12月6日	**75**周年	**1945（昭和20）年　戦後初の洋画上映** 戦後初の洋画として、アメリカ映画『ユーコンの叫び』が東京の日劇、日比谷映画で上映された。
12月7日	**90**周年	**1930（昭和5）年【生】諸井 誠** 昭和・平成期の作曲家。彩の国さいたま芸術劇場館長、埼玉県芸術文化振興財団副理事長・芸術監督。アルバン・ベルグ協会設立、会長。サントリー音楽財団評議員など役職多数。
12月7日	**25**周年	**1995（平成7）年　白川郷・五箇山の合掌造り集落を世界文化遺産登録** 富山県五箇山・岐阜県白川郷の合掌造り集落が世界文化遺産に登録された。
12月8日	**150**周年	**1870（明治3）年　初の日刊新聞創刊** 初の日刊紙「横浜毎日新聞」が発行された。従来の和紙に木版に活版で印刷されたものであった。
12月8日	**40**周年	**1980（昭和55）年【没】ジョン・レノン** イギリス人のロック歌手。「ザ・ビートルズ」の一員。1980年12月ニューヨークの自宅付近で射殺された。
12月8日	**25**周年	**1995（平成7）年　「もんじゅ」事故** 福井県敦賀市の動力炉・核燃料開発事業団で試運転中の高速増殖原型炉もんじゅで、2次冷却系配管からナトリウムが漏えいする事故が発生した。
12月9日	**45**周年	**1975（昭和50）年　障害者の権利宣言** 国連総会で障害者の権利宣言が採択された。

12月10日	20周年	**2000（平成12）年　白川英樹ノーベル化学賞受賞** 白川英樹がヒーガー、マクダイアミッドとともに「導電性高分子の発見と発展」によりノーベル化学賞を受賞。
12月12日	10周年	**2010（平成22）年　ジャスミン革命** チュニジアで、警官の仕打ちに抗議するために青年が焼身自殺。これをきっかけにチュニジア各地でデモが発生し、翌年1月に独裁を続けていたベン＝アリー大統領が亡命した（ジャスミン革命）。
12月13日	90周年	**1930（昭和5）年【没】フリッツ・プレーグル** オーストリアの化学者。有機微量分析法を開発した、ノーベル化学賞受賞（1923）。
12月14日	110周年	**1910（明治43）年　初の飛行実験に成功** 徳川好敏大尉のアンリ・ファルマン機と日野熊蔵大尉のハンス・グラーデ機が、代々木練兵場で動力付き飛行機による日本初飛行に挑戦し日野大尉は14日に、徳川大尉は19日に成功した。
12月14日	60周年	**1960（昭和35）年　「植民地と人民に独立を付与する宣言」を採択** 国連総会で「植民地と人民に独立を付与する宣言」を採択。加盟国は植民地主義を早急に終わらせる必要があることを宣言した。
12月15日	50周年	**1970（昭和45）年　ハイジャック防止条約を採択** 航空機の不法奪取を犯罪として扱う義務、その訴追または犯人の引渡しの義務などを定めるハイジャック防止条約を採択。
12月16日	130周年	**1890（明治23）年　交換手による回線交換始まる** 東京〜横浜間電話交換業務を開始。加入数は155台。当時は電話をかけるときには、まず電話局の交換手を呼び出し、口頭で相手の電話番号を告げ人手で接続してもらう方式であった。
12月17日	75周年	**1945（昭和20）年　婦人参政権** 婦人に初めて選挙権及び被選挙権を認める衆議院

議員選挙法改正法案が公布された。同時に、選挙権は20歳以上、被選挙権は25歳以上と、それぞれ引き下げられた。

12月19日　110周年　1910（明治43）年【生】ジャン・ジュネ
フランスの小説家。少年院、刑務所入りを繰返し、無頼と犯罪の生活をおくり、その経験を主題とする大胆な小説を書いた。作品に『泥棒日記』(1949)、『黒んぼたち』(58) など。

12月19日　65周年　1955（昭和30）年　原子力基本法公布
原子力の研究、開発、利用は平和目的の利用に限るなどを定めた原子力基本法が公布された。

12月19日　30周年　1990（平成2）年　国連難民高等弁務官
緒方貞子が第8代国連難民高等弁務官に任命される。

12月22日　200周年　1820（文政3）年【没】本多 利明
江戸時代中期・後期の経世家。「経世秘策」「西域物語」などの著者。

12月22日　150周年　1870（明治3）年【没】グスタボ・アドルフォ・ベッケル
スペインの詩人。詩集『調べ』(60〜61)は死後出版。

12月22日　135周年　1885（明治17）年　内閣制度開始
明治政府は太政官制度を廃止し内閣制度を開始し、伊藤博文が初代内閣総理大臣に任命された。

12月25日　90周年　1930（昭和5）年【没】オイゲン・ゴルトシュタイン
ドイツの物理学者。真空放電管内の放射線やオーロラや螢光の研究がある。

12月25日　70周年　1950（昭和25）年　岩波少年文庫創刊
岩波少年文庫創刊。初回刊行は「宝島」「あしながおじさん」「クリスマス・キャロル」』など。

12月25日　45周年　1975（昭和50）年　空前のヒット作「およげ！たいやきくん」発売
累計売上453.6万枚という記録を残した「およげ！

		たいやきくん」発売。
12月25日	30周年	**1990(平成2)年　WWWスタート** 初のWorld Wide Webのシステムが稼動。
12月27日	25周年	**1995(平成7)年　新幹線で初めての死亡事故** 東海道新幹線・三島駅で駆け込み乗車をしようとした乗客の指が扉に挟まれ、ホーム上を引きずられてレールに転落、車輪に頭を轢かれて即死した。新幹線開業以来初の死亡事故。
12月28日	125周年	**1895(明治28)年　「映画」を初めて商業公開** パリのカフェでリュミエール兄弟による映画『工場の出口』『赤ん坊』『リュミエール工場の昼食時間』『汽車の到着』など10本の短編が公開された。
12月30日	90周年	**1930(昭和5)年【生】開高 健** 昭和期の小説家。芥川賞選考委員。サントリーで洋酒トリスの名宣伝コピーを次々発表。「裸の王様」で芥川賞を受賞。行動派作家として、数多くのルポルタージュを書く。
12月30日	20周年	**2000(平成12)年　世田谷一家殺人事件** 東京都世田谷区の会社員宅で一家4人が殺害される。2016年6月現在犯人は逮捕されていない。

2021 年 (平成33年)

1月	**105**周年	**1916（大正5）年　初のアドバルーン広告** 福助足袋が宣伝用にアドバルーンあげる。初のアドバルーン広告といわれている。
1月	**85**周年	**1936（昭和11）年　「怪人二十面相」登場** 「少年倶楽部」で『怪人二十面相』（江戸川乱歩）の連載始まる。
1月2日	**55**周年	**1966（昭和41）年　『ウルトラQ』放送開始** テレビ初の特撮番組『ウルトラQ』（制作：円谷プロダクション、TBS）の放送開始。
1月3日	**170**周年	**1851（嘉永5）年　ジョン万次郎帰国** 薩摩藩領の琉球にジョン万次郎（中浜万次郎）が帰国。7月11日に故郷高知に戻る。
1月3日	**115**周年	**1906（明治39）年　初の女性誌** 初の女性誌「婦人世界」（実業之日本社）発刊。
1月3日	**70**周年	**1951（昭和26）年　第1回「紅白歌合戦」** NHKラジオで第1回「紅白歌合戦」が放送される。放送局のスタジオでの生放送。大晦日の放送となるのは1953（昭和28）年から。
1月3日	**60**周年	**1961（昭和36）年　米国・キューバ国交断絶** 米国とキューバが国交を断絶。2015年7月20日、両政府は双方の大使館を再開し54年ぶりに国交を回復した。
1月4日	**75**周年	**1946（昭和21）年　公職追放** GHQが軍国主義者の公職追放と27の超国家主義団体の解散を指令。
1月6日	**20**周年	**2001（平成13）年　中央省庁再編** 1府22省庁が1府12省庁（内閣府、防衛庁、国家公安委員会、総務省、法務省、外務省、財務省、文部科学省、厚生労働省、農林水産省、経済産業省、国土交通省、環境省）体制に移行。

1月7日	110周年	**1911（明治44）年【生】岡本 太郎** 昭和・平成期の芸術家、評論家。前衛芸術を推進。作品に大阪万博の"太陽の塔"など。著書に「日本再発見」など。
1月9日	150周年	**1871（明治4）年【没】広沢 真臣** 江戸時代末期・明治期の萩藩士。軍政改革に参画、尊譲派として活躍。征長戦では軍艦奉行勝海舟と停戦協定を締結。
1月10日	150周年	**1871（明治4）年【生】島村 抱月** 明治・大正期の評論家、劇作家。「早稲田文学」を創刊。文芸協会創立に加わり、「人形の家」の訳・演出など。芸術座を結成。
1月10日	90周年	**1931（昭和6）年【没】高島 北海** 明治・大正期の日本画家。画冊「北海山水百種」、著書に「写山要訣」。仏ナンシー森林高等学校に留学。
1月12日	110周年	**1911（明治44）年 スキー事始め** オーストラリアのレルヒ陸軍少佐が、新潟県高田（現上越市）の陸軍歩兵連隊で将校たちにスキーを指導。これが日本人初スキーであった。
1月12日	90周年	**1931（昭和6）年【生】清水 一行** 昭和・平成期の小説家。経済小説の草分け。作品に証券界の内幕を描いた「兜町」など。
1月12日	15周年	**2006（平成18）年 神戸空港オープン** ポートアイランドに神戸空港が開業。
1月13日	55周年	**1966（昭和41）年 古都保存法公布** 京都、奈良、鎌倉の町並みや建造物を保存するための「古都における歴史的風土の保存に関する特別措置法」公布。施行は4月15日から。

1月15日 **60**周年 **1961（昭和36）年　横浜マリンタワー完成**
横浜開港100周年記念事業の一
環として建設された横浜マリンタ
ワーが完成。灯台の機能を備えて
おり地上高が世界一としてギネス
ブックに記録されている。

1月17日 **30**周年 **1991（平成3）年　湾岸戦争勃発**
米国を中心とする多国籍軍がイラクを空爆し湾岸戦
争が勃発。2月28日に終結。

1月18日 **110**周年 **1911（明治44）年　幸徳秋水らに死刑判決**
大逆事件で逮捕された幸徳秋水ら24人に死刑判決
が下された。1月24日～25日、12人の死刑が執行
された。

1月18日 **110**周年 **1911（明治44）年【生】坂田 昌一**
昭和期の物理学者。名古屋大学教授。専門は素粒
子論。平和運動にも活躍。著書に「物理学と方法」「科
学と平和の創造」など。

1月19日 **75**周年 **1946（昭和21）年　のど自慢**
第1回NHKラジオ『のど自慢素人音楽会』が行われ
た。応募者は約900人にのぼった。

1月20日 **95**周年 **1926（大正15）年　ダイヤル式自動電話登場**
東京中央電話局京橋分局で、日本初の自動交換方
式（ストロージャ式）を採用。

1月20日 **90**周年 **1931（昭和6）年【生】有吉 佐和子**
昭和期の小説家、劇作家。「恍惚の人」「複合汚染」
など社会問題を扱う小説で話題に。

1月20日 **85**周年 **1936（昭和11）年　緊急時の119番はじまる**
警視庁消防部が緊急呼び出しの電話(119番)を設置。

1月21日 **155**周年 **1866（慶応2）年　薩長同盟**
坂本龍馬の仲介で薩摩の西郷隆盛と長州の桂小五
郎（木戸孝允）が会談し同盟する密約を交わした。
これが倒幕への流れを決した。

1月21日	90周年	**1931（昭和6）年【生】杉本 秀太郎** 昭和・平成期の評論家、翻訳家。国際日本文化研究センター教授。専門はフランス語およびフランス文学。著書に「伊東静雄」、訳書にフォシーヨン「形の生命」など。
1月22日	105周年	**1916（大正5）年　初の国産飛行船** 国産初の飛行船「雄飛号」が所沢から大阪までを飛行。
1月24日	60周年	**1961（昭和36）年　キヤノネット発売** キヤノンがシャッターを押すだけの完全自動露出EEカメラ、キヤノネットを発売。社会現象とも言えるブームを巻き起こす。
1月26日	110周年	**1911（明治44）年【生】ポリカープ クッシュ** アメリカの物理学者。場の量子論の基礎を与えた。1955年ノーベル物理学賞受賞。
1月26日	100周年	**1921（大正10）年【生】盛田 昭夫** 昭和・平成期の経営者。ソニー社長。井深大とともに、ソニーを設立。石原慎太郎との共著「『NO』と言える日本」で話題となった。
1月26日	20周年	**2001（平成13）年　インド西部地震** インド西部グラジャート州を震源地とするインド西部地震（M7.7）が発生。死者約2万人。
1月28日	90周年	**1931（昭和6）年【生】小松 左京** 昭和・平成期のSF作家。日本SF作家クラブ会長。作品に「日本沈没」「復活の日」など。"花の万博"総合プロデューサーも務める。
1月28日	65周年	**1956（昭和31）年　著作権条約公布** 著作物にマルCマーク、発行年、著作権者名を付記すれば、アメリカ大陸での著作権が保護される万国著作権条約が公布された。

1月29日 **60**周年 **1961（昭和36）年　ラグビー日本選手権**
ラグビー日本選手権の前身にあたるNHK杯が秩父宮ラグビー場で行われた。八幡製鐵と日本大学が対戦し50-13で八幡製鉄が勝利した。

1月30日 **25**周年 **1996（平成8）年　百武彗星発見**
アマチュア天文家・百武裕司が百武彗星を発見。

2月1日 **65**周年 **1956（昭和31）年　自動車損害賠償保障法施行**
自動車事故の被害者に保証金を支給する自動車損害賠償保障法が施行。この日、東京都葛飾区で女性がひき逃げされる事件発生。同法の適用第一号となった。

2月1日 **60**周年 **1961（昭和36）年　嶋中事件**
中央公論社嶋中鵬二社長宅が襲われ、女性2名が殺された事件（嶋中事件）。戦後の言論の自由や皇室報道を論じる際の象徴的な事件。

2月1日 **10**周年 **2011（平成23）年　初めてウナギの産卵場を特定**
東京大学大気海洋研究所と水産総合研究センターの研究グループが、グアム島から約370km西にある西マリアナ海嶺の南端付近で、ニホンウナギの卵の採取に成功、世界で初めてウナギの産卵場を特定した、と英国の科学雑誌『ネイチャー・コミュニケーションズ』電子版に発表。

2月4日 **55**周年 **1966（昭和41）年　全日空 60便羽田沖墜落事故**
全日空ボーイング727型機、羽田空港への着陸直前に墜落。乗客、乗員133人全員死亡（当時の世界最悪の航空機事故）。

2月5日 **120**周年 **1901（明治34）年　八幡製鉄所火入れ**
福岡県八幡村の官営八幡製鉄所で第一号高炉の火入れが行われた。日本初の近代的鉄鋼一貫工場が誕生した。

○2021年

| 2月5日 | 90周年 | **1931（昭和6）年　日本初のエアガール**
日本初のエアガール（客室乗務員、キャビンアテンダント）の採用試験を東京航空輸送が行う。以前はスチュワーデスという呼称が一般的であったが、最近では使われなくなった。 |

| 2月5日 | 85周年 | **1936（昭和11）年　プロ野球スタート**
日本職業野球連盟設立。巨人、タイガース、阪急、名古屋、金鯱、セネタース、大東京の7チームが加盟した。 |

| 2月6日 | 65周年 | **1956（昭和31）年　『週刊新潮』創刊**
出版社が出した初めての週刊誌『週刊新潮』創刊。 |

| 2月8日 | 90周年 | **1931（昭和7）年【生】ジェームズ・ディーン**
アメリカの映画俳優。『エデンの東』（1955）など3本に主演したのみで、愛車ポルシェの事故により24歳の若さで世を去った。 |

| 2月9日 | 100周年 | **1921（大正10）年【没】村田 経芳**
江戸時代末期・明治期の鹿児島藩士、陸軍軍人。少将。村田銃を開発。 |

| 2月9日 | 85周年 | **1936（昭和11）年　初のプロ野球試合**
巨人対金鯱軍（現中日）が名古屋の鳴海球場で行われた。初のプロ野球試合であった。 |

| 2月9日 | 30周年 | **1991（平成3）年　美浜原発事故**
福井県美浜町の関西電力美浜原子力発電所で放射能もれより緊急炉心冷却装置（ECCS）が作動。原子炉が停止した。ECCSが作動した初のケースであった。尚、同発電所では2004年に死亡5名を出す事故が発生している。 |

| 2月9日 | 20周年 | **2001（平成13）年　えひめ丸事故**
愛媛県立宇和島水産高校の実習船「えひめ丸」が、ハワイ沖で緊急浮上訓練中のアメリカの原子力潜 |

水艦「グリーンビル」に衝突され沈没。「えひめ丸」の乗組員20人、教員2人、実習生13人のうち生徒4人を含む9人が行方不明になった。27日、アメリカ特使が来日し、ジョージ・W.ブッシュ大統領からの書簡を森喜朗首相に手渡した。2002年4月10日、アメリカが愛媛県に賠償金約14億9,600万円を支払うことで和解が成立した。愛媛県とハワイ州は事故後の被害者支援や慰霊碑建立などで関係を深め、2003年11月21日、ハワイ州ホノルル市において両県・州知事が「日本国愛媛県とアメリカ合衆国ハワイ州との姉妹提携宣言」に署名した。

| 2月10日 | 150周年 | **1871（明治4）年【没】河野 禎造** |

江戸時代末期・明治期の蘭学医、農書著述家、福岡藩士。シーボルトの指導を受け、眼科医開業。のち農学に転じ「農家備要」を著す。

| 2月13日 | 90周年 | **1931（昭和6）年【没】小出 楢重** |

明治・大正期の洋画家。二科会会員。信濃橋洋画研究所を興した。谷崎潤一郎「蓼喰ふ虫」の挿絵など。

| 2月15日 | 150周年 | **1871（明治4）年【没】中井 履軒** |

江戸時代中期・後期の儒学者。号は履軒幽人、天楽楼主人。

| 2月16日 | 90周年 | **1931（昭和6）年【生】高倉 健** |

昭和・平成期の俳優。東映任侠路線の看板スター。フリーとなり「幸福の黄色いハンカチ」などに主演。

| 2月17日 | 115周年 | **1906（明治39）年　文芸協会、発会** |

会頭・大隈重信、主唱・島村抱月、発起人・坪内逍遙で文芸協会が発会。

| 2月23日 | 200周年 | **1821（文政4）年【没】ジョン・キーツ** |

イギリス・ロマン派の詩人。『詩集』（17）、『エンディミオン』（18）、の他『書簡集』がある。

| 2月23日 | 40周年 | **1981（昭和56）年　ローマ教皇初来日** |

ヨハネ・パウロ2世がローマ教皇として初来日。広島市と長崎市を訪問。核兵器の廃絶を訴えた。

2月23日	**15**周年	**2006（平成18）年　荒川静香、金メダル** トリノオリンピック女子フィギュアスケートで荒川静香が優勝。日本人初のフィギュアスケートでの金メダル獲得となった。
2月26日	**90**周年	**1931（昭和6）年【没】オットー・ワラッハ** ドイツの有機化学者。精油工業に関するテルペン類の研究をし、1910年ノーベル化学賞受賞。
2月26日	**85**周年	**1936（昭和11）年　二・二六事件** 近衛歩兵第三連隊など約1,400人の兵士が反乱を起こし高橋是清蔵相、斎藤実内大臣らを殺害し、永田町を占拠する二・二六事件発生。
2月27日	**55**周年	**1966（昭和41）年　第1回物価メーデー** 「物価メーデー」（物価値上げ反対、生活危機突破国民大会）に全国218カ所211万人が参加。メーデーを除けば戦後最大の集会となった。
2月28日	**200**周年	**1821（文政4）年【没】山片 蟠桃** 江戸時代中期・後期の町人学者。「夢之代」の著者。
3月1日	**110**周年	**1911（明治44）年【生】西山 夘三** 昭和・平成期の建築学者。京都大学教授、日本建築学会副会長。専門は建築計画学。著書に「これからのすまい」「住み方の記」など。
3月2日	**40**周年	**1981（昭和56）年　中国残留孤児来日** 中国残留日本人孤児47人が肉親探しのため初めて正式に来日。
3月3日	**15**周年	**2006（平成18）年　WBC初開催** 野球の世界大会、ワールド・ベースボール・クラシック（WBC）が開催された。決勝は日本とキューバが対戦。王貞治監督率いる日本がキューバを10-6で下し初代王者についた。
3月5日	**10**周年	**2011（平成23）年　「はやぶさ」運行開始** 東北新幹線・東京〜新青森でE5系電車による「はやぶさ」の運行を開始。国内最速となる最高速度320km/hで営業運転を行う。

3月6日	**75**周年	**1946（昭和21）年　初のスポーツ新聞** 日本初の日刊スポーツ新聞『日刊スポーツ』創刊。 創刊号はタブロイド判4ページ、部数1万5,000部、定価50銭であった。
3月9日	**30**周年	**1991（平成3）年　新都庁落成** 48階建て、高さ243m、総工費1,570億円。設計は丹下健三。
3月11日	**10**周年	**2011（平成23）年　東日本大震災** 2011（平成23）年3月11日14時46分、三陸沖（北緯38度06.2分、東経142度51.6分、深さ24km）を震源とするモーメントマグニチュード9.0、最大震度7（宮城県栗原市）の大地震が発生。死者19,418人、行方不明者2,592人（平成28年3月1日現在）など津波、激しい揺れによって広範囲にわたり甚大な被害をもたらした。
3月12日	**85**周年	**1936（昭和11）年　世界初人工雪** 北海道帝国大学の中谷宇吉郎博士が人工雪の結晶をつくることに成功。
3月12日	**10**周年	**2011（平成23）年　福島第一原発事故** 東北地方を襲った巨大地震による津波被害を受けた東京電力福島第1原子力発電所の1号機で水素爆発が発生。14日、同原発3号機でも水素爆発。15日、東京電力は、被災した第1原発4号機の原子炉建屋内にある使用済み核燃料を一時貯蔵するプール付近で火災が発生、毎時400ミリシーベルト（10万マイクロシーベルト）の放射線量を観測したと発表した。
3月12日	**10**周年	**2011（平成23）年　九州新幹線全線開通** 九州新幹線・新八代～博多が延伸開業し全線（博多～鹿児島中央）が開通した。
3月13日	**120**周年	**1901（明治34）年【生】柳家 金語楼** 大正・昭和期の落語家、喜劇俳優。テレビ開局とともに「おトラさん」「こんにゃく問答」などでユニー

クなタレントとして活躍。

3月13日 **110**周年 **1911（明治44）年【生】国分 一太郎**
昭和期の教育評論家、児童文学者。日本作文の会
常任委員、教育科学研究会国語部会中央世話人会
代表。「新しい綴方教室」を刊行、生活綴方復興運動、
生活記録運動で指導的役割。

3月14日 **320**周年 **1701（元禄14）年 松の廊下刀傷**
播州・赤穂藩主浅野内匠頭が江戸城・松の廊下で
高家吉良上野介に切りつけて怪我をさせる。これに
よって内匠頭は切腹、赤穂藩はお取りつぶしとなっ
た。主君の名誉を晴らす忠臣達の討ち入り物語につ
ながっていく。

3月14日 **100**周年 **1921（大正10）年【没】飯島 魁**
明治・大正期の動物学者。東京帝国大学教授。海綿、
寄生虫、鳥類の研究で日本の動物学の先駆的存在。

3月16日 **150**周年 **1871（明治4）年【没】森山 多吉郎**
江戸時代末期・明治時代の通詞。1862年遣欧使節
通訳として渡英。

3月16日 **110**周年 **1911（明治44）年【生】黒田 了一**
昭和期の弁護士、評論家。大阪市立大学教授。大
阪府知事を2期務める。引退後は弁護士となる。著
書は「日本国憲法論序説」など多数。

3月18日 **150**周年 **1871（明治4）年【没】オーガスタス・ド・モル
ガン**
イギリスの数学者、論理学者、書誌学者。数学協
会を創設し、初代会長。

3月19日 **30**周年 **1991（平成3）年 成田エクスプレス開通**
成田線成田～成田空港間が電化開業し、横浜・新宿・
東京と成田空港との間で特急「成田エクスプレス」
の運行が始まる。

3月20日 **70**周年 **1951（昭和26）年 LPレコード発売**
わが国初のLPレコードとしてコロムビアがベートー
ヴェン『第九』など5種を発売。

3月20日	**40**周年	**1981（昭和56）年　ポートピア'81開催**

神戸港に造られた人工島ポートアイランドにおいてポートアイランド博覧会（ポートピア'81）が開かれた。入場者1,610万人。

3月21日	**70**周年	**1951（昭和26）年　初の総天然色映画封切り**

国産初の総天然色映画『カルメン故郷に帰る』（木下恵介監督、高峰秀子主演）が封切られる。

3月21日	**50**周年	**1971（昭和46）年【没】深田 久弥**

昭和期の山岳紀行家、ヒマラヤ研究家。山岳随筆やヒマラヤ研究に取り組む。著書に「日本百名山」「わが山々」など。

3月23日	**70**周年	**1951（昭和26）年　世界気象機関条約が発効**

世界的な気象共同観測や気象資料などの交換のための組織、世界気象機関（WMO）条約が発効。

3月26日	**110**周年	**1911（明治44）年【生】テネシー・ウィリアムズ**

アメリカの劇作家。『ガラスの動物園』と『欲望という名の電車』の成功により、戦後のアメリカを代表する劇作家として認められる。

3月26日	**50**周年	**1971（昭和46）年　多摩ニュータウン入居開始**

多摩ニュータウンの第1次入居始まる。

3月28日	**145**周年	**1876（明治9）年　廃刀令**

武士の魂といわれる刀の帯刀を禁止。

3月28日	**20**周年	**2001（平成13）年　埼玉高速鉄道開業**

埼玉高速鉄道・赤羽岩淵～浦和美園が開業。地下鉄南北線・東急目黒線に相互乗入れ。

3月31日	**145**周年	**1876（明治9）年　初の私立銀行誕生**

三井銀行の設立を認可。

3月31日	**115**周年	**1906（明治39）年　国鉄の誕生**

私鉄を買収し国有化する鉄道国有法が公布され「国鉄」が誕生。

4月	**70**周年	**1951（昭和26）年　「鉄腕アトム」登場**

雑誌「少年」連載『アトム大使』の脇役として「鉄

4月1日	120周年	**1901（明治34）年　世界初のモノレール** 腕アトム」登場。翌年4月号から主役に"昇格"。 世界初のモノレールが誕生（独、リプッパー川渓谷）―長さ13.3km。
4月1日	20周年	**2001（平成13）年　家電リサイクル法** 一般家庭や事務所から排出された家電製品（エアコン、テレビ、冷蔵庫、冷凍庫、洗濯機、衣類乾燥機）から、有用な部分や材料をリサイクルし、廃棄物を減量するとともに、資源の有効利用を推進するための「特定家庭用機器再商品化法」（家電リサイクル法）施行。
4月1日	10周年	**2011（平成23）年　小学生の英語が必修化** 新学習指導要領「小学5、6年生の英語活動」が必修化。週に1コマ程度、年間35コマの外国語活動（原則英語）が行われるようになった。
4月2日	70周年	**1951（昭和26）年　500円札登場** 岩倉具視の肖像入りの500円札が登場。1983（昭和58）年に500円硬貨に変わるまで発行された。
4月3日	110周年	**1911（明治44）年　日本橋が開橋** 現在の東京・日本橋（19代目）が開橋。欄干の装飾は東京市の依頼で高村光雲がプロデュース。
4月3日	60周年	**1961（昭和36）年　数々の名曲がここから** NHK「みんなのうた」始まる。初回の曲は「おお牧場はみどり」。「山口さんちのツトム君」「切手のないおくりもの」などのヒット曲が生まれている。NHKを代表する長寿番組の一つ。
4月5日	80周年	**1941（昭和16）年　日本癌学会創立** 癌研究の発達を図る目的で日本癌学会が創立される。

4月6日	**125**周年	**1896（明治29）年　第1回五輪（アテネ）開催** フランスのピエール・ド・クーベルタン男爵が提唱した近代五輪がアテネで開催される。13か国から285選手が参加。
4月8日	**90**周年	**1931（昭和6）年【没】エリク・アクセル・カールフェルト** スウェーデンの詩人。郷土中心主義の新ロマン主義詩人。作品は『フリードリンの歌』（1898）、『フリードリンの楽園』（1901）など。1931年、生前辞退のノーベル賞を死後贈られた。
4月9日	**110**周年	**1911（明治44）年　吉原大火** 吉原遊廓で火災が発生。遊廓はほぼ全焼、6,500戸が焼失。この大火で吉原の江戸風情は失われてしまった。
4月10日	**150**周年	**1871（明治4）年【没】山田検校** 江戸時代中期・後期の箏曲家。山田流箏曲の流祖。
4月10日	**75**周年	**1946（昭和21）年　女性代議士誕生** 日本女性が初めて選挙権を行使。女性代議士39人が誕生。
4月11日	**150**周年	**1871（明治4）年【没】シャルル・メシエ** フランスの天文学者。
4月11日	**35**周年	**1986（昭和61）年　ハレー彗星大接近** ハレー彗星、地球に大接近。前回、大接近したのは1910年。ハレー彗星は76年周期で地球に接近するといわれている。
4月12日	**160**周年	**1861（文久元）年　南北戦争始まる** アメリカ南北戦争始まる。1865年4月9日、南軍リー将軍が降伏して終結した。
4月12日	**60**周年	**1961（昭和36）年　人類初の宇宙旅行** ソ連、ユーリー・ガガーリン少佐がヴォストーク号で地球1周1時間48分。ガガーリンは帰還し「地球は青かった」

という言葉を発した。

4月12日	**40**周年	**1981（昭和56）年　スペースシャトル初打ち上げ** NASA（アメリカ航空宇宙局）がスペースシャトルを初めて打ち上げた。
4月13日	**20**周年	**2001（平成13）年　DV防止法公布** 「配偶者からの暴力の防止及び被害者の保護に関する法律」。DV防止法が公布された。
4月15日	**305**周年	**1716（享保元）年　五街道の名称定まる** 幕府が東海道、中山道、日光道中、奥州道中、甲州道中と各街道の名称を定める。
4月17日	**150**周年	**1871（明治4）年【没】杉田 玄白** 江戸時代中期・後期の蘭方医、外科医。「解体新書」の翻訳者。
4月20日	**150**周年	**1871（明治4）年　郵便制度始まる** 前島密の建議により定められた郵便制度が東京〜大阪間で営業を開始。3日と6時間をかけ東京〜大阪間で郵便を届けた。
4月20日	**120**周年	**1901（明治34）年　日本初の女子大学** 日本初の女子大学の開設として日本女子大学（創立者：成瀬仁蔵）が開校。NHK「連続テレビ小説 あさが来た」（2015年下期）で、創立発起人の一人、広岡浅子をモデルとする主人公の活躍が話題となった。
4月21日	**70**周年	**1951（昭和26）年　「民放」誕生** 日本で初めて民放16社に放送の予備免許が与えられた。翌年、日本民間放送連盟が発足。
4月22日	**130**周年	**1891（明治24）年　国語辞典「言海」完結** 最初の本格的国語辞典『言海』4巻が完結（著：大槻文彦）。
4月22日	**75**周年	**1946（昭和21）年　『サザエさん』連載始まる** 長谷川町子『サザエさん』の連載が「夕刊フクニチ」で始まる。1949（昭和24）年12月1日から朝日新

聞に移った。

4月24日 **95**周年 **1926（大正15）年　青森〜函館間電話開通**
本州と北海道を初めて結ぶ青森〜函館間の電話が
開通。本州と北海道の市外通話開始。

4月24日 **70**周年 **1951（昭和26）年　桜木町電車火災事故**
京浜東北線桜木町駅構内で電車の火災が発生。乗
客106名が焼死、92名が重軽傷を負った。火災発
生後、運転手がパンタグラフを下ろしたことによっ
て自動扉が開かず、また車輌構造上（3段窓）窓か
ら脱出できなかったことがこれほどの被害者を生ん
だ原因とされている。

4月25日 **95**周年 **1926（大正15）年　初の切符自動販売機**
東京駅と上野駅にドイツ製の入場券自動販売機を
設置。

4月26日 **75**周年 **1946（昭和21）年　初の婦警**
警視庁、婦警63名を初採用。

4月26日 **35**周年 **1986（昭和61）年　チェルノブイリ原発事故**
旧ソ連ウクライナ共和国のチェルノブイリ原発4号
炉で急激な出力上昇をもたらす事故が発生し爆発。
爆発と火災にともない大量の放射能が継続して放
出された。放射能は4月末までにヨーロッパ各地で、
さらに5月上旬にかけて北半球のほぼ全域で観測さ
れた。

4月29日 **170**周年 **1851（嘉永4）年　世界初の電車**
ワシントンとボルティモア間を世界初の電車が開通。
動力は蓄電池であった。

5月 **110**周年 **1911（明治44）年　初めてのカバ**
上野動物園、ドイツ・ハーゲンベック動物園から
5,400円で日本初のカバを購入。

5月 **110**周年 **1911（明治44）年　チューブ入り歯磨発売**
ライオン歯磨本舗がチューブ入り歯磨を発売。

5月1日	170周年	**1851(嘉永4)年　世界初の万博** ロンドン・ハイドパークで世界初の万国博覧会が開催される。
5月2日	115周年	**1906(明治39)年　医師資格が免許制に** 医師法(旧)公布。開業許可によって医師になれたのが免許制に変わった。
5月3日	150周年	**1871(明治4)年【没】古賀 精里** 江戸時代中期・後期の儒学者。「寛政三博士」の一人。
5月3日	65周年	**1956(昭和31)年　第1回世界柔道選手権大会** 東京・蔵前国技館で第1回世界柔道選手権大会が開かれた。日本の夏井昇吉六段が優勝を飾った。
5月3日	50周年	**1971(昭和46)年【没】高橋 和巳** 昭和期の小説家、評論家。京都大学助教授。「悲の器」で第1回文芸賞。学生運動を描いた「憂鬱なる党派」や「邪宗門」など多くの問題作を発表。
5月5日	200周年	**1821(文政4)年【没】ナポレオン1世** フランス第一帝政の皇帝（在位1804〜14）。
5月5日	130周年	**1891(明治24)年　カーネギーホール開場** 鉄鋼王アンドリュー・カーネギーがカーネギー・ホールを設立。チャイコフスキーが行ったコンサートが初の公式公演であった。
5月5日	100周年	**1921(大正10)年【没】アルフレート・フリート** オーストリアの平和運動家、ジャーナリスト。ドイツ平和協会創設者。1911年ノーベル平和賞受賞。
5月5日	70周年	**1951(昭和26)年　児童憲章制定** 「われらは、日本国憲法の精神にしたがい、児童に対する正しい観念を確立し、すべての児童の幸福をはかるために、この憲章を定める」とする児童憲章が制定される。

5月8日	135周年	**1886（明治19）年　コカ・コーラを発明**

アメリカの薬剤師ベンバートンが二日酔いの薬として コカ・コーラを発明。

5月9日	145周年	**1876（明治9）年　日本に「公園」誕生**

日本初の公園として浅草寺、寛永寺（上野）、増上寺（芝）、富岡八幡（深川）、飛鳥山公園が開園。

5月9日	90周年	**1931（昭和6）年【没】アルバート・マイケルソン**

ポーランド生れのアメリカの物理学者。天体の直径の測定（1920）などを行い、07年ノーベル物理学賞受賞。

5月10日	150周年	**1871（明治4）年　新貨条例で1両が1円に**

新しい貨幣の呼称を円銭厘とし十進法をとることになった。江戸時代の複雑な貨幣制度を整理して貨幣単位を円、補助単位を銭・厘とし、金本位制採用をうたった。

5月10日	110周年	**1911（明治44）年　初の消防自動車**

大阪市がイギリスから1万269円で消防自動車を購入。日本で初めての消防車採用であった。

5月11日	150周年	**1871（明治4）年【没】サー・ジョン・フレデリック・ウィリアム・ハーシェル**

イギリスの天文学者。父ウィリアムの跡を継ぎ天体の観測と星雲の発見に活躍。

5月11日	130周年	**1891（明治24）年　大津事件**

来日中のロシア帝国皇太子ニコライが、滋賀県大津市で警備にあたっていた巡査津田三蔵に斬りつけられけがをする、いわゆる大津事件が発生。

5月12日	100周年	**1921（大正10）年　看護の日を制定**

フローレンス・ナイチンゲールの誕生を記念し生誕100年のこの年に看護の日が定められた。

5月17日	100周年	**1921（大正10）年【没】有賀 長雄**

明治・大正期の国際法学者、社会学者。陸軍大学校教授。社会学的実証主義の学風を持つ。中国の袁世凱の法律顧問を務めた。

日付	周年	内容
5月19日	115周年	**1906（明治39）年　アルプス山脈を貫く** イタリア～スイス間のアルプス山岳トンネル「シンプロン・トンネル」（全長19.8km）が開通。1981年に大清水トンネルが完成するまで世界最長の鉄道トンネルだった。
5月19日	100周年	**1921（大正10）年【没】福羽 逸人** 明治・大正期の園芸学者。農学博士、子爵。温室葡萄等の促成栽培の先駆者。御料局技師、新宿御苑内苑局長など歴任。
5月19日	65周年	**1956（昭和31）年　科学技術庁発足** 科学技術庁設置法制定。総理府から原子力局が移管された。初代長官は正力松太郎であった。
5月20日	80周年	**1941（昭和16）年　東京港開港** 関東大震災を契機に建設が始まり、日の出、芝浦、竹芝ふ頭があいついで完成し東京港が近代港として開港。
5月20日	65周年	**1956（昭和31）年　ビキニ環礁で水爆投下実験** アメリカは中部太平洋ビキニ環礁で、B52戦略爆撃機から初めての水爆投下実験を行った。
5月24日	50周年	**1971（昭和46）年【没】平塚 らいてう** 大正・昭和期の婦人解放運動家、評論家。日本婦人団体連合会会長。婦人運動の先駆者で国際民主婦人連盟などでも活躍。著書に「母性の復興」など。
5月27日	120周年	**1901（明治34）年　山陽線全線開通** 私鉄・山陽鉄道（神戸～下関間）が開通。山陽鉄道は1906（明治39）年に国有化された。
5月28日	90周年	**1931（昭和6）年　気球で成層圏に** スイスの物理学者オーギュスト・ピカールが宇宙線やオゾンを研究するために、自ら設計した水素気球に乗って高度1万6,940mの成層圏まで上昇。世界初の気球による成層圏到達であった。
5月28日	50周年	**1971（昭和46）年　スモン訴訟** スモンの会会長ら2人が国と製薬会社、医師を相手

取って一律5,000万円、合わせて1億円の慰謝料を求める訴訟を起こした。全国で患者が同様の訴訟に踏み切り広がった。1978年8月3日、東京地裁は、国と製薬会社3社に合わせて32億5,100万円の損害賠償支払いを命じる判決をくだした。

5月30日　110周年　1911（明治44）年　第1回インディ 500開催
ル・マン、モナコGPと並び世界3大レースに数えられるインディアナポリス500マイルレース（インディ 500）の第1回目が行われる。

6月1日　180周年　1841（天保12）年　日本人による最初の写真
長崎で蘭学を学んだ上野俊之丞が写真機を輸入。後に薩摩藩主となる島津斉彬を撮影。日本人による最初の写真となった。

6月1日　150周年　1871（明治4）年【没】川本 幸民
江戸時代末期・明治時代の物理・化学・蘭方医学者。

6月1日　70周年　1951（昭和26）年　ワンマンバスの初運行
大阪市交通局が日本で初のワンマンバスを運行。路線バスには車掌（主に女性）が同乗していたがワンマン化に伴い姿を消した。

6月1日　15周年　2006（平成18）年　駐禁取締、民間委託に
「道路交通法」が改正され駐車違反の取締りが民間委託となった。

6月3日　70周年　1951（昭和26）年　初のテレビ実況中継
NHKが後楽園球場から三越・電波展覧会場へプロ野球中継実験を実施。中継されたのは大映対近鉄、毎日対東急の2試合。

6月3日　30周年　1991（平成3）年　雲仙普賢岳で大規模火砕流
雲仙普賢岳で大規模火砕流発生、死者行方不明者43名が犠牲に。

6月3日　20周年　2001（平成13）年　札幌ドーム開業
札幌市の札幌ドームがこの日開業。日韓共催W杯サッカー（2002年）の会場で使用。コンサドーレ札幌、北海道日本ハムファイターズの本拠地として

2021年

日付	周年	内容

6月6日 40周年 1981（昭和56）年 インド・ビハール州列車転落事故
乗客を乗せた旅客列車が脱線し客車が橋を横切っていたバグマティ川に転落。総死者数は500人から800人かそれ以上と推定。史上最悪の鉄道事故の一つ。

6月7日 70周年 1951（昭和26）年 「新国宝」初指定
京都・広隆寺の弥勒菩薩など181件を文化財保護委員会が新たに第1次国宝に指定。

6月8日 145周年 1876（明治9）年 国道の誕生
1873年に定められた河港道路修築規則の道路等級が廃止され、新しい道路制度に改正した「道路等級を廃し国道県道里道を定むる件」が公布された。

6月9日 30周年 1991（平成3）年 ピナツボ火山噴火
フィリピンのピナツボ火山で大噴火が発生。噴煙柱が高さ25Kmまでに達するなど今世紀最大噴火の一つ。

6月12日 135周年 1886（明治19）年 日本で初のスト
甲府の雨宮製糸場の女子従業員たちがストライキを決行。日本で初めての工場労働者によるストライキであった。

6月13日 90周年 1931（昭和6）年【没】北里 柴三郎
明治～昭和期の細菌学者。慶応義塾大学医学部長。血清療法の創始者。ジフテリア血清療法などの業績をあげる。北里研究所を興した。男爵。

6月15日 125周年 1896（明治29）年 明治三陸地震津波
午後8時ごろ三陸沖で発生した地震に伴う大規模

な津波により、三陸沿岸を中心に死者約2万2千人、流出、全半壊家屋1万戸以上の甚大な被害をもたらした。

6月17日 | **50**周年 | **1971（昭和46）年　沖縄返還協定調印**
日米両政府、沖縄返還協定（琉球諸島及び大東諸島に関する日本国とアメリカ合衆国との間の協定）に調印。

6月17日 | **30**周年 | **1991（平成3）年　アパルトヘイト撤廃**
南アフリカのデ・クラーク大統領がアパルトヘイト政策（人種隔離政策）の撤廃を宣言。

6月19日 | **100**周年 | **1921（大正10）年【没】鍋島 直大**
江戸時代末期～大正期の佐賀藩主。元老院議官式部頭、侯爵。議定、外国事務局権輔など歴任。全権公使としてイタリアに在勤。

6月19日 | **60**周年 | **1961（昭和36）年　クウェート独立**
英国よりクウェートが独立。

6月21日 | **70**周年 | **1951（昭和26）年　ユネスコとILOに加入**
日本が国際連合教育科学文化機関（UNESCO/ユネスコ）に加入、また国際労働機関（ILO）に復帰。

6月24日 | **10**周年 | **2011（平成23）年　小笠原諸島・世界自然遺産**
「小笠原諸島」の世界自然遺産への登録が決定。「屋久島」「白神山地」「知床」に次いで日本で4件目の登録。

6月26日 | **55**周年 | **1966（昭和41）年　日本初のオリエンテーリング大会**
日本初のオリエンテーリング大会が東京高尾山で「徒歩ラリー」として開催された。

6月30日 | **55**周年 | **1966（昭和41）年　ビートルズ来日**
ビートルズが初来日し日本で公演（日本武道館で3日間、5回公演）を行った。

7月1日 | **15**周年 | **2006（平成18）年　青海チベット鉄道全線開通**
中国の国家プロジェクトであった青海チベット鉄

道（青蔵鉄道）が全線開通。青海省の省都・西寧（標高2,250m）とチベット自治区首都ラサ（標高3,650m）、総距離1,956kmを結ぶ鉄道は、世界最高地点5,072mを越えるため「天空列車」とも呼ばれている。

7月3日 **40周年** **1981（昭和56）年　エイズ発見される**
同性愛者から原因不明のがんを発見とNYタイムズが報道。これによりエイズ（HIV）が初めて「新しい病気」として認識された。

7月4日 **245周年** **1776（安永5）年　アメリカ独立宣言採択**
アメリカがイギリスからの独立を求めトマス・ジェファーソン起草の独立宣言を正式に採択した。

7月4日 **70周年** **1951（昭和26）年　第1回オールスター**
プロ野球の第1回オールスター戦の第1戦が甲子園球場で行われた。試合は2-1でセントラルが勝利。

7月5日 **135周年** **1886（明治19）年　電気時代の始まり**
東京電燈会社（東京電力）が一般への電力供給を開始。

7月5日 **35周年** **1986（昭和61）年　ヘルメット着用を義務化**
道交法改正により50cc以下の原付車へのヘルメット着用が義務化された。

7月6日 **90周年** **1931（昭和6）年【没】エドワード・アチソン**
アメリカの化学者、発明家。電気炉を改良して、カーボランダムを作る方法を発明、更に石墨を主剤としたオイルダグ、アクアダグ、グレダグ等のコロイド状耐熱潤滑剤を発明した。

7月6日 **50周年** **1971（昭和46）年【没】ルイ・アームストロング**
アメリカのジャズトランペット奏者、歌手。愛称サッチモ。

7月9日 **140周年** **1881（明治14）年　日本初の生命保険会社開業**
日本初の近代的生命保険会社として有限明治生命保険会社（現・明治安田生命保険相互会社）が開業。

7月9日	20周年	**2001（平成13）年　日本科学未来館が開館**

国際研究交流大学村（東京都江東区）内に建設された国立の日本科学未来館が開館。

7月10日	55周年	**1966（昭和41）年　ウルトラマンの日**

第一話「ウルトラ作戦第一号」の放送開始（7月17日）に先立ちPR番組「ウルトラマン前夜祭ウルトラマン誕生」が放送される。現在この日を「ウルトラマンの日」としている。

7月12日	150周年	**1871（明治4）年【生】出口 王仁三郎**

明治〜昭和期の宗教家。大本教聖師。大本教を愛善苑の名称で再建。驚異的な数の歌を詠み、歌集に「霧の海」「言華」など。

7月13日	100周年	**1921（大正10）年【没】ガブリエル・リップマン**

フランスの物理学者。パリ大学実験物理学教授。光の干渉を利用した天然色写真の実験に成功。ノーベル物理学賞を受賞（1908）。

7月13日	25周年	**1996（平成8）年　O-157集団感染**

大阪府堺市の小学校で感染者9,523名、うち児童3人が犠牲となる大規模な学童集団下痢症事件が発生。

7月14日	1605周年	**416年　記録に残る最古の地震**

大和・遠飛鳥宮付近で地震が発生した様子を『日本書紀』が「地震（なゐふ）る」と記す。記録に残る日本最初の地震と言われている。

7月15日	150周年	**1871（明治4）年【生】国木田 独歩**

明治期の詩人、小説家。「牛肉と馬鈴薯」「春の鳥」などは自然主義文学の先駆。

7月15日	90周年	**1931（昭和6）年【生】深田 祐介**

昭和・平成期の小説家、評論家。「炎熱商人」で直木賞受賞。他の著書に「あざやかなひとびと」など。

7月15日	10周年	**2011（平成23）年　栃木県なかがわ水遊園開園**

栃木県唯一の水族館として栃木県なかがわ水族館が開園。日本最大級の淡水魚の水族館。

2021年

7月17日	**65**周年	**1956（昭和31）年 「もはや戦後ではない」** 経済企画庁は経済白書「日本経済の成長と近代化」の結びで「もはや戦後ではない」と記述。
7月17日	**10**周年	**2011（平成23）年 なでしこ旋風** サッカー日本女子代表、愛称「なでしこジャパン」は、第6回女子ワールドカップ（W杯）ドイツ大会で初優勝。東日本大震災後の日本国民を勇気づけた。
7月18日	**150**周年	**1871（明治4）年【没】ジェイン・オースティン** イギリスの女流作家。作品に『分別と多感』（1811）、『エマ』（15）、『説得』（18）など。
7月18日	**90**周年	**1931（昭和6）年【没】ナータン・セーデルブロム** スウェーデンのルター派神学者、大主教。世界教会合同運動の主導者。1930年ノーベル平和賞受賞。
7月21日	**200**周年	**1821（文政4）年【没】森 狙仙** 江戸時代中期・後期の画家。森派を形成。
7月21日	**20**周年	**2001（平成13）年 明石花火大会歩道橋事故** 兵庫県明石市での花火大会の見物客らが歩道橋で将棋倒しとなり11名が亡くなった。警察の警備体制、事故後の対応が問題となった。
7月22日	**150**周年	**1871（明治4）年 旅行鑑札制の廃止** 旅行者や寄留者に鑑札を公布する制度が廃止。旅行が自由に出来るようになった。
7月22日	**10**周年	**2011（平成23）年 ノルウェー連続テロ** ノルウェーの政府庁舎での爆破テロ、同日にオスロ近郊で行われていた政治集会で銃乱射テロがあり、あわせて76人以上が死亡した。極右思想の32歳の男の単独犯行とされている。
7月23日	**10**周年	**2011（平成23）年 中国高速鉄道事故** 中国・温州市の高速鉄道で停車中の列車に他の列車が追突・脱線する事故が発生。中国政府の事故後の対応に国内外から批判の声が上がった。

7月25日	**120**周年	**1901（明治34）年　「幼稚園唱歌」発行** 瀧廉太郎作曲『鳩ぽっぽ』などを収めた「幼稚園唱歌」（初版）が発行される。
7月26日	**100**周年	**1921（大正10）年【没】佐藤 進** 明治・大正期の外科医師。3代順天堂堂主、日本人初めてのベルリン大学卒。李鴻章狙撃事件ではその治療にあたった。
7月27日	**25**周年	**1996（平成8）年　アトランタ五輪爆弾テロ** 五輪開催中のアトランタ・100周年オリンピック公園で爆発があり、2人が死亡、112人が負傷した。
7月29日	**185**周年	**1836（天保7）年　凱旋門竣工** パリのエトワール凱旋門が竣工。高さ49.55m。
7月31日	**60**周年	**1961（昭和36）年　さよなら京都・北野線** 日本最古の市電・北野線（京都）が廃止される。
7月31日	**30**周年	**1991（平成3）年　米ソ「戦略兵器削減条約」に調印** 米ソ両国が保有する戦略核弾頭数の上限などを定めた「第1次戦略兵器削減条約」（START）に調印。1993年に「第2次戦略兵器削減条約」（START）に調印。
8月1日	**90**周年	**1931（昭和6）年　日本初のオール・トーキー映画** 日本初のオール・トーキー映画『マダムと女房』（監督：五所平之、出演：田中絹代ほか）が封切られる。
8月1日	**50**周年	**1971（昭和46）年【没】徳川 夢声** 大正・昭和期の放送芸能家、随筆家。無声映画の弁士として有名。戦後は軽い風俗評論、随筆、俳句などで活躍。著書に「夢声自伝」など。

8月1日	**25**周年	**1996（平成8）年 五輪ヨットで初メダル** アトランタ五輪ヨットの女子470級で重由美子・木下アリーシア組が2位に入る。同種目初のメダルを獲得。しかし日本ヨット界の競技環境は厳しく、その後、世界で実績を残す選手は現れていない。
8月4日	**120**周年	**1901（明治34）年【生】ルイ・アームストロング** アメリカのジャズトランペット奏者、歌手。愛称サッチモ。
8月6日	**95**周年	**1926（大正15）年 初の公営鉄筋アパート** 東京・向島に中ノ郷アパートが完成。関東大震災の震災復興義援金をもとに同潤会が建築。初の公営鉄筋アパートであった。
8月6日	**95**周年	**1926（大正15）年 NHK発足** 東京・大阪・名古屋の各放送局を統合し社団法人日本放送協会を発足。
8月7日	**100**周年	**1921（大正10）年【没】アレクサンドル・ブローク** ロシア、ソ連の詩人。『美しい婦人をうたう詩』（1904）、『報復』（10〜21）、『12』（18）などの作品がある。
8月11日	**100**周年	**1921（大正10）年【没】前田 正名** 明治期の官吏、農政家。山梨県知事、男爵。「興業意見」を編集。農商務次官などに就任。のち地方産業団体の育成に尽力。
8月13日	**95**周年	**1926（大正15）年 八木アンテナ特許取得** 東北大学教授・八木秀次が八木アンテナの特許を取得。第二次大戦でイギリスがレーダーに利用。戦後はテレビアンテナに使われ普及。
8月20日	**90**周年	**1931（昭和6）年 日本初3色灯自動信号機設置** 東京・銀座の尾張町交差点などに日本で初めての3色灯の自動信号機が設置された。
8月20日	**90**周年	**1931（昭和6）年【生】山口 昌男** 昭和・平成期の文化人類学者。札幌大学教授、東京外国語大学教授。多分野をまたにかけた知的刺

激に富む論考を続けている。著書に「アフリカの神話的世界」など。

8月21日 **410**周年 **1611（慶長16）年　猪苗代湖出現**
会津地方でM6.9の地震が発生。この地震で会津川、只見川が崩れた土砂により塞がれ多数の沼と共に、猪苗代湖が突如として出現した。

8月25日 **90**周年 **1931（昭和6）年　東京飛行場（羽田）開港**
わが国初の国営民間航空専用空港「東京飛行場」（羽田飛行場）が開港。

8月25日 **15**周年 **2006（平成18）年　福岡「海の中道大橋」飲酒運転事故**
福岡市の海の中道大橋で、飲酒運転の車が追突事故を起こし逃走。追突された車は海に転落し、子供3人が死亡した。飲酒運転厳罰化への大きな引き金となった。

8月29日 **90**周年 **1931（昭和6）年【生】市川 雷蔵（8代目）**
昭和期の歌舞伎役者、映画俳優。大映に入社、「眠狂四郎シリーズ」など多くの映画に出演する。

8月31日 **90**周年 **1931（昭和6）年【生】高橋 和巳**
昭和期の小説家、評論家。京都大学助教授。「悲の器」で第1回文芸賞。学生運動を描いた「憂鬱なる党派」や「邪宗門」など多くの問題作を発表。

9月1日 **110**周年 **1911（明治44）年　「青鞜」創刊**
平塚らいてうらによる女性文芸誌「青鞜」が創刊。

9月1日 **90**周年 **1931（昭和6）年　上越線・清水トンネル開通**
工期10年の年月を経て当時世界最長（9,702m）となる上越線・清水トンネルが開通。

9月1日 **20**周年 **2001（平成13）年　歌舞伎町ビル火災**
新宿・歌舞伎町の雑居ビルで火災が発生。死者44人。放火が原因と見られているが出火原因は特定されていない。

2021年

| 9月4日 | **200**周年 | **1821（文政4）年　日本最初の本格的な地図**
伊能忠敬が編纂した日本最初の本格的な地図「大日本沿海実測全図（実測興地全図）」を幕府に献上。 |

| 9月4日 | **20**周年 | **2001（平成13）年　東京ディズニーシーが開園**
東京ディズニーリゾートで2番目のディズニーパークとして東京ディズニーシーが開園。 |

| 9月6日 | **90**周年 | **1931（昭和6）年【没】三浦 周行**
明治～昭和期の歴史学者。京都帝国大学教授。日本史・日本法制史に業績を残す。著書に「鎌倉時代史」「法制史の研究」など。 |

| 9月8日 | **70**周年 | **1951（昭和26）年　サンフランシスコ講和条約**
連合国と日本の間でサンフランシスコ講和条約が結ばれた。 |

| 9月8日 | **35**周年 | **1986（昭和61）年　社会党委員長に土井たか子**
日本社会党委員長に土井たか子が就任。初の女性党首が誕生した。 |

| 9月9日 | **75**周年 | **1946（昭和21）年　生活保護法公布**
国民の最低生活を保障する生活保護法が第90帝国議会で成立し、公布された。 |

| 9月10日 | **70**周年 | **1951（昭和26）年　黒澤明『羅生門』ベニスで大賞受賞**
第12回ベニス国際映画祭で『羅生門』（黒澤明監督）が大賞を受賞。 |

| 9月11日 | **20**周年 | **2001（平成13）年　911同時多発テロ**
ニューヨークの世界貿易センタービルやワシントンの国防総省にハイジャックされた航空機3機が突入、1機が墜落。貿易センタービルが崩壊。死者数千人となった。犯行の様子はテレビなどで全世界に報じられ大きな衝撃を与えた。 |

9月12日	**200**周年	**1821（文政4）年【没】塙 保己一** 江戸時代中期・後期の国学者。幼くして盲目となったが学問に精進。和学講談所を創設し「群書類従」の編纂にあたる。
9月12日	**55**周年	**1966（昭和41）年　食品コールドチェーン第1号** 食品のコールドチェーン（低温流通機構）の第一号として福島県産のキュウリを東京都内の八百屋で発売。
9月18日	**90**周年	**1931（昭和6）年　柳条湖事件** 満州事変の発端となる柳条湖事件が発生。
9月18日	**50**周年	**1971（昭和46）年　カップヌードル発売** 日清食品がカップヌードルを発売。
9月19日	**110**周年	**1911（明治44）年【生】ウィリアム・ゴールディング** イギリスの作家。『蝿の王』（1954）など6篇の小説と劇1篇がある。
9月20日	**135**周年	**1886（明治19）年　ランプから電灯へ** 大阪紡績（東洋紡）が夜間照明にそれまでのランプではなく新たにアーク灯を使用。民間では初の電灯使用となった。
9月22日	**15**周年	**2006（平成18）年　独、リニア事故** ドイツのリニアモーターカー「トランスラピッド」の実験線で、試運転の列車が工事車両と衝突し作業員と列車に乗車していた見学客23名が死亡した。
9月25日	**60**周年	**1961（昭和36）年　ジェット機初就航** 日本航空が東京〜札幌線に国内線初のジェット機コンベア880を就航させた。
9月27日	**250**周年	**1771（明和8）年【生】松崎 慊堂** 江戸時代後期の儒学者、遠江掛川藩儒。渡辺崋山の師であり、蛮社の獄では老中に建白書を出した。
9月28日	**100**周年	**1921（大正10）年【没】安田 善次郎** 江戸時代末期〜大正期の実業家。安田財閥創立者。金融業中心の安田財閥を築く。東大安田講堂・日比

谷公会堂などを寄付、公共事業にも貢献。

| 9月30日 | 60周年 | **1961（昭和36）年　OECD発足** |

経済協力開発機構（OECD）が欧米20カ国の加盟で発足。日本は1964年に加盟。

| 10月1日 | 110周年 | **1911（明治44）年【生】椎名 麟三** |

昭和期の小説家、劇作家。実存主義の戦後文学の代表的作家。著書に「美しい女」「深尾正治の手記」など。

| 10月3日 | 50周年 | **1971（昭和46）年　ノーカーデー** |

東京・八王子で自動車使用自粛を訴える日本初のノーカーデーが実施される。

| 10月5日 | 100周年 | **1921（大正10）年【没】小西 六右衛門** |

明治・大正期の実業家。写真材料商。桜社を創立。小西写真専門学校を創立、小西六写真工業の創立者。

| 10月5日 | 90周年 | **1931（昭和6）年　太平洋横断無着陸飛行** |

クライド・パングボーンとヒュー・ハーンドンが乗り込んだミス・ビードル号が青森県淋代を発ち、太平洋を無着陸で横断した。7,910kmを41時間12分で飛行した。

| 10月8日 | 55周年 | **1966（昭和41）年　初の地熱発電所** |

岩手県松川（現松尾村）に松川地熱発電所が完成し送電を開始。

| 10月10日 | 105周年 | **1916（大正5）年　第1回全米プロゴルフ選手権** |

ニューヨーク州のシワノイカントリークラブにおいて、第1回全米プロゴルフ選手権が開催された。優勝者はジェームス・M・バーンズであった。当時はマッチプレー形式で行われた。

10月15日	**150**周年	**1871（明治4）年【没】タデウシュ・コシチュシュコ** ポーランドの軍人、政治家。1974年国民防衛最高指揮官に就任し、ワルシャワ防衛戦を指揮したが敗北。
10月18日	**150**周年	**1871（明治4）年【没】エティエンヌ＝ニコラ・メユール** フランスの作曲家。主作品はオペラ『ジョセフ』（07）。
10月18日	**90**周年	**1931（昭和6）年【没】トーマス・エジソン** アメリカの発明家。白熱電球、活動写真など1,100をこす発明を達成。
10月19日	**65**周年	**1956（昭和31）年　日ソ共同宣言締結** 日ソ両国は日ソ共同宣言を締結し、戦争状態を終了させ外交関係を再開。
10月19日	**40**周年	**1981（昭和56）年　福井謙一ノーベル化学賞受賞** 福井謙一が「化学反応過程の理論的研究」でノーベル化学賞を日本人として初めて受賞することが決定。
10月21日	**90**周年	**1931（昭和6）年【没】アルトゥル・シュニッツラー** オーストリアの劇作家、小説家。男女の性愛を題材に大胆な作品を次々と発表、「若きウィーン派」を代表する作家として一世を風靡した。主著、戯曲『アナトール』（1893）ほか。
10月22日	**150**周年	**1871（明治4）年【没】ロデリック・マーチソン** イギリスの地質学者。王立地理学会会長などを歴任。化石からシルル系を提唱（1835）。
10月22日	**95**周年	**1926（大正15）年　神宮野球場などが完成** 明治神宮外苑竣功奉献式が行われ、絵画館・野球場・相撲場・児童遊園が明治神宮に奉献された。
10月23日	**150**周年	**1871（明治4）年【生】土井 晩翠** 明治～昭和期の詩人、英文学者。第二高等学校教授。「荒城の月」を作詞、ホメーロスの「イーリアス」「オデュッセーア」全訳出版などの業績がある。

2021年

10月23日 **120**周年 **1901（明治34）年　田中正造、足尾鉱毒事件で直訴**
田中正造、足尾鉱毒事件に抗議、天皇に直訴するために衆議院議員を辞職。12月10日直訴状。翌年、政府は鉱毒調査委員会を発足させる。

10月25日 **135**周年 **1886（明治19）年　自由の女神完成**
ニューヨーク港内、リバティ島に「自由の女神」像が完成。

10月25日 **70**周年 **1951（昭和26）年　日航の開業1番機**
戦後初めて日本の航空会社（日航）による飛行便が羽田〜福岡を飛ぶ。

10月26日 **150**周年 **1871（明治4）年【没】会田 安明**
江戸時代中期の和算家。「最上流」創始者。

10月27日 **90**周年 **1931（昭和6）年　陸上で初の世界新記録**
第1回一般対抗学生選手権（神宮）にて織田幹雄が三段跳で15m58、南部忠平が走幅跳で7m98の世界記録を樹立。

10月28日 **130**周年 **1891（明治24）年　濃尾地震**
岐阜県本巣郡根尾村付近を震源とする濃尾地震（M8.4と推定）が発生。震源が内陸の地震としては日本最大級の死者7,273人、建物の全半壊22万戸と甚大な被害をもたらした。

10月28日 **70**周年 **1951（昭和26）年　力道山デビュー**
日本人が参加する初のプロレス試合、力道山VSブランス戦が行われる。

10月29日 **90**周年 **1931（昭和6）年【生】並河 萬里**
昭和・平成期の写真家。中世・古代の美術と建築などを撮影。写真集に「シルクロード」など。

11月1日 **75**周年 **1946（昭和21）年　国体始まる**
第1回国民体育大会が京都で行われた。

11月1日	**55**周年	**1966（昭和41）年　国立劇場開場**

東京・三宅坂に国立劇場が完成、開場式が行われた。

11月3日	**90**周年	**1931（昭和6）年　『雨ニモマケズ』を病床にて書く**

宮沢賢治の『雨ニモマケズ』は没後発見されたメモである。手帳に記された日付より11月3日に書かれたものと推測されている。

11月3日	**75**周年	**1946（昭和21）年　憲法公布**

前文に始まり、11章103条からなる新憲法が公布された。施行は翌年5月3日。

11月4日	**100**周年	**1921（大正10）年【没】原 敬**

明治・大正期の政治家。平民宰相として我が国最初の本格的政党内閣を実現。東京駅頭で刺殺された。

11月4日	**75**周年	**1946（昭和21）年　ユネスコ（UNESCO）発足**

国際連合の専門機関として国連教育科学文化機関（UNESCO）が発足。11月19日に第1回総会がパリで開催された。

11月6日	**90**周年	**1931（昭和6）年【没】土肥 慶蔵**

明治～昭和期の医学者。東京帝国大学医科大学教授。皮膚病梅毒学。皮膚科学会、日本花柳病予防会を創始。

11月7日	**85**周年	**1936（昭和11）年　帝国議会議事堂落成**

帝国議会議事堂（現在の国会議事堂）が1920（大正9）年1月着工以来17年の歳月をかけ完成。

11月8日	**90**周年	**1931（昭和6）年【生】川村 たかし**

昭和・平成期の児童文学作家。梅花女子大学教授。季刊雑誌「亜空間」を主宰。作品に「山へいく牛」「新十津川物語」（全10巻）など。

2021年

11月9日	90周年	**1931（昭和6）年【生】白石 一郎** 昭和・平成期の小説家。九州や海を舞台にした歴史小説を多数発表。作品に「海狼伝」など。
11月10日	105周年	**1916（大正5）年 日本医師会の前身設立** 医師による初の全国統一組織、大日本医師会創立。会長は北里柴三郎。
11月11日	90周年	**1931（昭和6）年【没】渋沢 栄一** 明治・大正期の実業家。陸軍奉行支配調役、子爵。大蔵省、大蔵大丞を経て国立銀行を設立。ほかに王子製紙、東京瓦斯など多数の会社を設立。
11月12日	150周年	**1871（明治4）年 女子が初めて海外に留学** 津田梅子ら5人が初の女子留学生として横浜を出航。後、津田は「女子英学塾」（現在の津田塾大学）を開校する。
11月12日	40周年	**1981（昭和56）年 気球で太平洋横断** ロッキー青木らが乗ったヘリウム気球ダブル・イーグルVが三重県長島温泉から太平洋を横断してアメリカ・サンフランシスコ北の丘陵地帯に到着。所要時間84時間31分であった。
11月12日	25周年	**1996（平成8）年 ニューデリー空中衝突事故** インド・ニューデリーでサウジアラビア航空763便とカザフスタン航空1907便が空中で衝突。両機乗員全349人が死亡した。
11月14日	145周年	**1876（明治9）年 初の幼稚園** 東京女子師範学校付属幼稚園が開園。
11月18日	20周年	**2001（平成13）年 Suica運用開始** Suica（IC内蔵のカード式定期）を使った新改札システムの運用を東京近郊区間の424駅で開始。
11月21日	150周年	**1871（明治4）年【没】海量** 江戸時代中期・後期の漢学者。近江彦根藩学の興隆に貢献。

11月21日	110周年	**1911（明治44）年【生】三原 脩** 昭和期のプロ野球選手・監督。3年連続して日本シリーズで巨人を倒して西鉄黄金時代を築いた。野球殿堂入り。
11月21日	35周年	**1986（昭和61）年　三原山大噴火—全島民島外避難** 伊豆大島の三原山で大噴火が発生。溶岩流が市街地まであとわずかまで迫った。大島町合同対策本部は21日夜、全島民に対して島外避難命令を出した。
11月25日	145周年	**1876（明治9）年　初の点字本を出版** 伊藤庄平がわが国で初の点字本『盲目児童凸文字習書』を発表。
11月26日	100周年	**1921（大正10）年　サッカー天皇杯** サッカー天皇杯の前身「ア式蹴球全国優勝競技会」が開催される。
11月28日	35周年	**1986（昭和61）年　国鉄民営化決まる** 25兆9,000億円の膨大な累積赤字解消のため国鉄を分割・民営化する法案が可決・成立。翌年4月よりJR発足。
11月29日	20周年	**2001（平成13）年【没】ジョージ・ハリソン** イギリスのロック・ギタリスト、歌手。元「ザ・ビートルズ」のメンバー。
11月30日	110周年	**1911（明治44）年【生】田村 泰次郎** 昭和期の小説家。"肉体文学"の人気作家として知られ、著書に「肉体の悪魔」「肉体の門」など。
11月30日	95周年	**1926（大正15）年　日本ラグビー協会設立** 日本ラグビー蹴球協会（日本ラグビーフットボール協会の前身）が発足。
12月1日	125周年	**1896（明治29）年　初めて日本で映画公開** 日本で初めて映画の一般公開が神戸で行われた。1956年、映画産業団体連合会がこの日を「映画の日」に制定。

日付	周年	出来事
12月1日	15周年	**2006（平成18）年　地デジ始まる** 全都道府県で地上波デジタルテレビ放送を開始。
12月2日	120周年	**1901（明治34）年　安全カミソリを開発** アメリカのジレットが替え刃方式の安全カミソリを開発。
12月3日	150周年	**1871（明治4）年【生】宮崎 滔天** 明治・大正期の革命家。中国革命の父・孫文の親友で、中国革命に貢献。
12月5日	25周年	**1996（平成8）年　原爆ドーム世界遺産に** 広島の原爆ドームと厳島神社が世界文化遺産に認定される。
12月6日	70周年	**1951（昭和26）年　国際柔道連盟、結成** 国際柔道連盟（本部パリ）結成。1952年から1965年まで嘉納治五郎の息子の嘉納履正（講道館館長）が会長を務めた。
12月7日	135周年	**1886（明治19）年　初のクリスマスツリー** 横浜・明治屋が日本で初めてクリスマスツリーをディスプレイ。
12月7日	80周年	**1941（昭和16）年　真珠湾攻撃** 日本軍がハワイ・オアフ島・真珠湾のアメリカ軍基地を奇襲攻撃した。
12月8日	80周年	**1941（昭和16）年　大東亜戦争始まる** 英米、日本に宣戦布告。
12月8日	75周年	**1946（昭和21）年　シベリアからの引き揚げ船が舞鶴入港** 第1回目のシベリアからの復員兵が舞鶴に入港。
12月9日	110周年	**1911（明治44）年　初のレコーディング** 浪花節の桃中軒雲右衛門が日本で初めてレコードを

吹き込む。それ以前は外国で吹き込まれていた。

12月10日 **120**周年 **1901（明治34）年　第1回ノーベル賞授賞式開催**
アルフレッド・ノーベルの命日にストックホルムの
コンサートホールで第1回ノーベル賞授賞式が行わ
れた。

12月10日 **10**周年 **2011（平成23）年　沼津港深海水族館が開館**
日本一深い駿河湾の生き物たちとシーラカンスを
テーマに、深海や海の環境について学べる施設とし
て沼津港深海水族館が開館。

12月12日 **120**周年 **1901（明治34）年　大西洋横断無線**
イタリアのグリエルモ・マルコーニがイギリスとカ
ナダ間で大西洋を横断する無線通信に成功。

12月12日 **50**周年 **1971（昭和46）年【没】桂 文楽（8代目）**
大正・昭和期の落語家。落語協会会長。41年初代
桂小南の門下。「素人鰻」「明烏」などを得意とした。

12月14日 **110**周年 **1911（明治44）年　アムンゼン、南極点に到達**
ノルウェーの探検家ロアルド・アムンゼン隊が初め
て南極点に着いた。

12月15日 **90**周年 **1931（昭和6）年【没】ギュスターヴ・ル・ボン**
フランスの思想家、社会心理学者。群衆心理の研
究に従事。主著『群衆心理』（1895）。

12月16日 **80**周年 **1941（昭和16）年　戦艦「大和」完成**
全長263m、満載時
排水量7万2,000t、
航続距離7,200海
里、速力27ノットの
史上最大の戦艦「大
和」が完成。

12月16日 **50**周年 **1971（昭和46）年　札幌の地下鉄が開業**
全国4番目の地下鉄として札幌の地下鉄が誕生。
北24条から真駒内までの南北線12.1kmを開業。
2016年6月現在の営業キロは48キロメートル。

日付	周年	事項
12月18日	100周年	**1921(大正10)年【生】山本 七平** 昭和期の出版経営者、評論家。山本書店店主。ヘブライズムと東洋古典の教養を土台に独特の"日本人論"と評論を展開。主な著書に「日本教について」「帝王学」など。
12月18日	65周年	**1956(昭和31)年 日本、国連に加盟** 国連総会が日本の国連加盟を全会一致で承認。23年ぶりに国際社会に復帰することとなった。
12月18日	50周年	**1971(昭和46)年【没】ボビー・ジョーンズ** 米のゴルファー、弁護士。1930年グランドスラム達成。世界最強のゴルファーとなるが、その直後28歳で引退した。
12月21日	75周年	**1946(昭和21)年 南海道大地震** 4時19分過ぎに、潮岬南方沖を震源とするマグニチュード8.0の大地震が発生。死者1,330人、家屋全壊1万1,590戸と南西日本一帯に甚大な被害を与えた。
12月22日	20周年	**2001(平成13)年 九州南西海域工作船事件** 九州の南西海域に不審船が侵入。海上保安庁の巡視船との交戦の末に自沈。後の調査で北朝鮮の工作船であったことが判明。工作船は海上保安資料館横浜館に展示されている。
12月22日	15周年	**2006(平成18)年 改正「教育基本法」公布** 新しい教育基本法が12月15日第165回臨時国会において成立。12月22日に公布・施行された。
12月23日	35周年	**1986(昭和61)年 ボイジャー、無着陸世界一周** アメリカの軽飛行機ボイジャー(バート・ルータン設計)が無給油、無着陸で地球一周飛行に成功。
12月24日	70周年	**1951(昭和26)年 リビア独立** リビアがイタリアより独立(リビア連合王国)。
12月25日	130周年	**1891(明治24)年 総理が「解散権」を初行使** 初の衆院解散—松方正義首相が衆議院を解散させる。衆議院解散は総理の伝家の宝刀と言われるが

これが初の衆議院解散となった。

12月25日 **95**周年 **1926（昭和元）年　世界初、ブラウン管状に「イ」を表示**
高柳健次郎が雲母板上に書いた「イ」の字を、世界で初めてブラウン管上に電子的に表示することに成功。

12月25日 **30**周年 **1991（平成3）年　ソ連解体**
ソ連のゴルバチョフ大統領が、テレビ演説でソ連邦の終焉と大統領辞任を表明。

12月25日 **20**周年 **2001（平成13）年　第1回M-1グランプリ開催**
結成15年以下のコンビ、グループを対象とした漫才コンクールとしてM1グランプリが行われる。第1回の優勝者は中川家であった。

12月26日 **150**周年 **1871（明治4）年　初の裁判所**
初の裁判所、東京裁判所が設置される。

12月29日 **130**周年 **1891（明治24）年　エジソン、ラジオの特許取得**
発明王トーマス・エジソンがラジオの特許を取得。

2022年 (平成34年)

日付	周年	内容

1月1日　100周年
1922（大正11）年　英国放送会社設立
英国放送協会（BBC）の前身である英国放送会社設立。1922年11月14日に初めてのラジオ速報を、1954年7月5日には最初のテレビジョンニュース速報が放送された。

1月2日　110周年
1912（明治45）年【生】剣持 勇
昭和期のインテリア・デザイナー。多摩美術大学教授。"ジャパニーズ・モダン"を提唱。剣持勇デザイン研究所を設立。代表作に「籐丸椅子」など。

1月4日　100周年
1922（大正11）年【生】山田 風太郎
昭和・平成期の小説家。「達磨峠の殺人」で推理作家としてデビュー、「甲賀忍法帖」で忍法ブームを起こした。

1月4日　100周年
1922（大正11）年【没】石原 和三郎
明治・大正期の童謡詩人。言文一致唱歌運動に共鳴、「金太郎」など口語体の平易な歌を作った。

1月6日　200周年
1822（文政5）年【没】式亭 三馬
江戸時代後期の黄表紙・合巻・滑稽本作者。作品に「浮世風呂」など。

1月6日　110周年
1912（明治45）年　大陸移動説を発表
ドイツの気象学者アルフレート・ウェーゲナーは大陸が移動したという大陸移動説を発表した。

1月10日　100周年
1922（大正11）年【没】大隈 重信
明治・大正期の政治家、教育者。内閣総理大臣、早稲田大学総長、侯爵。大蔵省事務総裁、外務大臣などを歴任。日本最初の政党内閣を組織。著書に「大熊伯昔日譚」「開国五十年史」。

1月15日　90周年
1932（昭和7）年【生】今江 祥智
昭和・平成期の児童文学者。聖母女学院短期大学教授。児童文学に空想の楽しさを開拓。著書に「海の日曜日」「ぼんぼん」など。

1月16日 **110**周年 **1912（明治45）年　白瀬隊南極大陸に到着**
日本人初の南極探検を行っていた白瀬隊（隊長：白瀬矗）が南極大陸に到着。

1月20日 **100**周年 **1922（大正11）年【没】カミーユ・ジョルダン**
フランスの数学者。コレジュ・ド・フランスの数学教授。主著『置換論』（1870）。

1月21日 **110**周年 **1912（明治45）年　日本初のスキー競技会**
金谷山（新潟県上越市）の近くで日本初のスキー競技会が行われる。

1月22日 **100**周年 **1922（大正11）年【没】ベネディクトゥス15世**
教皇（在位1914～22）。1915年研学聖省、1917年東方教会聖省を設置。

1月23日 **120**周年 **1902（明治35）年　八甲田山死の彷徨**
青森の陸軍歩兵第五連隊第二大隊の一行が八甲田山で耐寒雪中軍訓練に出かけたが、猛吹雪に襲われ遭難、210人中199人が凍死する惨事となった。

1月23日 **100**周年 **1922（大正11）年【没】フレデリック・バイエル**
デンマークの政治家、著作家、平和主義者。1891年国際平和事務局設立に助力。1908年ノーベル平和賞受賞。

1月25日 **120**周年 **1902（明治35）年　観測史上最低気温の日**
北海道・旭川で日本気象観測史上最低気温のマイナス41度の記録。

1月28日 **440**周年 **1582（天正10）年　天正遣欧使節**
大友、大村、有馬らキリシタン大名に派遣され、ローマ教皇に拝謁する日本の少年使節が長崎港を出港。翌年に教皇グレゴリウス13世との面会を果たした。

1月28日 **110**周年 **1912（明治45）年【生】鈴木 幸夫**
昭和期の俳人、推理作家。跡見学園短期大学学長、早稲田大学教授。英米文学が専門。著書に「現代英米文学の意匠」、推理小説に「痴人の宴」など。

1月28日	110周年	**1912（明治45）年【生】ジャクソン・ポロック** アメリカの画家。アメリカにおける抽象表現主義またはアクション・ペインティングの創始者。
1月29日	150周年	**1872（明治5）年　初の戸籍調査** 初めて全国戸籍調査が実施される。総人口は約3,300万人であった。
1月30日	120周年	**1902（明治35）年　日英同盟調印** ロシアへの対抗として軍事同盟である日英同盟を調印。
1月30日	50周年	**1972（昭和47）年　北アイルランド「血の日曜日」** 英国・北アイルランドのロンドンデリーで公民権デモに対し英軍兵士が発砲、13人が死亡する事件（血の日曜日事件）が発生。
1月31日	140周年	**1882（明治15）年　日本初の生命保険金受取人** 心臓病で急死した神奈川県警部長の遺族に対し1,000円の生命保険金が支払われた。因みに当人が払った保険料は30円だった。
2月	150周年	**1872（明治5）年　「学問のすゝめ」刊行** 福沢諭吉の「学問のすゝめ」初編が刊行される。
2月	100周年	**1922（大正11）年　グリコキャラメル発売** 「1粒300m」で知られるグリコキャラメルが発売される。
2月1日	130周年	**1892（明治25）年【生】子母沢 寛** 昭和期の小説家。侠客ものや股旅もの、御家人を主人公にした小説を発表。作品に「勝海舟」など。
2月1日	100周年	**1922（大正11）年【没】山県 有朋** 江戸時代末期〜大正期の陸軍軍人、政治家。元帥、首相、公爵。軍制、地方制度を確立し、西南戦争を鎮圧。首相となり教育勅語を発布。日清・日露戦

争に軍政両面で関与した。

| 2月1日 | 60周年 | **1962（昭和37）年　世界で初めて人口が1千万人を超える**
東京都統計局の推計で都の人口が世界で初めて1千万人を超える。 |

| 2月3日 | 110周年 | **1912（明治45）年【生】檀 一雄**
昭和期の小説家。「ポリタイア」を創刊、編集長。直木賞など受賞多数。著書に「リツ子・その愛」「火宅の人」など。 |

| 2月3日 | 50周年 | **1972（昭和47）年　札幌五輪、日の丸飛行隊メダル独占**
札幌冬季オリンピック70m級ジャンプで日本の笠谷、金野、青地が金、銀、銅メダルを独占。 |

| 2月7日 | 30周年 | **1992（平成4）年　マーストリヒト条約調印**
欧州連合（EU）の創設を定めたマーストリヒト条約がEC加盟国によって調印された。 |

| 2月8日 | 150周年 | **1872（明治5）年【没】本間 棗軒**
江戸時代末期・明治期の医師。弘道館医学教授。全身麻酔による血瘤剔出など近代医学の発展に貢献。 |

| 2月8日 | 40周年 | **1982（昭和57）年　ホテル・ニュージャパン火災事故**
東京赤坂のホテル・ニュージャパンで火災発生。死者33人、負傷者29人の都内では戦後最大の火災惨事となった。 |

| 2月9日 | 110周年 | **1912（明治45）年【生】双葉山 定次**
昭和期の力士。35代横綱、日本相撲協会理事長。大相撲優勝12回で連勝69などの記録を持つ。引退後、時津風部屋を起こし力士の育成に努める。 |

| 2月11日 | 110周年 | **1912（明治45）年【生】丸木 俊**
昭和・平成期の洋画家。丸木位里と共に「原爆の図」「南京大虐殺の図」などを描く。絵本に「ひろしまのピカ」など。 |

2022年

| 2月12日 | 110周年 | 1912（明治45）年【生】武田 泰淳 |

昭和期の小説家、中国文学研究家。中国文学研究会を創設。戦後は「近代文学」同人となり「風媒花」「ひかりごけ」を刊行。

| 2月16日 | 90周年 | 1932（昭和7）年【生】フランソワ・トリュフォー |

フランスの映画監督。作品に『大人は判ってくれない』（1959）『突然炎のごとく』（61）など。

| 2月16日 | 90周年 | 1932（昭和7）年【没】ファーディナン・ビュイッソン |

フランスの教育家。人間法連盟の総裁などを勤め、1927年ノーベル平和賞受賞。

| 2月17日 | 150周年 | 1872（明治5）年【生】島崎 藤村 |

明治～昭和期の詩人、小説家。北村透谷らと「文学界」を創立、詩集「若菜集」長編小説「破戒」大作「夜明け前」。

| 2月17日 | 50周年 | 1972（昭和47）年【没】平林 たい子 |

昭和期の小説家。松川事件の無罪判決などを批判し物議をかもす。作品に「地底の歌」「秘密」など。

| 2月19日 | 50周年 | 1972（昭和47）年 「あさま山荘」事件 |

連合赤軍派の5人が南軽井沢の河合楽器の保養所に人質をとって籠城。28日、警官が突入し全員逮捕。警官2名死亡。日本犯罪史上最長の監禁時間。

| 2月21日 | 150周年 | 1872（明治5）年 東京最初の日刊新聞創刊 |

日刊新聞『東京日日新聞（現・毎日新聞）』を西田伝助らが創刊。

| 2月21日 | 80周年 | 1942（昭和17）年 食糧管理法公布 |

食糧を政府が管理統制する食糧管理法が公布される。

| 2月25日 | 100周年 | 1922（大正11）年 『週刊朝日』創刊 |

創刊当時は旬刊であったが1ケ月遅れで『サンデー毎日』が創刊されたことにより4月2日発売号から週刊化。

| 2月27日 | **60**周年 | **1962（昭和37）年　国産初大型電子計算機発表** |

日本電気が国産初の大型電子計算機NEAC-2206を発表。記憶容量は約1万語、価格は約2億円であった。

| 2月29日 | **250**周年 | **1772（明和9）年　明和の大火** |

目黒行人坂から出火。寛永寺仁王門、市村座、中村座など焼失、死者1万4,000人以上。

| 2月29日 | **90**周年 | **1932（昭和7）年　リットン調査団** |

満州事変に関し国際連盟から派遣されたリットン調査団が東京に到着。10月2日に満州事変は日本の侵略行為だとする調査報告を世界に公表。

| 3月1日 | **90**周年 | **1932（昭和7）年　満州国建国** |

満州国の建国を宣言。首都は新京（現長春）に置いた。

| 3月1日 | **30**周年 | **1992（平成4）年　暴力団対策法施行** |

暴力団員の反社会的行為による被害から国民を守るための暴力団対策法が施行された。

| 3月2日 | **100**周年 | **1922（大正11）年【没】アンリ・バタイユ** |

フランスの詩人、劇作家。詩集『白い家』（1895）、戯曲『君の血』（97）の著者として有名。

| 3月2日 | **90**周年 | **1932（昭和7）年【生】高橋 たか子** |

昭和期の小説家。「白描」同人。幻想的短編で注目される。代表作に「空の果てまで」「亡命者」など。

| 3月3日 | **100**周年 | **1922（大正11）年　水平社結成** |

約2千人が参加し、被差別部落解放を目指す全国水平社創立大会が京都で開かれた。

| 3月5日 | **90**周年 | **1932（昭和7）年【没】団 琢磨** |

明治〜昭和期の実業家。三井合名理事長。日本工業倶楽部理事長、日本経済連盟会会長など歴任。

| 3月6日 | **110**周年 | **1912（明治45）年【生】都留 重人** |

昭和・平成期の経済学者。一橋大学学長、朝日新

聞社論説顧問。「経済白書」を執筆。物価問題懇談会委員などを歴任。著書は「マルクス」など。

3月7日　90周年　1932（昭和7）年【没】アリスティード・ブリアン
フランスの政治家。第1次世界大戦後、国際協調主義と集団安全保障体制の路線を進め、1926年ノーベル平和賞を受けた。

3月8日　100周年　1922（大正11）年【生】水木 しげる
昭和・平成期の漫画家。「ガロ」の中心作家として活躍。「ゲゲゲの鬼太郎」「悪魔くん」などで人気を博した。著書に「妖怪事典」など。

3月10日　150周年　1872（明治5）年　東京国立博物館開設
湯島聖堂大成殿において最初の博覧会を開催した際、日本最古の博物館として開設。1882（明治15）年に上野公園に移転、現在に至る。

3月10日　150周年　1872（明治5）年【没】ジュゼッペ・マッツィーニ
イタリアの革命家。1831年青年イタリアを結成。49年ローマ共和国の成立とともに首長。

3月11日　100周年　1922（大正11）年　日本最初の旅客飛行
後藤勇吉が新聞記者2名を乗せ各務原（岐阜）～代々木（東京）まで飛行。これが日本最初の旅客飛行となった。

3月12日　200周年　1822（文政5）年【没】上杉 治憲（鷹山）
江戸時代中期・後期の大名。出羽米沢藩主。

3月14日　30周年　1992（平成4）年　「のぞみ」登場
東海道新幹線に東京～新大阪間を2時間半（最高時速270km）で運行する「のぞみ」が登場。

3月15日	**50**周年	**1972（昭和47）年　山陽新幹線開通** 山陽新幹線の新大阪〜岡山が開通。東京〜岡山間を4時間10分で運行。
3月16日	**20**周年	**2002（平成14）年　映画をテーマにしたディズニーパーク開園** パリ近郊に映画をテーマとした「ウォルト・ディズニー・スタジオ・パーク」が開園。仏では2番目のディズニー関連施設。
3月17日	**120**周年	**1902（明治35）年【生】ボビー・ジョーンズ** 米のゴルファー、弁護士。1930年グランドスラム達成。世界最強のゴルファーとなるが、その直後28歳で引退した。
3月18日	**120**周年	**1902（明治35）年　レコード時代の幕開け** オペラ史上最も有名なテノール歌手の一人であるエンリコ・カルーソー（伊）がオペラのアリア10曲をレコーディング。レコード普及につながった。
3月18日	**90**周年	**1932（昭和7）年【生】ジョン・アップダイク** アメリカの小説家。性と死という宗教性の濃い主題を追究。職人芸風の文体には定評がある。
3月20日	**140**周年	**1882（明治15）年　上野動物園開園** 日本で初めての近代動物園として上野動物園が開園。
3月21日	**90**周年	**1932（昭和7）年【没】中馬 庚** 明治〜昭和期の教育者。日本で最初の野球専門書「野球」を著す。野球殿堂入り。
3月21日	**50**周年	**1972（昭和47）年　高松古墳壁画見つかる** 奈良・明日香村の高松古墳で飛鳥時代の極彩色壁画を発見。戦後最大の発見の一つ。大きな話題となった。
3月23日	**110**周年	**1912（明治45）年【生】杉森 久英** 昭和・平成期の小説家、評論家。日本ペンクラブ副会長。諧謔、風刺的な中間小説や伝記小説などを発表。作品に「天才と狂人の間」など。

3月24日	**90**周年	**1932（昭和7）年【没】梶井 基次郎**
		昭和期の小説家。創作集「檸檬」「のんきな患者」など戦後文学青年の崇拝の対象となる。

3月26日	**90**周年	**1932（昭和7）年【没】呉 秀三**
		明治〜昭和期の精神病医師、医史学者。東京帝国大学教授。クレペリン学派の新しい精神病学を普及して精神病患者の看護法を改めた。

3月31日	**90**周年	**1932（昭和7）年【生】大島 渚**
		昭和・平成期の映画監督。大島渚プロダクション代表。"松竹ヌーベル・バーグ"の旗手。作品に「愛のコリーダ」「戦場のメリークリスマス」など。

4月1日	**230**周年	**1792（寛政4）年　島原大変肥後迷惑**
		雲仙岳で大地震発生。この地震で山岳の一部が崩れ、土砂が島原海に入ることによって津波を引き起こし、対岸の肥後・熊本で死者約1万5,000人を出すなど大きな被害を受けた。

4月1日	**40**周年	**1982（昭和57）年　500円が紙幣から硬貨に**
		500円硬貨発行。記念硬貨を除き世界でも有数の高額面硬貨。

4月2日	**150**周年	**1872（明治5）年【没】サミュエル・モールス**
		アメリカの画家、発明家。モールス符号を創案。

4月2日	**90**周年	**1932（昭和7）年　上野駅、新駅舎完成**
		東京駅に次ぐ規模を誇る上野駅・新駅舎が完成。この工事中に上野戦争当時のものとみられる白骨、刀、槍などが発掘された。工事の安全を祈願し大供養が営まれた。

4月2日	**40**周年	**1982（昭和57）年　フォークランド紛争勃発**
		フォークランド諸島の領有をめぐってイギリスとアルゼンチンの間で軍事衝突が発生。6月20日に終結。

4月4日	**50**周年	**1972（昭和47）年　外務省機密漏洩事件**
		毎日新聞社記者に沖縄返還交渉での密約を漏らし

たとして、外務省女性事務官が国家公務員法違反容疑で逮捕された。

| 4月5日 | 90周年 | **1932（昭和7）年【生】瀬川 康男** |

昭和・平成期の版画家、絵本画家。「ふしぎなたけのこ」で世界絵本原画展グランプリ受賞。他に「絵巻 平家物語」など。

| 4月6日 | 140周年 | **1882（明治15）年 板垣退助刺される** |

自由党党首・板垣退助が岐阜で演説を終えたところを暴漢に襲われ胸などを刺された事件（岐阜事件）が発生。「板垣死すとも」という言葉を発したといわれる。

| 4月9日 | 1270周年 | **752（天平勝宝4）年 大仏開眼** |

奈良・東大寺の大仏開眼供養が聖武太上天皇、光明皇太后の行幸のもとで行われた。

| 4月9日 | 150周年 | **1872（明治5）年【没】船橋 随庵** |

江戸時代末期・明治期の農政学者、関宿藩士。「農兵論」を唱え農兵採用で知られる。用排水路の動脈の整備、新田開発などに尽力。

| 4月10日 | 150周年 | **1872（明治5）年【没】佐藤 泰然** |

江戸時代末期・明治期の外科医師。下総佐倉に移住し、わが国最初の私立病院佐倉順天堂を開設して医学教育と治療を行った。

| 4月14日 | 110周年 | **1912（明治45）年 タイタニック号事故** |

英の豪華客船「タイタニック号」がニューファンドランド島沖で氷山に衝突。翌日未明に沈没。1,513人が死亡する史上最悪（当時）の客船の遭難事故となった。

| 4月14日 | 10周年 | **2012（平成24）年 新東名開業** |

新東名高速道路の御殿場JCT～三ケ日JCT（157.4km）、新清水JCT～清水JCT（4.5km）が開業。

4月16日	**50**周年	**1972（昭和47）年【没】川端 康成** 大正・昭和期の小説家。ノーベル文学賞作家。「文芸時代」を創刊、鎌倉文庫をおこす。作品に「伊豆の踊子」「千羽鶴」「山の音」など。
4月19日	**110**周年	**1912（明治45）年【生】源氏 鶏太** 昭和期の小説家。日本文芸家協会理事。サラリーマン小説の草分け。「英語屋さん」などで直木賞。「三等重役」が大ヒット。
4月20日	**120**周年	**1902（明治35）年　日本初の女子野球試合** 日本女子大学校第1回創立記念式典で、催事のひとつとして初の女子野球の試合が披露された。
4月22日	**20**周年	**2002（平成14）年　新首相官邸が開館** 73年間の歴史を刻んだ旧総理官邸に代わり、新総理官邸の開館披露式典が行われた。
4月24日	**90**周年	**1932（昭和7）年　第1回日本ダービー開催** 本場イギリスのダービー・ステークスにならって企画。第1回東京優駿大競走（日本ダービー）は東京目黒競馬場で開催された。
4月29日	**110**周年	**1912（明治45）年　夕張炭鉱で爆発事故** 夕張炭鉱で爆発事故が発生し276人が犠牲となった。同年12月にも爆発が起き216人が亡くなった。
4月30日	**100**周年	**1922（大正11）年【没】荘田 平五郎** 明治期の実業家。東京海上会長、明治生命会長。郵便汽船三菱会社に入社、管事となる。ほか日本鉄道、日本郵船などの諸会社に三菱を代表して取締役となった。
5月	**140**周年	**1882（明治15）年　講道館設立** 嘉納治五郎、下谷北稲荷町永昌寺に講道館を創立。
5月3日	**140**周年	**1882（明治15）年　東京気象学会設立** 東京気象学会（日本気象学会）設立。
5月3日	**60**周年	**1962（昭和37）年　三河島事故** 常磐線・三河島駅構内で貨車と国電上下線の二重

衝突事故が発生。死者160人、重軽傷325人。この事故からATS（自動列車停止装置）の整備に力を入れるようになった。

5月4日 | **150**周年 | ### 1872（明治5）年　ラムネ誕生
東京の実業家・千葉勝五郎がレモン水製造技師を雇って作った。西洋のレモン汁に砂糖と水を加えた飲み物「レモネード」がなまって「ラムネ」となったといわれている。

5月5日 | **110**周年 | ### 1912（明治45）年　日本、オリンピックに初出場
ストックホルム五輪が開幕。28カ国参加した。日本からは金栗四三（マラソン）、三島弥彦（短距離）が初の日本オリンピック選手として派遣された。

5月6日 | **40**周年 | ### 1982（昭和57）年　ワープロのさきがけ発売
富士通より「マイ・オアシス」が発売される。価格は75万円であった。

5月11日 | **110**周年 | ### 1912（明治45）年　竹製計算尺の特許
逸見治郎が竹製計算尺の特許を取得。

5月13日 | **50**周年 | ### 1972（昭和47）年　千日デパート火災
大阪市・千日前の千日デパートで起きた火災。死者118名、負傷者81名。日本のビル火災史上最悪の惨事。

5月15日 | **90**周年 | ### 1932（昭和7）年【没】犬養 毅
明治〜昭和期の政治家。内閣総理大臣。護憲運動、普選運動を推進、立憲政友会総裁となり組閣。5.15事件で暗殺。漢詩を好み、著書に「木堂先生韻語」がある。

5月15日 | **90**周年 | ### 1932（昭和7）年　五・一五事件
首相官邸で犬養毅首相が海軍士官らによって射殺された。また、警視庁や日本銀行なども襲われた。

5月15日 | **50**周年 | ### 1972（昭和47）年　沖縄本土復帰
沖縄の施政権がアメリカから日本に返還された。敗

2022年

戦から27年振りに沖縄県となった。

5月16日　100周年
1922（大正11）年【没】和井内 貞行
明治・大正期の養魚事業家。支笏湖で鱒の養魚事業に成功、和井内鱒として著名。

5月18日　100周年
1922（大正11）年【没】シャルル・ルイ・アルフォンス・ラヴラン
フランスの軍医、寄生虫学者。熱帯医学の研究で有名。1907年ノーベル生理医学賞を受賞。

5月20日　100周年
1922（大正11）年【没】江原 素六
明治・大正期の政治家、教育家。衆議院議員、東洋英和学校幹事。麻布中学創立者、校長として中等教育に尽力。社会教育者としての講演活動は著名。

5月20日　70周年
1952（昭和27）年　トローリーバス開業
東京でトロリーバスが今井橋～上野公園間で開業。

5月22日　90周年
1932（昭和7）年【没】大関 和
明治～昭和期の看護教育者。知命堂病院婦長、東京看護婦会会頭。近代看護婦の草分け。看護婦の社会的地位の確立と後進の指導に尽力。

5月22日　50周年
1972（昭和47）年　スリランカと改称
英国統治時代のセイロンからスリランカ民主主義共和国と改称。

5月22日　10周年
2012（平成24）年　東京スカイツリー開業
東京・墨田区に電波塔・観光施設を兼ねた東京スカイツリーが開業。

5月23日	90周年	1932（昭和7）年【生】阿部 良雄

昭和・平成期のフランス文学者。帝京平成大学教授、東京大学教授。著書に「若いヨーロッパ」や、初の個人完訳「ボードレール全集」などがある。

5月23日	60周年	1962（昭和37）年　国立がんセンターで診療開始

がん医療・がん研究の拠点となる国立の機関として創設された国立がんセンターで診療が始まる。

5月28日	120周年	1902（明治35）年　電柱広告始まる

警視庁が東京電灯会社の広告設置の出願を許可。

5月28日	20周年	2002（平成14）年　日本経済団体連合会発足

経団連と日経連が統合し、新たな総合経済団体として日本経済団体連合会が発足。

5月29日	140周年	1882（明治15）年　コレラ大流行

東京でコレラが発生し秋にかけて大流行。全国で死者33,784人を数える。

5月30日	90周年	1932（昭和7）年【没】白井 光太郎

明治〜昭和期の植物学者。東京帝国大学教授。「日本博物学年表」は我が国博物学の起源沿革・師授伝統の一般を知らせるための編年体博物学史で名著の誉れ高い。

5月31日	20周年	2002（平成14）年　日韓共催サッカー W杯開幕

「2002 FIFAワールドカップ」が日本・韓国二か国で開幕。決勝は6月30日、横浜国際総合競技場でブラジルとドイツが対戦し、ブラジルが勝利した。

6月2日	440周年	1582（天正10）年　本能寺の変

明智光秀が本能寺の織田信長を襲う。

6月2日	90周年	1932（昭和7）年　日本初国産パイプオルガン

日本楽器の技師達が、東京本郷の聖テモテ教会に我が国最初の国産パイプオルガン（2段鍵盤8ストップ）を建造。

6月2日	90周年	1932（昭和7）年【生】小田 実

昭和・平成期の小説家、評論家。日本はこれでいい

2022年

のか市民連合代表。"ベ平連"を結成、反戦運動の中心人物として活躍。著書に「何でも見てやろう」「海冥」など。

6月4日 **130**周年 **1892（明治25）年　日本初の事業用水力発電所が京都に**
京都市内に水力発電所（現・関西電力蹴上発電所）が完成。琵琶湖疏水で得られる水力の有効活用の目的で建設された。日本初の事業用水力発電所で発電機2基運転を開始。現在も京都の街に電力を送り続けている。

6月5日 **80**周年 **1942（昭和17）年　ミッドウェー海戦**
日本海軍、ミッドウェー海域で米の主力艦隊に惨敗を喫する。

6月6日 **110**周年 **1912（明治45）年【生】新田 次郎**
昭和期の小説家。満州国中央気象台高層気象台課長。直木賞作家。山岳小説、歴史小説などを執筆。作品に「八甲田山死の彷徨」など。

6月10日 **100**周年 **1922（大正11）年【没】ウィリアム・ガウランド**
イギリス人冶金技師、考古学研究家。日本の古墳研究に先鞭をつけ、古墳の写真記録などを遺し、帰国後は英国の学会に日本の古墳に関する論文を発表。

6月10日 **60**周年 **1962（昭和37）年　北陸トンネル完成**
北陸本線敦賀〜南今庄間の北陸トンネル（1万3,869m）が完成。当時日本最長のトンネルであった。

6月11日 **80**周年 **1942（昭和17）年　関門トンネル完成**
本州の下関と北九州市を結ぶ関門鉄道トンネル下り線が開通（上り線は1944年開通）。世界で最初の海底トンネル。

6月14日 **50**周年 **1972（昭和47）年　ニューデリー日航機墜落事故**
東京発ロンドン行き日本航空471便は、経由地バンコクを離陸した直後に、ヤムナ川の土手に激突。乗客・乗員86名死亡、3名が重傷を負った。

6月15日	**110**周年	**1912（明治45）年　初めての「特急列車」**
		新橋～下関間で初めて「特別急行列車」（特急列車）の呼び名が使われた。

6月15日	**30**周年	**1992（平成4）年　国際平和協力法（PKO法）成立**
		「国際連合平和維持活動等に対する協力に関する法律」（国際平和協力法）が成立。6月19日公布、8月10日施行。

6月17日	**50**周年	**1972（昭和47）年　米、ウオーターゲート事件発覚**
		ワシントンD.C.のウォーターゲート・ビルにある民主党全国委員会本部に盗聴装置を仕掛けようとし侵入した7人を逮捕。これがニクソン大統領辞任につながる「ウオーターゲート事件」の発端となった。

6月19日	**100**周年	**1922（大正11）年【没】常陸山 谷右衛門**
		明治・大正期の力士。十九代横綱。二代梅ケ谷と伯仲し梅・常陸時代を築く。「相撲大鑑」を著して引退、出羽ノ海襲名。

6月20日	**100**周年	**1922（大正11）年【没】饗庭 篁村**
		明治期の小説家、劇評家。根岸派の主導者で、作品に「当世商人気質」「むら竹」など。後年は劇評で知られた。

6月21日	**150**周年	**1872（明治5）年【没】山内 豊信**
		江戸時代末期・明治時代の大名。土佐藩主。将軍慶喜に大政奉還を進言した。

6月22日	**30**周年	**1992（平成4）年　骨髄バンク患者登録スタート**
		日本骨髄バンクが骨髄移植希望患者の登録受付を始める。1993年1月に日本骨髄バンクによる第1例目の非血縁者間骨髄移植を実施。

6月23日	**40**周年	**1982（昭和57）年　東北新幹線開業**
		大宮～盛岡（465.6km）を所要時間3時間17分で結ぶ東北新幹線が開業。

6月24日	**1350**周年	**672（天武天皇元）年　壬申の乱**
		大友皇子と大海人皇子との間で皇位継承を争った戦が発生。

2022年

6月25日	**200**周年	**1822(大正11)年【没】E.T.A.ホフマン** ドイツの小説家、作曲家、音楽評論家、画家、法律家。
6月25日	**100**周年	**1922(大正11)年【生】鶴見 俊輔** 昭和・平成期の評論家、哲学者。同志社大学教授。反アカデミズムの立場で大衆研究・思想史研究をする。著書に『哲学の反省』など。
6月27日	**50**周年	**1972(昭和47)年 日照権が認められる** 最高裁において日当たりを確保する権利、日照権が認められる。
6月28日	**100**周年	**1922(大正11)年【没】ヴェリミール・フレーブニコフ** ロシア、ソ連の詩人。マヤコフスキーとともに未来派の中心メンバー。代表作は長詩『ラドミル』(20)。
6月29日	**60**周年	**1962(昭和37)年 十勝岳爆発** 十勝岳が33年ぶりに噴火。この噴火で硫黄鉱山の鉱員5名が死亡。11名が負傷した。
6月30日	**150**周年	**1872(明治5)年 駅構内に「食堂」初お目見え** 新橋停車場構内に初の駅食堂(洋食)が誕生。
7月	**10**周年	**2012(平成24)年 ダイオウイカの撮影に成功** NHKとアメリカのディスカバリー・チャンネルが国立科学博物館の協力を得て、小笠原諸島父島の沖合において、世界で初めてダイオウイカの泳ぐ姿をカメラに捉えることに成功した。発見されたダイオウイカの体長は約3m。340度を見渡せる透明ドーム型の潜水艇「トライトン」で水深630mまで潜り、NHKが開発した深海用超高感度カメラで撮影に成功した。
7月1日	**180**周年	**1842(天保13)年 水戸偕楽園完成** 水戸藩主・徳川斉昭が造園。「士民と偕(とも)に楽しむ」と偕楽園と名付ける。

7月1日	**90**周年	**1932（昭和7）年　富士山に観測所設置** 中央気象台が富士山に気象測候所を設置。
7月1日	**30**周年	**1992（平成4）年　山形新幹線開業** 山形〜東京間を所要時間2時間27分で結ぶ山形新幹線が開業。
7月2日	**20**周年	**2002（平成14）年　熱気球で単独無着陸世界一周** スティーヴ・フォセットが世界初の気球による単独無着陸世界一周飛行を達成。
7月5日	**50**周年	**1972（昭和47）年　昭和47年7月豪雨** 台風7・8号の影響で西日本を中心に全国で豪雨による被害がでた。高知県の土讃線繁藤駅付近で土砂崩れが起こり、駅と停車中の列車などが押し流され、61人が生き埋めになって死亡。被害は33都道府県に及んだ。九州と四国で雷を伴った局地的な大雨（500mm〜800mm）が降り、大規模ながけ崩れが発生し、熊本県姫戸町で122名、高知県土佐山田町で61名の死者・行方不明者が出た。7月13日にかけ東北から中国地方にかけて広い範囲で山がけ崩れや河川の氾濫により多数の死者が出た。気象庁は、7月3日から13日の大雨を「昭和47年7月豪雨」と命名した。
7月6日	**90**周年	**1932（昭和7）年【生】遠藤 実** 昭和・平成期の作曲家、作詞家。遠藤実歌謡音楽振興財団理事長、日本音楽著作権協会会長。日本大衆音楽文化協会会長を務める。「高校三年生」「星影のワルツ」などを作曲。
7月9日	**100**周年	**1922（大正11）年【没】森 鴎外** 明治・大正期の陸軍軍医、小説家、評論家。陸軍軍医総監。著書に「舞姫」「雁」「高瀬舟」など多数。

7月17日	90周年	**1932（昭和7）年【生】青島 幸男** 昭和・平成期のタレント、放送作家、政治家。東京都知事、参議院議員。作詞、テレビの脚本・出演などに活躍。二院クラブ代表。「人間万事塞翁が丙午」で直木賞を受賞。
7月18日	150周年	**1872（明治5）年【没】ベニート・パブロ・フアレス** メキシコの政治家。「改革の父」と敬称される。
7月19日	70周年	**1952（昭和27）年 日本、五輪に戦後初参加** 第15回ヘルシンキ五輪が開幕。日本にとって戦後初めて参加する夏季五輪となった。レスリング男子フリースタイルバンタム級で石井庄八が金メダルと獲得した。
7月21日	70周年	**1952（昭和27）年 破防法公布** 破壊活動防止法（破防法）が国会で可決。
7月22日	100周年	**1922（大正11）年【没】高峰 譲吉** 明治・大正期の応用化学者。アルコール醸造法を考案。タカジアスターゼの創製。アドレナリン結晶化の研究。
7月23日	40周年	**1982（昭和57）年 長崎豪雨災害** 低気圧と梅雨前線の影響で、特に、長崎県南部は夕刻から降り始めた豪雨によって大きな被害を受けた。降雨量は、午後7時からの1時間で日本観測史上最高の187mm（長与町役場）を、午後7時からの3時間で366mm（長崎土建）（日本観測史上3位）を記録した。死者・行方不明者299人、重傷者16人、軽傷者789人。全壊584棟、半壊954棟、床上浸水17,909棟等の被害をこうむった。
7月31日	50周年	**1972（昭和47）年 遺伝子組み換え実験に成功** 米スタンフォード大学のバーグ教授グループが遺伝子組み換え実験に成功。
8月2日	100周年	**1922（大正11）年【没】アレクサンダー・グラハム・ベル** アメリカの物理学者。電話機の発明者として著名。

のちベル電話会社を設立。

8月4日 **100**周年 **1922（大正11）年【生】石井 好子**
昭和・平成期のシャンソン歌手、エッセイスト。日本シャンソン協会会長。欧米各地で活躍し、石井音楽事務所を設立。著書に「巴里の空の下オムレツのにおいは流れる」など。

8月5日 **110**周年 **1912（大正元）年　タクシー会社誕生**
日本で初めてタクシー会社「タクシー自働車株式会社」が数寄屋橋のかたわらに本社を置き、6台でスタート。

8月5日 **60**周年 **1962（昭和37）年【没】マリリン・モンロー**
アメリカの映画女優。ハリウッド最後のグラマー・スターと称され、主作品『ナイアガラ』(1952)、『ショウほど素敵な商売はない』(54)。

8月5日 **20**周年 **2002（平成14）年　住基ネット稼働**
住民基本台帳をネットワーク化し、本人確認が全国でできる住民基本台帳ネットワーク開始。

8月9日 **100**周年 **1922（大正11）年【没】宮崎 湖処子**
明治・大正期の詩人、小説家。詩文集「帰省」で脚光を浴びる。牧師としても活躍。

8月12日 **60**周年 **1962（昭和37）年　堀江謙一、太平洋単独横断**
堀江謙一（当時23歳）が小型ヨット「マーメイド号」で太平洋を93日間かけ横断しサンフランシスコに到着。日本人初の無寄港単独世界一周を達成。

8月13日 **70**周年 **1952（昭和27）年　世銀・IMFに加盟**
日本が世界銀行と国際通貨基金（IMF）に加盟。

8月16日 **30**周年 **1992（平成4）年　星稜松井5打席連続敬遠**
全国夏の甲子園大会で明徳義塾は星稜の松井秀喜選手に対し5打席連続敬遠の作戦に出る。試合は3-1で明徳義塾が勝利したが、その作戦に対して様々な議論がなされた。

8月18日 **100**周年 **1922（大正11）年【没】ウィリアム・ヘンリー・**

ハドソン
イギリスの文筆家、博物学者。作品に『緑の館』(1904)、『遠い国はるかな昔』(18) など。

| 8月21日 | **160**周年 | **1862（文久2）年　生麦事件** |

薩摩藩主の行列を英国人4名が横切ったために薩摩藩士に斬られた生麦事件発生。薩英戦争の引き金になった。

| 8月30日 | **60**周年 | **1962（昭和37）年　YS11の初飛行** |

戦後初の国産機YS11（双発のターボプロップ・エンジン機）が初飛行に成功。

| 9月2日 | **40**周年 | **1982（昭和57）年　リニアモーターカー浮上走行に成功** |

宮崎県日向市の国鉄実験線で世界初リニアモーターカーの有人浮上走行に成功。

| 9月6日 | **500**周年 | **1522（大永2）年　世界一周を達成** |

フィリピンで殺害されたマゼランの部下カノが指揮を引き継ぎ帰還。生き残ったのは乗組員60人のうち39人、5隻のうちビクトリア号1隻のみの帰港だった。約3年をかけて世界一周を達成。

| 9月9日 | **110**周年 | **1912（大正元）年【生】石母田 正** |

昭和期の日本史学者。法政大学教授。専門は日本古代、中世史。"国民のための歴史学"運動の指導者。著書に「古代末期政治史序説」など。

| 9月12日 | **150**周年 | **1872（明治5）年　鉄道（新橋〜横浜）開業** |

新橋〜横浜間29.0kmが開通。明治天皇臨席のもと新橋停車場にて開業式典が開催され、横浜まで御召列車が運行した。翌日より1日9往復の列車が正式に運行される。所要時間は53分、表定速度は32.8km/h、運賃は上等が1円12銭5厘、中等が75銭、下等が37銭5厘。使

用された鉄道車両はすべて英国から輸入されたもので、運転士もお雇い外国人であった。

9月12日 **30**周年 **1992（平成4）年　学校週5日制開始**
全国の国公立の学校で毎月第2土曜日を休業とする週5日制が開始。2002年4月6日より完全週休二日制に移行。

9月13日 **150**周年 **1872（明治5）年【没】ルートヴィヒ・アンドレアス・フォイエルバッハ**
ドイツの唯物論哲学者。キリスト教批判で知られる。ヘーゲル哲学左派に属する。

9月16日 **90**周年 **1932（昭和7）年【没】ロナルド・ロス**
イギリスの病理学者、寄生虫学者。ノーベル生理学・医学賞を受賞（1902）。

9月17日 **20**周年 **2002（平成14）年　北朝鮮、日本人拉致を認める**
小泉純一郎首相が北朝鮮を訪問し金正日総書記と会談。金正日は日本人拉致を公式に認める。

9月18日 **100**周年 **1922（大正11）年【没】知里 幸恵**
大正期のアイヌ文学伝承者。「アイヌ神謡集」を金田一京助に送り、寄寓してアイヌ語研究を助ける。

9月22日 **100**周年 **1922（大正11）年【没】ヘンリー・ローソン**
オーストラリアの短篇小説家、詩人。庶民生活の諸相を描いた。

9月25日 **100**周年 **1922（大正11）年【没】東海 散士**
明治・大正期の政治家、小説家、ジャーナリスト。衆議院議員。明治のナショナリズムを代表する「佳人之奇遇」を著す。

9月25日 **90**周年 **1932（昭和7）年【生】グレン・グールド**
カナダのピアノ奏者。レコードでしか不可能な音楽を発表し、生演奏の代用物ではないレコード音楽の存在を主張。

9月26日 **60**周年 **1962（昭和37）年　東洋一のつり橋**
若戸大橋（戸畑〜若松）が開通。長さ2,068mで当

時東洋一のつり橋であった。

9月28日	110周年	**1912（大正元）年【生】大原 富枝**

昭和・平成期の小説家。「氷雨」で文壇デビュー。著書に「婉という女」「於雪 土佐一条家の崩壊」など。

9月29日	50周年	**1972（昭和47）年　日中国交正常化**

田中角栄、周恩来両首相が「日中共同声明」に調印。中華人民共和国と国交を結ぶ。

10月1日	40周年	**1982（昭和57）年　CD発売**

ソニーなどのCDプレーヤー発売にあわせ、CBS・ソニー、日本コロムビアなどからCDソフトが世界で初めて発売された。

10月4日	150周年	**1872（明治5）年　富岡製糸場操業開始**

本格的な器械製糸の始まり。2014（平成26）年に世界遺産に登録される。

10月4日	50周年	**昭和47（1972）年【没】東海林 太郎**

昭和期の歌手。日本歌手協会会長。直立不動、燕尾服での歌唱で知られ、「赤城の子守唄」など多数のヒット曲がある。

10月4日	40周年	**1982（昭和57）年　「笑っていいとも！」がスタート**

タモリ司会の「笑っていいとも！」がスタート。2014年3月31日まで続く長寿番組となった。

10月7日	40周年	**1982（昭和57）年　県公文書を情報公開**

神奈川県が全国の都道府県にさきがけて県公文書公開条例を制定。

10月8日	90周年	**1932（昭和7）年　大雪山など国立公園に選定**

北海道・大雪山と阿寒、東北・十和田、関東・日光、中部・富士と日本アルプス、近畿・吉野熊野、中国四国・瀬戸内海と伯耆大山、九州・阿蘇と雲仙、霧島の12ケ所を国立公園に選定。

10月8日	20周年	**2002（平成14）年　小柴昌俊ノーベル物理学賞受賞**

2002年ノーベル物理学賞受賞が小柴昌俊（素粒

子物理国際研究センター参与・東京大学名誉教授）に贈られることが決定。

10月9日 **20**周年 **2002（平成14）年　田中耕一ノーベル化学賞受賞**
2002年ノーベル化学賞が田中耕一（島津製作所・東北大学工学部電気工学科卒）に贈られることが決定。

10月10日 **140**周年 **1882（明治15）年　日本銀行発足**
資本金1,000万円。政府が半額出資で日本銀行開業。

10月11日 **80**周年 **1942（昭和17）年　午後1時から13時に**
国鉄の列車などの時刻の呼び方がそれまでの午前、午後○時から24時間制になった。

10月11日 **50**周年 **1972（昭和47）年　ホンダ、CVCC開発**
本田技研が低公害エンジンCVCCを発表。同エンジンは米1975年規制のマスキー法（大気汚染防止のための環境規制）合格第1号となった。

10月12日 **530**周年 **1492（明応元）年　コロンブス、アメリカ大陸を発見**
コロンブス、西インド諸島に到達。コロンブスによるアメリカ大陸の発見。地名は、上陸したバハマ諸島グァナハニ島の住民アラワク人の肌の色を見て、インドに到達したと誤解したことに由来する。

10月14日 **100**周年 **1922（大正11）年　監獄から刑務所に**
監獄の名称が刑務所と改称される。

10月14日 **70**周年 **1952（昭和27）年　PTA全国組織結成**
「父母と先生の会全国協議会」（現・日本PTA全国協議会）結成。

10月15日 **150**周年 **1872（明治5）年【生】岡本 綺堂**
明治～昭和期の劇作家、演劇評論家。中央新聞社記者。「修善寺物語」などの戯曲。新聞小説「半七捕物帳」は捕物帳の先駆。

10月15日	20周年	**2002（平成14）年　北朝鮮拉致被害者帰国** 北朝鮮に拉致された地村保志さん夫妻・蓮池薫さん夫妻・曽我ひとみさんの5人が日本へ帰国。
10月17日	30周年	**1992（平成4）年　日本人留学生射殺事件** アメリカ・ルイジアナ州で日本人留学生服部剛丈さん（16歳）が射殺される事件発生。
10月19日	60周年	**1962（昭和37）年　天然ガスパイプライン** 新潟～東京間（335km）に国内初の長距離高圧天然ガス輸送パイプライン（東京ライン）が完成。
10月20日	250周年	**1772（明和9）年【生】佐藤 一斎** 江戸時代後期の儒学者、林家塾頭、昌平坂学問所教官。
10月22日	60周年	**1962（昭和37）年　キューバ危機** ケネディ米大統領はキューバにソ連のミサイル基地が建設中として海上封鎖を表明。「米ソが一触即発の危機」と世界が固唾を飲んで推移を見送った。
10月22日	50周年	**1972（昭和47）年【没】柳家 金語楼** 大正・昭和期の落語家、喜劇俳優。テレビ開局とともに「おトラさん」「こんにゃく問答」などでユニークなタレントとして活躍。
10月23日	150周年	**1872（明治5）年【没】テオフィル・ゴーティエ** フランスの詩人、小説家。
10月24日	50周年	**1972（昭和47）年【没】ジャッキー・ロビンソン** アメリカのプロ野球選手。初の黒人大リーグ選手。
10月28日	50周年	**1972（昭和47）年　パンダが日本に** 中国から贈られた蘭蘭（ランラン）と康康（カンカン）が上野動物園へ到着。
10月31日	150周年	**1872（明治5）年　横浜に初のガス灯** 現在の横浜・馬車道通りにガス灯がともる。

11月2日	**100**周年	**1922（大正11）年【没】坪井 玄道**

明治・大正期の体育家。普通体操の普及、戸外遊戯の紹介、体育教員の養成に努めた。女子体育の発展にも尽力。

11月3日	**130**周年	**1892（明治25）年【生】桂 文楽（8代目）**

大正・昭和期の落語家。落語協会会長。41年初代桂小南の門下。「素人鰻」「明烏」などを得意とした。

11月5日	**100**周年	**1922（大正11）年　ツタンカーメン王墓発見**

英の考古学者・ハワード・カーターが「王家の谷」でツタンカーメン（古代エジプト第18王朝ファラオ）の墓を発見。

11月9日	**150**周年	**1872（明治5）年　太陽暦への切り替え**

太陽暦への切り替えとして「明治5年12月3日を同6年1月1日とする」と布告される。持統天皇（690年）以来用いられてきた太陰暦がこの日を境に廃止された。

11月15日	**40**周年	**1982（昭和57）年　上越新幹線開業**

大宮〜新潟間（303.6km）を結ぶ上越新幹線が開業。

11月18日	**100**周年	**1922（大正11）年【没】マルセル・プルースト**

フランスの小説家。長篇小説『失われた時を求めて』（1913〜28）の著者として有名。

11月23日	**150**周年	**1872（明治5）年　それまで見られなかった!?**

女性が大相撲を見るのが認められる。

11月23日	**100**周年	**1922（大正11）年　初の早慶ラグビー**

初の早慶ラグビー戦が三田綱町グラウンドで行われた。結果は14対0で慶應の勝利。

11月25日	**90**周年	**1932（昭和7）年【没】石橋 絢彦**

明治・大正期の技師、土木工学者。工学博士。日本初の鉄筋コンクリート橋や各地の燈台建設など海上工事の権威として業績をのこす。

11月26日	**150**周年	**1872（明治5）年【没】市川 栄之助**

明治期の日本語教師。アメリカ人宣教師の日本語教師、日本プロテスタント史上最初の殉教者。

日付	周年	内容
11月27日	90周年	**1932（昭和7）年　日本ヨット協会創立** 東西に分かれていた日本ヨット協会を統一し日本ヨット協会（現日本セーリング連盟）が発足。
12月1日	110周年	**1912（大正元）年　警察犬、誕生** イギリスから2頭の警察犬を購入し当時独学で警察犬の訓練を研究していた荻原警部補がトレーニングを施した。
12月1日	70周年	**1952（昭和27）年　国立近代美術館開館** 日本で最初の国立美術館として国立近代美術館が中央区京橋に開館。
12月3日	40周年	**1982（昭和57）年　「障害者に関する世界行動計画」を採択** 国連総会において「障害者に関する世界行動計画」が採択される。現在これを記念し12月3日は「国際障害者デー」に定められている。
12月3日	40周年	**1982（昭和57）年　「E.T.」日本で公開** スティーブン・スピルバーグ監督、製作の映画「E.T.」が日本で公開される。第55回アカデミー賞の音響効果賞、視覚効果賞、音響賞、作曲賞を受賞。「タイタニック」に抜かれるまで、全世界で配給収入No.1を記録。
12月4日	300周年	**1722（享保7）年　小石川養生所開設** 「赤ひげ」でおなじみの小石川養生所が開設される。
12月5日	110周年	**1912（大正元）年【生】木下 惠介** 昭和・平成期の映画監督、脚本家。木下惠介プロ代表取締役。抒情豊かで社会性のある映画の名作を多く制作。代表作に「カルメン故郷に帰る」「二十四の瞳」など。
12月6日	100周年	**1922（大正11）年【没】宮崎 滔天** 明治・大正期の革命家。中国革命の父・孫文の親友で、中国革命に貢献。

| 12月6日 | **90**周年 | **1932（昭和7）年　日豊本線全通** |

日豊本線の小倉〜鹿児島間が全通。

| 12月6日 | **40**周年 | **1982（昭和57）年　コンピュータソフトの著作権が認められる** |

テレビゲームの著作権訴訟で東京地裁がコンピューター・ソフトを著作物とする初の判断を示す。

| 12月13日 | **150**周年 | **1872（明治5）年【生】田山 花袋** |

明治・大正期の小説家、詩人。自然主義文学運動のリーダー。作品に「田舎教師」「時は過ぎゆく」など。

| 12月14日 | **320**周年 | **1702（元禄15）年　吉良邸討ち入り** |

播州赤穂浅野家の浪士四十七名が吉良上野介の屋敷に討ち入り、その首級を挙げる。

| 12月16日 | **120**周年 | **1902（明治35）年　『大英百科全書』を予約販売** |

丸善が『大英百科全書 全25巻』（エンサイクロペディア・ブリタニカ）を月賦で予約販売した。高額にもかかわらず伊藤博文、新渡戸稲造など政治家や文化人が買い求め好調な売上げを記録した。

| 12月16日 | **90**周年 | **1932（昭和7）年　白木屋デパート火災** |

日本橋・白木屋デパートが全焼。初の高層ビル火災となった。裾を気にして落下する和服女性が相次ぎ死者14人中13人が和服着用の女性であった。

| 12月16日 | **90**周年 | **1932（昭和7）年【生】山本 直純** |

昭和・平成期の作曲家、指揮者。新日本フィルハーモニー交響楽団顧問、オズ・ミュージック代表取締役。小沢征爾と新日本フィルハーモニー交響楽団の設立に参加。クラシック音楽の大衆化に尽力。

| 12月16日 | **50**周年 | **1972（昭和47）年　横浜市営地下鉄開業** |

横浜市営地下鉄、1号線（現ブルーライン 伊勢崎

2022年

長者町～上大岡）が開業。

| 12月20日 | **70**周年 | **1952（昭和27）年 日本初のボーリング場** |

青山に東京ボーリング・センター（20レーン）がオープン。

| 12月23日 | **40**周年 | **1982（昭和57）年 カード式公衆電話登場** |

コインの代わりにテレフォンカードを使うカード式公衆電話が東京・銀座の数寄屋橋公園に設置される。

| 12月25日 | **90**周年 | **1932（昭和7）年【生】江藤 淳** |

昭和・平成期の文芸評論家。慶應義塾大学教授。文明論、政治論など幅広い活動を続ける。著書に「夏目漱石」「自由と禁忌」など。

| 12月26日 | **50**周年 | **1972（昭和47）年【没】ハリー・トルーマン** |

アメリカの政治家、第33代大統領（1945～53）。第2次大戦の終局処理に従事。トルーマン・ドクトリンなどを推進し、冷戦に対処した。

| 12月27日 | **100**周年 | **1922（大正11）年 初の航空母艦が竣工** |

横須賀の海軍工廠で鳳翔が竣工。日本初の空母であり、起工時から空母として設計された世界初の艦でもある。

| 12月28日 | **340**周年 | **1682（天和2）年 天和の大火** |

八百屋お七が恋人会いたさに放火した火事といわれている。

人名索引

〔あ〕

アイゼンハワー，ドワイト ……… 088,149
会田 安明 ……………………… 191
アイヒ，ギュンター ……………… 010
靉光……………………………… 021
アイントホーフェン，ウィレム……… 028
饗庭 篁村 ……………………… 214
青木 功 ………………………… 042,068
青島 幸男 ……………………… 217
青山 胤通 ……………………… 036
赤羽 末吉 ……………………… 132
秋野 不矩 ……………………… 061
秋山 真之 ……………………… 046
芥川 龍之介 …………………… 023
明智 光秀 ……………………… 212
朝比奈 隆 ……………………… 059
足利尊氏………………………… 063
アチソン，エドワード …………… 181
アップダイク，ジョン …………… 206
渥美 清 ………………………… 045,104
阿部 良雄 ……………………… 212
アポリネール，ギヨーム ………… 071
アームストロング，ルイ ………… 181,185
アムンゼン，ロアルド …………… 196
荒川 静香 ……………………… 167
アラファト，ヤーセル …………… 104
有賀 長雄 ……………………… 176
有吉 佐和子 …………………… 162
アルヴェーン，ハネス …………… 055
アレニウス，スヴァンテ ………… 028
粟津 潔 ………………………… 084
安藤 鶴夫 ……………………… 072
安藤 百福 ……………………… 124

飯沢 匡 ………………………… 100
飯島 魁 ………………………… 169
イェンゼン，ヨハネス・ハンス・ダニエル…
………………………………… 021
池島 信平 ……………………… 116
池田 謙斎 ……………………… 051
伊沢 修二 ……………………… 018
石井 桃子 ……………………… 013
石井 好子 ……………………… 218
石垣 りん ……………………… 123
石橋 絢彦 ……………………… 224
石原 和三郎 …………………… 199
石母田 正 ……………………… 219
いずみ たく …………………… 120
磯村 春子 ……………………… 040
板垣 退助 ……………………… 100,208
市川 栄之助 …………………… 224
市川 雷蔵 (8代目) …………… 100,186
伊地知 季安 …………………… 023
一番ケ瀬 康子 ………………… 009
イチロー ……………………… 022,106
伊藤 佐喜雄 …………………… 142
伊藤 整 ………………………… 112
伊藤 みどり …………………… 086
犬養 毅 ………………………… 210
伊能 忠敬 ……………………… 050
井上 円了 ……………………… 096
井上 伝 ………………………… 091
井上 靖 ………………………… 018
伊庭 八郎 ……………………… 093
井深 大 ………………………… 049
今井 勇之進 …………………… 029
今江 祥智 ……………………… 199
イームズ，チャールズ ………… 020

INDEX

色川 武大	088	大隈 重信	199
いわさき ちひろ	076	大倉 喜八郎	051
岩野 泡鳴	132	大塩 平八郎	012
巌谷 小波	135	大島 渚	207
ヴァザルリ, ヴィクトル	049	大関 和	211
ウィリアムズ, テネシー	170	太田 道灌	015
ウィーン, ヴィルヘルム	065	大槻 文彦	042
植草 甚一	062	大砲 万右衛門	055
ウェスト, ベンジャミン	125	大橋 鎭子	125
上野 俊之丞	178	大原 富枝	221
上野 理一	117	大村 益次郎	111
植村 直己	083,145	大山 捨松	084
ウェルティー, ユードラ	090	岡 小天	033
ヴェルナー, アルフレート	112	岡倉 天心	110
宇沢 弘文	060	岡田 米山人	142
上杉 治憲（鷹山）	205	岡本 綺堂	222
内田 魯庵	048	岡本 太郎	161
内村 鑑三	128	沖田 総司	055
梅沢 純夫	113	小栗 忠順	049
浦上 玉堂	146	尾崎 紅葉	076
エイクマン, クリスティアーン	152	小山内 薫	077
江川 卓	010	小沢 昭一	090
栄久庵 憲司	105	オースティン, ジェイン	183
江崎 玲於奈	069	織田 信長	212
エジソン, トーマス	190,198	小田 実	212
エーデルマン, ジェラルド	099	織田 幹雄	062, 191
江藤 淳	227	オバマ, バラク	070, 084
江原 素六	211		
遠藤 実	216		

〔か〕

オイストラフ, ダヴィッド	067	開高 健	159
大石 千引	126	海量	193
大江 健三郎	109	ガウランド, ウィリアム	213
大岡 昇平	085	各務 文献	109
大岡越前	011		

ガガーリン，ユーリー	172
カーソン，レイチェル	019
梶井 基次郎	207
片山 東熊	030
勝川 春英	110
桂 文枝（5代目）	129
桂 文楽（8代目）	196, 224
カーネギー，アンドルー	102
金子 みすゞ	125
金田 正一	108
嘉納 治五郎	195
鎌田 茂雄	034
加山 又造	027
カラヤン	048
ガルシア＝マルケス，ガブリエル	044
カルーソー，エンリコ	206
カールフェルト，エーリク・アクセル	172
河井 継之助	063
河合 隼雄	058
川上 哲治	127
川喜田 愛郎	082
川路 聖謨	045
川端 康成	068,209
川村 たかし	192
川本 幸民	178
鑑真	080
ガーン，ヨハン・ゴットリーブ	075
感和亭 鬼武	043
ギェレルプ，カール	108
菊竹 清訓	048
菊池 一雄	052
岸上 鎌吉	113
岸田 劉生	116
北 杜夫	018

北尾 重政	120
北里 柴三郎	104,179
木谷 恭介	030
北野 武	026
北村 透谷	072
キーツ，ジョン	166
木下 恵介	225
金 達寿	113
木村 泰賢	133
キング牧師	048
クッシュ，ポリカープ	163
グッドマン，ベニー	095
国木田 独歩	182
窪田 章一郎	062
グラス，ギュンター	029
クリムト，グスタフ	040
グルストランド，アルヴァー	141
グールド，グレン	220
グルーム，アーサー・ヘスケス	038
呉 秀三	207
黒岩 涙香	148
黒澤 明	127,187
黒田 了一	169
ケネディ，ジョン・F	073
ゲバラ，エルネスト・チェ	029,057
ケラー，ヘレン	016
源氏 鶏太	209
剣持 勇	199
小出 楢重	166
甲賀 源吾	087
河野 禎造	166
古賀 精里	175
国分 一太郎	169
コシチュシュコ，タデウシュ	190

小柴 昌俊	221	佐野 洋	054
古関 裕而	102	サーリネン，エーロ	144
コッセル，アルブレヒト	021	サローヤン，ウィリアム	065
ゴッデン，ルーマー	034	沢松 和子	138
コッハー，エミール・テオドール	023	沢村 栄治	010
ゴーティエ，テオフィル	223	サント＝ブーヴ，シャルル＝オーギュスタン
後藤 恕作	088		108
小西 六右衛門	189	椎名 麟三	189
小松 左京	163	志賀 信夫	109
ゴールディング，ウィリアム	188	式亭 三馬	199
ゴルトシュタイン，オイゲン	158	司馬 江漢	068
ゴルバチョフ大統領	198	渋沢 栄一	193
コールマン，オーネット	127	渋沢 龍彦	052
コロンブス	222	島崎 藤村	203
今 官一	115	島村 抱月	070,161
近藤 勇	051	清水 一行	161
近藤 益雄	013	子母沢 寛	060,201
コンドル，ジョサイア	137	下村 脩	068
		下村 観山	132
		ジャクソン，マイケル	064,098
〔さ〕		シュニッツラー，アルトゥル	190
		ジュネ，ジャン	158
西郷 隆盛	076	シュライヒャー，アウグスト	075
斎藤 緑雨	077	東海林 太郎	221
坂田 栄男	123	荘田 平五郎	209
坂田 昌一	162	笑福亭 松鶴 (6代目)	063
坂本 龍馬	031	正力 松太郎	108
桜井 ちか	076	ジョルダン，カミーユ	200
笹沢 左保	153	ジョーンズ，ボビー	197,206
佐藤 一斎	223	ジョン万次郎	160
佐藤 進	184	白井 光太郎	212
佐藤 泰然	208	白石 一郎	193
佐藤 亮一	030	白川 英樹	157
サトウ，アーネスト	104	白洲 正子	118
佐貫 亦男	037		

白瀬 矗	200	武田 泰淳	203
城山 三郎	025	武満 徹	148
ジンメル, ゲオルク	067	太宰 治	057, 097
須賀 敦子	082	橘 曙覧	064
杉 亨二	033	辰野 金吾	087
杉田 玄白	173	田中 角栄	052
杉本 秀太郎	163	田中 耕一	222
杉森 久英	206	田中 正造	191
鈴木 三郎助	036	谷 三山	034
鈴木 大拙	150	田端 義夫	078
鈴木 牧之	121	玉楮 象谷	082
鈴木 幸夫	200	玉虫 佐太夫	090
瀬川 康男	208	田村 泰次郎	194
関谷 四郎	011	田山 花袋	133, 226
セーデルブロム, ナータン	183	檀 一雄	202
センダック, モーリス	057	団 琢磨	204
左右田 喜一郎	024	チャールズ, レイ	147
園田 高弘	066	中馬 庚	206
		長 新太	027
		知里 幸恵	220

〔た〕

		ツェッペリン, フェルディナント・フォン	012
ダイアナ妃	025	塚原 渋柿園	021
高倉 健	166	津田 梅子	103, 193
高島 春雄	013	津田 恭介	011
高島 北海	161	都筑 道夫	099
高杉 晋作	015	堤 清二	014
高田屋 嘉兵衛	078	坪井 玄道	224
高橋 和巳	175, 186	壺井 栄	020, 102
高橋 たか子	204	都留 重人	204
高畠 素之	076	鶴見 俊輔	215
高見 順	010	ディック, フィリップ・K.	076
高峰 譲吉	217	ディーン, ジェームズ	165
高柳 健次郎	198	ティンバーゲン, ニコラース	016
武 豊	105		

INDEX

出口 王仁三郎 …………………… 182
出口 裕弘 …………………………… 063
手島 精一 …………………………… 039
手塚 治虫 …………………………… 070
デュマ・ペール，アレクサンドル …… 156
寺内 正毅 …………………………… 111
寺村 輝夫 …………………………… 071
土肥 慶蔵 …………………………… 192
土井 たか子 ………………… 062, 187
土井 利忠 …………………………… 074
土井 晩翠 …………………………… 190
土居 通夫 …………………………… 026
ドイル，コナン …………………… 139
東海 散士 …………………………… 220
堂本 尚郎 …………………………… 044
遠山 啓 ……………………………… 103
ドガ，エドガー …………………… 027
徳川 夢声 …………………………… 184
徳冨 蘆花 ………………… 027, 069
利根川 進 …………………………… 029
ドビュッシー，クロード ………… 047
朝永 振一郎 ………………………… 150
ド・モルガン，オーガスタス ………… 169
外山 亀太郎 ………………………… 047
豊田 佐吉 …………………………… 151
鳥居 忱 ……………………………… 018
鳥越 信 ……………………………… 115
トリュフォー，フランソワ………… 203
トルーマン，ハリー ……………… 227

〔な〕

永井 繁子 …………………………… 070
長井 長義 …………………………… 083

中井 履軒 …………………………… 166
中岡 慎太郎 ………………………… 032
長岡 輝子 …………………………… 037
中島 敦 ……………………………… 092
夏目 漱石 ………………… 008, 118
鍋島 直大 …………………………… 180
ナポレオン1世 …………………… 175
奈街 三郎 …………………………… 008
並河 萬里 …………………………… 191
成瀬 仁蔵 …………………………… 085
南条 範夫 …………………………… 072
ナンセン，フリッチョフ ………… 133
新見 正興 …………………………… 109
西山 夘三 …………………………… 167
新田 次郎 …………………………… 213
ニーマイヤー，オスカー ………… 035
ニューマン，ポール ……………… 067
ネイサンズ，ダニエル …………… 069
納富 介次郎 ………………………… 045
野口 英世 …………………………… 054
野坂 昭如 …………………………… 149
野村 望東尼 ………………………… 030
野村 芳太郎 ………………………… 091

〔は〕

バイエル，フレデリック ………… 200
バイヤー，ヨハン・フォン ………… 025
ハインライン，ロバート ………… 021
パーキンソン，C.N. ……………… 101
ハーシ，アルフレッド …………… 074
ハーシェル，サー・ジョン・フレデリック・ウィ
リアム ……………………………… 176
長谷川 一夫 ………………………… 044

長谷川 如是閑	112	広中 平祐	145
長谷川 町子	121	ピンター, ハロルド	149
バタイユ, アンリ	204	ビュイッソン, ファーディナン	203
波多野 鶴吉	043	フアレス, ベニト・パブロ	217
蜂須賀 茂韶	041	フィビゲル, ヨハネス	040
服部 良一	028	フエンテス, カルロス	071
ハーディ, トーマス	038	フォイエルバッハ	220
バーディーン, ジョン	054	深作 欣二	138
華岡 青洲	108	深田 久弥	170
塙 保己一	188	深田 祐介	182
埴谷 雄高	116	福井 謙一	190
馬場 のぼる	030	福沢 諭吉	201
林 桜園	149	福羽 逸人	177
原 節子	136	フーコー, レオン	041
原 敬	192	藤岡 市助	044
原 亮三郎	115	藤沢 南岳	121
ハリソン, ジョージ	194	伏見 康治	099
ピアース, ジョン・ロビンソン	128	藤原 銀次郎	096
東山 魁夷	059	藤原 てい	071
ピカール, オーギュスト	177	双葉山 定次	202
樋口 久子	020	船橋 随庵	208
土方 歳三	093	ブラウン, フェルディナント	051
菱山 修三	104	フランク, イリヤ	069
日高 敏隆	123	ブリアン, アリスティード	205
常陸山 谷右衛門	214	フリート, アルフレート	175
ビートルズ	180	ブリンナー, ユル	139
火野 葦平	033	プルキニェ, ヤン・エヴァンゲリスタ	101
日野 啓三	096	プルースト, マルセル	224
平塚 らいてう	177,186	古田 足日	033
平林 たい子	203	ブールデル, アントワーヌ	107
平山 郁夫	136	古橋 広之進	066
平山 信	124	プレーグル, フリッツ	157
広沢 真臣	161	プレスリー, エルビス	024
広瀬 元恭	151	フレーブニコフ, ヴェリミール	215

INDEX

ブローク，アレクサンドル …………… 185

ベーコン，フランシス ……………… 110

ベジャール，モーリス ……………… 008

ベッケル，グスタボ・アドルフォ …… 158

ベネディクトゥス15世 ……………… 200

ベル，アレクサンダー・グラハム …… 217

エクトル・ベルリオーズ …………… 086

ベーン，ジョン・ロバート・ ………… 014

ヘンリー・ハドソン，ウィリアム……… 218

ホイットル，フランク ……………… 020

ボヴェ，ダニエル …………………… 014

ボーヴォワール，シモーヌ・ド ……… 038

宝生 弥一 …………………………… 059

ボゴリューボフ，ニコライ ………… 103

ボードレール，シャルル …………… 025

ホープ，アレック …………………… 023

ホフマン，E・T・A ……………… 215

堀江 謙一 …………………………… 218

ポロック，ジャクソン ……………… 201

本多 利明 …………………………… 158

ポントリャーギン，レフ …………… 065

本間 棗軒 …………………………… 202

本間 長世 …………………………… 099

〔ま〕

マイケルソン，アルバート ………… 176

前島 密 ……………………………… 091

前田 正名 …………………………… 185

牧野 省三 …………………………… 101

マグサイサイ，ラモン ……………… 025

マクミラン，エドウィン …………… 027

正岡 子規 ………………………… 008,027

マザー・テレサ …………………… 145

マーシャル・ニーレンバーグ ………… 015

増田 四郎 …………………………… 068

増山 雪斎 …………………………… 082

マタ・ハリ …………………………… 029

マーチソン，ロデリック …………… 190

松井 須磨子 ………………………… 079

松尾 芭蕉 …………………………… 088

松岡 利勝 …………………………… 020

マックィーン，スティーブ ……… 128,152

松崎 慊堂 …………………………… 188

松平 治郷 …………………………… 051

松平 康隆 …………………………… 120

マッツィーニ，ジュゼッペ ………… 205

松村 禎三 …………………………… 080

松本 清張 …………………………… 116

まど みちお ………………………… 112

丸木 俊 ……………………………… 202

三浦 周行 …………………………… 187

三木 武夫 …………………………… 013

三島 由紀夫 ………………………… 154

水木 しげる ………………………… 205

ミストラル，フレデリック ………… 146

三田村 鳶魚 ………………………… 126

光瀬 龍 ……………………………… 046

南方 熊楠 …………………………… 016

三波 伸介 …………………………… 138

三原 脩 ……………………………… 194

三船 敏郎 …………………………… 129

宮城 音弥 …………………………… 045

三宅 泰雄 …………………………… 050

宮崎 湖処子 ………………………… 218

宮崎 滔天 ……………………… 195,225

宮沢 賢治 …………………………… 192

宮本 常一 …………………………… 023

ミルスタイン，セザール …………… 028

向井 千秋 ……………………………… 100

向田 邦子 ……………………………… 114

村岡 花子 ……………………………… 069

村上 元三 ……………………………… 126

村田 経芳 ……………………………… 165

メイン，ウィリアム ………………… 046

メシアン，オリヴィエ ……………… 075

メシエ，シャルル …………………… 172

メビウス，アウグスト ……………… 067

メユール，エティエンヌ＝ニコラ…… 190

モース…………………………………… 020

物集 高見 ……………………………… 058

物外 不遷 ……………………………… 032

モディリアーニ，アメデオ ………… 120

モネータ，エルネスト ……………… 041

モノー，ジャック …………………… 122

モラヴィア，アルベルト …………… 032

森 鴎外 ………………………………… 216

森 荘已池 ……………………………… 018

森 狙仙 ………………………………… 183

森 正洋 ………………………………… 031

森 光子 ………………………………… 132

森口 華弘 ……………………………… 115

盛田 昭夫 ……………………………… 163

森山 多吉郎 …………………………… 169

モールス，サミュエル ……………… 207

諸井 誠 ………………………………… 156

モンジュ，ガスパール ……………… 061

モンロー，マリリン ………………… 218

〔や〕

八木 重吉 ……………………………… 030

ヤコービ，フリードリヒ・ハインリヒ … 086

矢代 秋雄 ……………………………… 105

安田 善次郎 …………………………… 188

安福 春雄 ……………………………… 008

柳河 春三 ……………………………… 123

柳家 金語楼 ………………………168,223

やなせ たかし ………………………… 083

山岡 順太郎 …………………………… 074

山岡 荘八 ……………………………… 009

山県 有朋 ……………………………… 201

山片 蟠桃 ……………………………… 167

山口 素絢 ……………………………… 069

山口 淑子 ……………………………… 122

山口 昌男 ……………………………… 185

山田 五十鈴 …………………………… 011

山田 検校 ……………………………… 172

山田 風太郎 …………………………… 199

山内 豊信 ……………………………… 214

山本 七平 ……………………………… 197

山本 直純 ……………………………… 226

湯川 秀樹 ……………………………010,111

横井 小楠 ……………………………… 078

横山 隆一 ……………………………… 094

吉田 耕作 ……………………………… 083

吉田 松陰 ……………………………… 110

吉田 精一 ……………………………… 071

吉田 東伍 ……………………………… 039

吉田 彦六郎 …………………………… 086

吉村 昭 ………………………………… 018

吉村 順三 ……………………………… 065

〔ら〕

ライト，ウィルバー（ライト兄弟）…… 016

INDEX

ラヴラン, シャルル・ルイ・アルフォンス … 211
ラトローブ, ベンジャミン ………… 146
ラマヌジャン, シュリーニヴァーサ …… 131
ランダウ, レフ ………………… 039
力道山 ……………………… 191
リチャーズ, セオドア …………… 048
リップマン, ガブリエル ………… 182
リビー, ウィラード ……………… 076
リープクネヒト, カール ………… 080
リー, ブルース …………………… 154
リンカーン大統領 ……………… 073
リンドグレーン, アストリッド ……… 031
ルイス, マシュー・グレゴリー …… 053
ルクセンブルク, ローザ ………… 080
ルーズベルト, セオドア ………… 079
ルノワール, ピエール=オーギュスト … 114
ル・ボン, ギュスターヴ ………… 196
ルルー, ガストン ……………… 022
レイリー, ジョン・ウィリアム・ストラット
  ………………………… 099
レヴィ=ストロース ……………… 074
レノン, ジョン ……………… 149, 156
レームブルック, ヴィルヘルム …… 088
ロストロポーヴィチ, ムスティスラフ … 014
ロス, ロナルド ………………… 220
ローソン, ヘンリー ……………… 220
ロダン, オーギュスト …………… 032
ロッシーニ, ジョアキーノ ………… 072
ロビンソン, ジャッキー ………… 082, 223
ローリエ, ウィルフリッド ………… 084
ローレンス, D.H. ……………… 124
ローレンツ, ヘンドリック・アントーン …
  ………………………… 040

〔わ〕

和井内 貞行 …………………… 211
若乃花 幹士（初代）…………… 046
若山 牧水 ……………………… 066
脇田 和 ………………………… 056
渡辺 義雄 ……………………… 017
ワット, ジェームズ …………… 103
ワラッハ, オットー …………… 167

事項名索引

〔あ〕

アイスクリーム …………………… 092
愛知万博 ………………………… 128
iPS細胞 ………………………… 032
赤い羽根共同募金 ………………… 032
明石海峡大橋 …………………… 048
明石花火大会歩道橋事故 ………… 183
アカデミー賞（おくりびと）……… 084
アカデミー賞（第1回）…………… 094
秋葉原無差別殺傷事件 …………… 056
アーク灯 ………………………… 188
朝日新聞 ………………………… 081
「あさま山荘」事件 ……………… 203
浅間山噴火（天明）……………… 059
足尾鉱毒事件 …………………… 093
足尾鉱毒事件 …………………… 191
足利事件 ………………………… 128
味の素 …………………………… 061
アドバルーン広告 ………………… 160
アトランタ五輪爆弾テロ ………… 184
アドレナリン結晶化 ……………… 140
アパルトヘイト撤廃 ……………… 180
奄美群島返還 …………………… 077
雨ニモマケズ …………………… 192
アメリカ大陸発見 ………………… 222
アメリカ独立宣言 ………………… 181
アメリカンフットボール ………… 114
安政東海大地震 ………………… 111
安政の大地震 …………………… 148
安全カミソリ …………………… 195
安保闘争 ………………………… 136
安楽死 …………………………… 074
イエメン共和国 ………………… 134

硫黄島玉砕 ……………………… 126
池田屋騒動 ……………………… 095
医師資格 ………………………… 175
イージス艦衝突事故 ……………… 042
伊豆大島近海地震 ………………… 038
出水市針原地区土石流災害 ……… 022
イスラエル建国 ………………… 053
伊勢湾台風 ……………………… 106
イタイイタイ病（原因発表）……… 015
イタイイタイ病（訴訟）…………… 045
イタリア中部ラクイラ地震 ……… 090
1円硬貨 ………………………… 135
一万円札 ………………………… 074
E.T. ……………………………… 225
遺伝子組み換え ………………… 217
猪苗代湖 ………………………… 186
移民船（ペルー）………………… 082
イラク外務省職員殺害事件 ……… 074
イラク戦争 ……………………… 046
イラン革命 ……………………… 083
イラン南東部バム地震 …………… 077
岩波少年文庫 …………………… 158
岩波新書 ………………………… 073
岩波文庫 ………………………… 022
インスタントコーヒー …………… 143
インディ500 …………………… 178
インド西部地震 ………………… 163
インド独立・パキスタン分離独立 … 024
インドネシア独立 ………………… 144
インド・ビハール州列車転落事故 …… 179
ウイスキー ……………………… 089
ウィルソンの14カ条 …………… 038
Windows95 …………………… 154
ウィンブルドン選手権 …………… 021

INDEX

上野駅	207	衛星デジタル放送	155
上野動物園（開園）	206	衛星放送	093
上野動物園（カバ）	174	永代橋	061
ウォークマン	099	営団日比谷線脱線衝突事故	125
ウオーターゲート事件	214	H-IIAロケット打ち上げ失敗	074
ウォルト・ディズニー・スタジオ・パーク（仏）	206	H-IIAロケット15号機	081
ウグイス嬢	015	駅伝（初）	017
宇宙旅行（日本人初）	155	SOS	116
ウナギ（完全養殖）	129	エストニア号海難事件	107
ウナギ（産卵場特定）	164	SP（警視庁）	147
ウーマン・リブ（大会）	153	X線	152
ウーマン・リブ（デモ）	150	エッフェル塔（完成）	088
海の中道大橋飲酒運転事故	186	エッフェル塔（パリ万博お披露目）	092
ウルトラQ	160	江戸城築城	015
ウルトラマン	182	江戸城無血開城	049
雲仙普賢岳大規模火砕流	178	NHK	185
運転免許	010	NHK教育テレビ	079
エアガール	165	NHK大河ドラマ	049
映画（カラー）	089	江戸開府	041
映画興行（東京初）	012	えひめ丸事故	165
映画（商業公開）	159	FA制度	067
映画（世界最初のトーキー）	028	FM放送	036
映画（戦後初の洋画）	156	エベレスト（女性初）	133
映画（総天然色）	170	エベレスト（日本隊）	132
映画（日本初オール・トーキー）	184	エベレスト初登頂	055
映画（日本初本格トーキー上映）	092	M-1グランプリ	198
映画（ニュース映画）	095	LPレコード（米）	058,169
映画（初めて日本で公開）	194	エレベーター	152
映画（初の日本映画）	097	遠州灘沿岸大地震	063
英国放送会社（BBC）	199	園遊会	070
英字新聞創刊	013	延暦大噴火（富士山）	126
エイズ（日本人患者）	127	O-157集団感染	182
エイズ（発見）	181	王政復古	034
		応仁の乱	019

往復ハガキ ……………………… 117
青梅マラソン ……………………… 012
OECD ……………………… 189
大型電子計算機 ……………………… 204
大倉集古館 ……………………… 024
大阪城炎上 ……………………… 132
大阪ドーム ……………………… 012
大阪万博 ……………………… 126
大塩平八郎の乱 ……………………… 012
大清水トンネル ……………………… 081
大相撲 ……………………… 224
大津事件 ……………………… 176
大鳴門橋 ……………………… 135
小笠原諸島 ……………………… 058
沖縄県 ……………………… 089
沖縄国際海洋博覧会 ……………………… 141
沖縄戦慰霊の日 ……………………… 137
沖縄返還協定 ……………………… 180
沖縄本土復帰 ……………………… 210
奥只見ダム ……………………… 155
おくのほそ道 ……………………… 088
オクラホマシティ連邦政府ビル爆破事件 …
……………………… 130
桶川ストーカー殺人事件 ……………… 110
桶狭間の戦い ……………………… 133
小河内ダム ……………………… 020
オックスフォード英語辞典 ……………… 050
男はつらいよ ……………………… 104
オートレース ……………………… 151
OPEC ……………………… 147
オペラ（日本初公演） ……………… 113
およげ！たいやきくん ……………… 158
オリエンテーリング ……………… 180
本田彗星 ……………………… 031

オンブズマン制度 ……………………… 139

〔か〕

海外留学（女子） ……………………… 193
海外旅行自由化 ……………………… 089
外国為替 ……………………… 019
外国人観光客 ……………………… 036
外国人横綱 ……………………… 039
外国人旅行者 ……………………… 118
外国郵便 ……………………… 119
解散権 ……………………… 197
怪人二十面相 ……………………… 160
凱旋門 ……………………… 184
外務省機密漏洩事件 ……………………… 207
加賀一向一揆 ……………………… 057
科学技術庁 ……………………… 177
核拡散防止条約 ……………………… 059
学士院 ……………………… 079
核実験 ……………………… 140
学問のすゝめ ……………………… 201
鹿島港 ……………………… 109
ガス燈（銀座） ……………………… 116
ガス灯（横浜） ……………………… 223
霞ヶ関ビル ……………………… 050
カスリーン台風 ……………………… 026
敵討ち禁止 ……………………… 041
勝鬨橋 ……………………… 135
学校給食 ……………………… 009
学校週5日制 ……………………… 220
カップヌードル ……………………… 188
家電リサイクル法 ……………………… 171
カード会社 ……………………… 155
家督相続廃止 ……………………… 035

INDEX

カード式公衆電話	227	喫煙	124
ガーナ独立	012	記念切手	086
カーネギーホール	175	記念硬貨	107
関越自動車道	148	キプロス独立	144
歌舞伎	084	君が代	151
歌舞伎座（初代）	113	キャノネット（キャノン）	163
歌舞伎町ビル火災	186	911同時多発テロ	187
株式取引所	056	救急車	045
釜石（鉄の記念日）	033	九州南西海域工作船事件	197
カラーテレビ（本放送）	146	給食にパン	144
カラーテレビ放送	139	牛肉、オレンジ自由化	058
カラー・フィルム	152	キューバ危機	223
狩勝トンネル	026	教育基本法（改正）	197
カルピス	099	教育勅語	151
監獄	222	教員免許	089
韓国併合	144	強制保険制度	141
関西国際空港	105	共通一次試験	079
漢字タイプライター	036	京都議定書	034
寛政の改革	020	玉音放送	144
関東大震災	065	極東国際軍事裁判（東京裁判）	072
観音崎灯台	078	吉良邸討ち入り	226
缶ビール	066	義和団事件	137
関門橋	072	金嬉老事件	043
関門国道トンネル	045	金印（漢委奴国王）	084
関門トンネル	213	金閣寺	016
咸臨丸	119	禁教	043
がん保険	114	キング（雑誌）	118
気球で太平洋横断	193	キング牧師暗殺	048
紀子様ブーム	138	銀行	170
気象予報士	104	金メダル	062
北九州市	041	金門橋（ゴールデン・ゲート・ブリッジ）	019
北但馬地震	134		
北丹後大地震	012	クアラルンプール事件	142
北野線（市電）	184	クウェート独立	180

241

靴製造	126	元老院廃止	150
暮しの手帖	067	元禄の大地震	073
グリコキャラメル	201	コアラ	110
グリコ森永事件	086	小石川植物園	123
クリスマスツリー	195	小石川養生所	225
黒船来航	056	五・一五事件	210
黒四ダム	056	公園	176
KS鋼	043	公害白書	094
警察犬	225	航空（ジェット機初就航）	188
警察予備隊	143	航空（日航開業）	191
計算尺	210	航空母艦	227
警視庁	079	高校ラグビー	038
慶長遣欧使節団	152	広辞苑	134
競輪	073	甲子園球場	101
劇団民芸	037	公衆電話	146
血液銀行	013	公職追放	160
月光仮面	043	高速道路（熊本～青森がつながる）	026
血清療法	155	高速道路（四国4県つながる）	126
月面着陸	100	皇太子・雅子様ご成婚	057
ケネディ暗殺	073	講道館	209
ケーブルカー	064	紅白歌合戦	160
ケーブルカー火災事故	152	紅白歌合戦（大晦日）	077
ゲームボーイ	091	公文書公開条例	221
言海	173	神戸空港	161
原子力基本法	158	神戸港開港	037
原子力砕氷船（レーニン号）	033	後楽園球場	026
原子力船むつ	096	後楽園遊園地	139
原子力発電	098	5億円強奪事件	102
原子力潜水艦	081	五街道	173
遣唐使	142	コカ・コーラ	176
原爆投下（長崎）	142	小切手	084
原爆投下（広島）	142	国際結婚	045
原爆の図	122	国際柔道連盟	195
遣米使節団	128	国際障害者デー	225

INDEX

国際定期遠洋航路 …………………… 071
国際婦人年 …………………………… 136
国際平和協力法（PKO法）………… 214
国際ペン大会（東京開催）………… 026
国際連合 ……………………………… 151
国際連盟総会 ………………………… 153
国際連盟（日本脱退）……………… 047
国際連盟（発足）…………………… 119
国産ロケット発射成功 ……………… 027
黒人大統領（就任式）……………… 084
黒人大統領（大統領選）…………… 070
国勢調査 ……………………………… 148
国勢調査（1億人突破）…………… 148
国鉄 …………………………………… 095
国鉄民営化 …………………………… 015
国鉄民営化（法案可決・成立）……… 194
国道 …………………………………… 179
国宝 …………………………………… 179
国民体育大会 ………………………… 191
国民年金制度 ………………………… 111
国民年金法 …………………………… 091
国立がんセンター …………………… 212
国立競技場 …………………………… 047
国立近代美術館 ……………………… 225
国立劇場 ……………………………… 192
国立公園 ……………………………… 221
国立国会図書館 ……………………… 056
国立青年の家 ………………………… 106
国立西洋美術館 ……………………… 096
国立大学設置法 ……………………… 095
国立民族学博物館 …………………… 031
国連加盟 ……………………………… 197
国連軍縮特別総会 …………………… 054
国連難民高等弁務官 ………………… 158

国連ボランティア銃撃死 …………… 049
55年体制崩壊 ……………………… 060
個人情報保護法……………………… 129
個人タクシー………………………… 114
5000円札 ………………………… 028
5打席連続敬遠 ……………………… 218
国華…………………………………… 110
国会議事堂…………………………… 192
国家総動員法………………………… 047
骨髄バンク…………………………… 214
古都保存法…………………………… 161
コーヒー店…………………………… 050
500円硬貨………………………… 207
500円札…………………………… 171
午砲…………………………………… 091
ゴミの回収…………………………… 015
米騒動（1918年）………………… 060
米騒動（1890年）………………… 120
雇用保険法…………………………… 117
五輪…………………………………… 172
五輪（日本戦後初参加）…………… 217
五輪（日本初出場）………………… 210
ゴルフ場（日本初）………………… 054
コレラ（伝染予防規則）…………… 100
コレラ（東京で大流行）…………… 212
コロンバイン高校銃乱射事件 ……… 091
コンコルド墜落……………………… 141
コンピュータウイルス ……………… 066
混浴禁止……………………………… 134

〔さ〕

サイクロン・シドル（バングラディッシュ）
……………………………………… 031

サイクロン・ナルギス（ミャンマー）	051	三陸津波（昭和）	044
最高裁判所	024	CVCCエンジン	222
西郷隆盛像	076	Jリーグ	053
サイゴン陥落	131	ジェトロ	061
最深記録（しんかい6500）	102	市外電話	078
埼玉高速鉄道	170	事業仕分け	112
最低気温の日	200	試験管ベビー（世界初）	061
財閥解体	152	試験管ベビー（日本初）	068
裁判員裁判（東京地裁）	101	四国縦貫自動車道	141
裁判員制度	094	時刻表	107
裁判所	198	地震	182
酒鬼薔薇事件	020	四川大地震	053
桜木町電車火災事故	174	CD（コンパクトディスク）	221
桜田門外の変	124	CTスキャン	145
サザエさん（連載始まる）	173	自転車競技	138
サッカー（外国人チームと対戦）	082	児童憲章	175
サッカー天皇杯	194	自動車	040
サッカー（初の対抗戦）	044	自動車損害賠償保障法	164
サッカーW杯	140	自動焦点カメラ	033
サッカーW杯（ジョホールバルの歓喜）		シドニー・オペラハウス	068
	031	品川駅（東海道新幹線）開業	068
薩長同盟	162	新安保条約強行採決	133
札幌地下鉄	196	地熱発電所	189
札幌ドーム	178	紙幣	111
サミット（先進6カ国首脳会議）	153	シベリア引き揚げ	195
サラエボ事件	098	嶋中事件	164
三億円事件	075	島原大変肥後迷惑	207
産業再生機構	050	島原の乱	030
参勤交代	136	清水トンネル	186
サンシャイン60	049	自民党	153
三色旗（フランス）	150	下関通り魔殺人事件	107
サンフランシスコ講和条約	187	下山事件	099
山陽自動車道	034	シャクシャインの乱	097
山陽線	177	ジャスミン革命	157

INDEX

週刊朝日	203	女性大臣	141
週刊新潮	165	白木屋デパート火災	226
衆議院議員総選挙	138	白瀬隊（南極大陸到着）	200
住基ネット	218	私立大学	121
集団就職列車	090	シルバーシート	066
柔道（世界選手権）	175	新名神高速道路	043
十七条憲法	089	新安保条約批准書	137
自由の女神	191	シンガポール	095
自由貿易	098	新幹線（死亡事故）	159
首相官邸	209	人口1億人	128
種痘	103	人口1千万人（東京）	202
主婦之友	011	人工衛星	122
春闘共闘	121	人工衛星衝突事故	083
障害者の権利宣言	156	信号機	185
小学生の英語	171	人工雪	168
小学校設置令	087	新国立劇場	029
上水道	030	新古今和歌集	128
庄内大地震	109	新宿西口バス放火事件	144
少年倶楽部	111	真珠湾攻撃	195
少年マガジン、少年サンデー	086	壬申の乱	214
消費税（3%）	072	新青年	118
消防自動車	176	心臓移植	062
生類憐みの令	010	新東名高速道路	208
昭和38年1月豪雪	039	シンプロン・トンネル	177
昭和47年7月豪雨	216	新聞写真	078
昭和基地	010	新聞写真（初カラー）	087
昭和新山	097	新聞文芸欄	113
植民地と人民に独立を付与する宣言	157	新聞（夕刊）	118
職業紹介所	136	新貨条例	176
食品コールドチェーン	188	新約聖書	130
食糧管理法	203	水泳（初の国際競技会）	063
女子差別撤廃条約	137	Suica	193
女性専用アパート	135	水師営の会見	118
女性代議士	172	水平社	204

水力発電所	213	性同一性障害特例法	100
スエズ運河	112	西南戦争	011
スカイタワー（NZ）	012	生命保険会社	181
巣鴨プリズン	055	生命保険金受取	201
スキー	161	世界遺産（原爆ドーム）	195
スギ花粉予報	122	世界遺産（知床）	140
スキー競技会	200	世界遺産（屋久島、白神山地、法隆寺、姫	
スクランブル交差点	085	路城）	075
スター・ウォーズ	019	世界一周	219
ステルス機	130	世界気象機関条約	170
ステレオレコード	062	世界銀行、国際通貨基金加盟	218
ストーカー規制法	134	世界自然遺産（小笠原諸島）	180
ストライキ	179	世界宗教者平和会議	150
スーパーファミコン	154	世界新記録（陸上）	191
スーパーボウル	009	世界人権宣言採択	075
スーパーマーケット	077	世界文化遺産登録（白川郷・五箇山）	156
スペースシャトル（初飛行）	011	関ケ原の戦い	147
スペースシャトル（爆発事故）	039	赤十字	052
スペースシャトル（初打ち上げ）	173	赤十字（国際）	104
スポーツ実況中継	024	赤痢	036
スポーツ新聞	168	世田谷一家殺人事件	159
スマトラ島沖大地震	117	瀬戸大橋	049
スモン症	113	セ・パ交流戦	132
スモン訴訟	177	全英オープン（ゴルフ）	150
スリーマイル島原発事故	088	千円札（聖徳太子）	118
スリランカ	211	尖閣諸島中国漁船衝突事件	146
青海チベット鉄道	180	戦艦武蔵	110
生活保護法	187	戦艦大和	196
税関	114	全豪オープン（テニス）	154
青函海底トンネル	125	全国学力テスト	017
青函連絡船（運行開始）	045	全国戸籍調査	201
政権交代	105	全国肥満児調査	100
青酸入りコーラ事件	008	先住民族の権利	026
青鞜	186	千日デパート火災	210

INDEX

全日空60便羽田沖墜落事故 ………… 164	大西洋横断飛行 ………………… 019
全日空61便ハイジャック事件 ………… 101	大西洋横断無線 ………………… 196
全日本合唱コンクール ………………… 074	大政翼賛会 ……………………… 149
全日本スキー選手権 …………………… 041	タイタニック号事故 …………… 208
全日本体操連盟 ………………………… 129	大東亜戦争 ……………………… 195
全日本ホッケー選手権大会 ………… 074	大統領初の記者会見 …………… 045
全日本ヨット選手権大会 …………… 067	第二次世界大戦 ………………… 105
選抜高校野球 …………………………… 089	大日本沿海実測全図 …………… 187
全米オープン（ゴルフ）……………… 148	大日本相撲協会 ………………… 147
全米プロゴルフ選手権 ………………… 189	大日本帝国憲法 ………………… 083
戦略兵器削減条約 ……………………… 184	大日本東京野球倶楽部 ………… 117
早慶戦（野球）………………………… 073	大仏開眼 ………………………… 208
早慶ラグビー …………………………… 224	太平洋横断海底ケーブル ……… 097
象のインディラ ………………………… 106	太平洋横断無着陸飛行 ………… 189
総評 ……………………………………… 139	ダイヤル式自動電話 …………… 162
騒乱罪 …………………………………… 068	太陽暦 …………………………… 224
曾我兄弟の仇討 ………………………… 055	大陸移動説 ……………………… 199
ソフトボール女子 ……………………… 063	台湾921大地震 ………………… 106
ソ連解体 ………………………………… 198	高松古墳壁画 …………………… 206
	宝籤 ……………………………… 151
	宝くじ …………………………… 140
〔た〕	宝塚歌劇団 ……………………… 088
	タクシー会社 …………………… 218
ダイアナ妃事故死 ……………………… 025	taspo（タスポ）………………… 059
第一国立銀行 …………………………… 057	WWW …………………………… 159
第一次世界大戦 ………………………… 101	WBC（野球）…………………… 167
大英博物館 ……………………………… 079	玉川上水 ………………………… 097
大英百科全書 …………………………… 226	多摩動物園 ……………………… 052
ダイオウイカ …………………………… 215	多摩ニュータウン ……………… 170
大学令 …………………………………… 075	ターミナルデパート …………… 090
大逆事件 ………………………………… 162	タロ、ジロ ……………………… 079
第五福竜丸 ……………………………… 085	炭鉱争議 ………………………… 104
第3セクター …………………………… 089	男女共学（大学）……………… 155
対人地雷 ………………………………… 085	男女共同参画社会基本法 ……… 098
大政奉還 ………………………………… 029	

男女雇用機会均等法	133	チリ地震津波	134
壇の浦の合戦	127	通産省	094
チェルノブイリ原発事故	174	築地小劇場	096
地下駐車場	121	つくばエクスプレス	145
地下鉄（浅草〜渋谷）	105	つくば科学万博	126
地下鉄（上野〜浅草）	036	ツタンカーメン王墓	224
地下鉄（大阪で初）	052	ツール・ド・フランス	059
地下鉄サリン事件	127	DV防止法	173
地下鉄（世界初）	038	帝銀事件	039
チキンラーメン	064	帝国議会	155
蓄音器	024	帝国図書館	017
地上波デジタルテレビ	195	帝国博物館	093
父の日	136	ディズニーランド	140
秩父事件	110	鉄筋アパート	185
地動説裁判	048	鉄道（駅構内に食堂）	215
血の日曜日（北アイルランド）	201	鉄道（駅弁）	140
チベット騒乱	045	鉄道（切符自動販売機）	174
地方自治法	016	鉄道（九州新幹線）	168
中央公論	080	鉄道（京都〜大阪）	011
中央省庁再編	160	鉄道（グリーン車）	093
駐禁取締	178	鉄道（化粧室）	093
中国高速鉄道事故	183	鉄道（国鉄）	170
中国残留孤児	167	鉄道（山陽新幹線）	206
中国自動車道	047	鉄道（上越新幹線）	224
中尊寺	123	鉄道唱歌	132
中部国際空港（セントレア）	123	鉄道（食堂車）	094
チューブ入り歯磨	174	鉄道（寝台車）	129
朝鮮戦争	137	鉄道（新橋〜横浜）	219
徴兵令	038	鉄道スト	043
長編アニメ（日本初）	047	鉄道（世界初の電車）	174
著作権（コンピュータソフト）	226	鉄道（東海道新幹線）	107
著作権条約	163	鉄道（東海道新幹線のぞみ）	205
著作権法	085	鉄道（東京〜博多全通）	125
チリ鉱山作業員閉じ込め	142	鉄道（東北新幹線 開業）	214

INDEX

鉄道（東北新幹線 東京〜八戸開通）	…	156	電話交換業務	… 157
鉄道（東北新幹線はやぶさ）	…	167	電話（長距離通話）	… 082
鉄道（特急列車）	…	214	統一地方選挙	… 015
鉄道（トンネル）	…	150	東海村原子炉	… 018
鉄道（24時間制）	…	222	東海村（原発）	… 069
鉄道（日豊本線）	…	226	東海村臨界事故	… 107
鉄道博物館	…	029	冬季オリンピック	… 081
鉄道（山形新幹線）	…	216	東京駅	… 086
鉄砲伝来	…	064	東京オリンピック	… 108
鉄腕アトム	…	170	東京気象学会	… 209
鉄腕アトム（放送開始）	…	037	東京気象台	… 135
テト攻勢（ベトナム戦争）	…	040	東京港	… 177
テネリフェ空港ジャンボ機衝突事故	…	014	東京国際映画祭	… 135
デパート	…	116	東京国立博物館	… 205
デラ台風	…	097	東京市	… 067
テレビ（実況中継）	…	178	東京スカイツリー	… 211
テレビドラマ	…	129	東京大空襲	… 125
テレビ本放送	…	040	東京宝塚劇場	… 078
天安門事件	…	095	東京タワー	… 077
天気図	…	042	東京地下鉄副都心線	… 057
天気図（新聞）	…	104	東京ディズニーシー	… 187
電光ニュース	…	070	東京ディズニーランド	… 050
点字	…	130	東京天文台	… 056
点字本	…	194	東京ドーム	… 046
天正遣欧使節	…	200	東京23区制	… 023
電信	…	094	東京日日新聞創刊	… 203
電送写真（新聞）	…	066	東京パラリンピック	… 112
電卓	…	086	東京マラソン	… 011
電柱広告	…	212	東京モノレール	… 106
天和の大火	…	227	東京六大学野球	… 147
天然ガスパイプライン	…	223	東京湾アクアライン	… 035
電報	…	117	東西ドイツ統一	… 148
電力会社	…	181	東商レガッタ	… 013
電話（青森〜函館間開通）	…	174	東南海地震	… 115

東名高速 …………………… 094
東洋経済新報 ………………… 153
東洋の魔女 …………………… 109
道路交通取締法（人は右、車は左）…… 111
道路取締規則 ………………… 137
十勝沖地震 …………………… 053
十勝岳爆発 …………………… 215
都市対抗野球大会 …………… 023
図書館 ………………………… 053
図書館法 ……………………… 131
栃木県なかがわ水遊園 ……… 182
都庁 …………………………… 168
特許 …………………………… 143
ドッキング（宇宙船）………… 080
独禁法 ………………………… 016
ドーナツ盤 …………………… 079
ドニャパス号（フィリピン）…… 035
都バス ………………………… 080
ドーハの悲劇 ………………… 069
富岡製糸場 …………………… 221
ドラゴンクエストIII ………… 041
トラピスチヌ女子修道院 …… 051
トランジスタ ………………… 058
トランジスタテレビ ………… 131
トランジスタラジオ ………… 142
度量衡 ………………………… 012
トルコ共和国 ………………… 069
トルコ北西部地震 …………… 103
奴隷解放 ……………………… 037
トローリーバス ……………… 211

〔な〕

内閣制度 ……………………… 158

内国勧業博覧会 ……………… 025
ナイター ……………………… 059
ナイロン ……………………… 124
長崎空港 ……………………… 131
長崎豪雨災害 ………………… 217
長崎・横浜開港 ……………… 095
長篠の戦い …………………… 133
長野冬季五輪 ………………… 041
長屋王邸跡 …………………… 064
長良河口堰 …………………… 134
ナゴヤドーム ………………… 013
なだしお事故 ………………… 060
ナチス ………………………… 079
夏の高校野球 ………………… 144
なでしこ（サッカー女子日本代表）…… 183
NATO ………………………… 089
ナホトカ号事故 ……………… 008
生麦事件 ……………………… 219
成田エクスプレス …………… 169
成田空港 ……………………… 054
南海道大地震 ………………… 197
南極条約 ……………………… 114
南極大陸横断 ………………… 044
南極点 ………………………… 117
南極点到着（日本隊）………… 076
南米チリ地震 ………………… 123
南北戦争 ……………………… 172
新潟県中越沖地震 …………… 022
新潟県中越地震 ……………… 110
二条城 ………………………… 046
24時間テレビ ………………… 064
二千円札 ……………………… 141
日英同盟 ……………………… 201
日米修好通商条約 …………… 057

INDEX

日米新安保条約	120	日本書紀	133
日米和親条約	085	日本女子大学	173
日露戦争（開戦）	083	日本シリーズ（プロ野球）	154
日韓基本条約	137	日本人拉致	220
日韓共催サッカー W杯	212	日本人拉致被害者帰国	223
日刊ゲンダイ	151	日本人留学生射殺事件	223
日刊新聞創刊（横浜毎日新聞）	156	日本赤十字社	017
日教組	020	日本大使館	155
日航機墜落事故	143	日本ダービー	209
日光杉並木	050	日本中央競馬会	105
日照権	215	日本橋	171
日清講和条約	130	日本初のレビュー上演	025
日清戦争	101	日本武道館	107
日ソ共同宣言	190	日本・ブラジル国交樹立	152
日中国交正常化	221	日本ペンクラブ	154
日中平和友好条約	063	日本ヨット協会	225
日暮里・舎人ライナー	047	日本ラグビー協会	194
二・二六事件	167	日本レコード大賞	115
日本医師会（大日本医師会）	193	ニューデリー空中衝突事故	193
日本オープンゴルフ選手権大会	019	ニューデリー日航機墜落事故	213
日本海海戦	134	ニューヨーク大停電	022
日本海溝潜水調査	057	人間国宝	123
日本海中部地震	055	沼津港深海水族館	196
日本科学未来館	182	ネズミ講防止法	071
日本癌学会	171	熱気球単独無着陸世界一周	216
日本記者クラブ	111	ネバド・デル・ルイス火山（コロムビア）大	
日本銀行	222	噴火	153
日本経済団体連合会	212	年賀用切手	155
日本工業倶楽部	015	脳死移植	085
日本国憲法（公布）	192	濃尾地震	191
日本国憲法（施行）	018	ノーカーデー	189
日本サッカーリーグ	135	のど自慢	162
日本山岳会	149	のど自慢（全国大会）	047
日本地震学会	126	ノーベル賞授賞式	196

ノモンハン事件	093
紀宮様ご結婚	153
ノルウェー連続テロ	183
ノルマンディー上陸作戦	096

〔は〕

ハイジャック防止条約	157
売春防止法	048
ハイチ地震	119
廃刀令	170
パイプオルガン	212
博士号	052
博士（女性初）	014
パキスタン等大地震	149
馬券	049
バーゲンセール	055
箱根駅伝	122
箱根駅伝（実況）	037
バザー	096
バス	067
バスガール	121
バス（国産乗合）	121
パスネット	149
パソコン	092
八王子スーパー強盗殺人事件	141
ハチ公	124
八景島シーパラダイス	052
八甲田山	200
初飛行	076
ハッブル宇宙望遠鏡	131
パナマ運河	103
羽田飛行場	186
母の日	092

破防法	217
蛤御門の変	100
ハムレット初演	032
はやぶさ（小惑星探査機）	135
ハリケーン・カトリーナ	145
パリ万国博覧会（1900年）	130
パリ万博（江戸幕府、薩摩藩などが出展）	
	012
ハレー彗星	172
バレンタインデー	042
阪急三番街	113
万国郵便連合（UPU）条約	108
万国博覧会（ロンドン）	175
阪神・淡路大震災	119
阪神なんば線	087
パンダ	223
磐梯山大噴火	060
バンドン会議	130
ピアノ	118
非核三原則	034
東日本大震災	168
光ケーブル	122
ビキニ環礁（水爆投下実験）	177
飛行実験	157
飛行船	163
非自民政権	105
PIA	222
ビートル（VW）	062
ピーナッツ（漫画）	122
ピナツボ火山噴火	179
日の丸旗	121
日の丸飛行隊（札幌五輪）	202
日比谷公園	056
日比谷図書館	072

INDEX

「ひまわり」打ち上げ	022	フランス核実験	146
ひめゆりの塔	136	フランス革命	100
100円硬貨	034	プリンセス・オブ・ザ・スターズ(フェリー)	058
119番	162		
110番	067	フルトン(蒸気船)	024
白虎隊	063	プレイステーション	114
ビヤホール	101	プロ野球オールスター	181
広島アストラムライン	103	プロ野球(戦後初)	154
ピロロキノリンキノン	051	プロ野球(日本職業野球連盟設立)	165
琵琶湖疎水	129	プロ野球(初の試合)	165
ファッションショー	027	文化勲章	017
ファミコン	060	文芸協会	166
ファールズ賞	144	平安京遷都	109
フィンランド独立	033	平安神宮	126
Facebook	082	米軍ヘリ墜落(沖縄国際大)	102
富栄養化防止条例	109	米国・キューバ国交断絶	160
フォークランド紛争	207	平城京遷都	125
福井大地震	058	平成5年8月豪雨	062
福岡国際マラソン	033	米大陸横断鉄道	093
福島第一原発事故	168	平民苗字許可令	147
武家諸法度	139	平民苗字必称義務令	122
富士山測候所	216	ペスト菌	104
富士山大噴火(宝永火口)	032	ベトナム訪問(米大統領)	153
富士山レーダー	125	ベトナム和平協定	039
富士登山	141	ヘドロ公害訴訟	143
婦人警官	174	ベネチア映画祭	026
婦人参政権	157	ペルーアンカシュ地震	135
婦人世界	160	ベルサイユ条約	098
普通選挙	042	ペルー地震	024
物価メーデー	167	ペルー日本大使公邸事件	017
プッシュホン	054	ヘルメット着用義務化	181
ブラウン管	198	ベルリンの壁	112
ブラジル移民	051	宝永地震	028
プラハの春	037	防衛省	009

豊国炭鉱爆発事故	023	松川事件	103
方城炭坑爆発	115	マツダスタジアム	090
放送衛星打ち上げ	081	松の廊下	169
法隆寺金堂壁画焼損	081	松本サリン事件	098
暴力団対策法	204	松山城炎上	085
ボクシング	091	マナスル登頂（女性初）	092
北陸トンネル	213	マーメイド号	218
歩行者天国	142	マラソン（日本人女子初の金）	148
母子手帳	053	マラソン（日本初）	087
戊辰戦争	037	マラソン（初の女子フル）	113
戊辰戦争（終結）	094	マラヤ連邦独立	025
北海道	102	マリアナ沖海戦	097
北海道南西沖地震	060	マルタ会談	114
ポツダム宣言	140	丸の内線	081
ポーツマス条約	146	丸ビル	042
ホテル・ニュージャパン火災事故	202	満州国建国	204
歩道橋	051	満年齢	040
ボート遭難	120	三池三川鉱炭じん爆発事故	071
ほとゝぎす	008	三河地震	119
ポートピア'81	170	三河島事故	209
ポラロイドカメラ	035	三島由紀夫事件	154
ポーランド大統領専用機墜落	129	ミスコンテスト（初）	044
ボーリング場	227	ミス日本コンテスト	131
香港返還	021	未知との遭遇	043
香港返還（返還合意文書に調印）	116	ミッキーマウス	073
本四連絡橋	092	ミッドウェー海戦	213
本能寺の変	212	三菱重工爆破事件	104
		水戸偕楽園	215

〔ま〕

幕張メッセ	108	みどりの窓口	147
枕崎台風	147	水俣病裁判	046
マスターズ	087	源実朝暗殺	082
マーストリヒト条約	202	美浜原発（ECCS作動）	165
		美浜発電所事故	102
		三原山大噴火	194

INDEX

身分制度廃止 ……………………… 087	モノレール（日本初）……………… 035
三宅島島外避難 …………………… 145	もはや戦後ではない ……………… 183
ミャンマー ………………………… 097	もみじマーク ……………………… 056
ミヨー橋（フランス）…………… 115	百武彗星 …………………………… 164
みんなのうた ……………………… 171	森永砒素ミルク事件 ……………… 144
民放……………………………………… 173	モルディブ独立 …………………… 141
民放テレビ ………………………… 064	「もんじゅ」事故………………… 156
無線 ………………………………… 090	門扉事故（神戸）………………… 139
無線電信局 ………………………… 053	
無着陸世界一周 …………………… 197	**〔や〕**
村山談話 …………………………… 144	
ムーラン・ド・ロンシャン賞 … 105	八木アンテナ ……………………… 185
室戸台風 …………………………… 106	野球（女子）……………………… 209
冥王星 ……………………………… 120	安田講堂封鎖解除 ………………… 081
明治…………………………………… 023	八幡製鉄所 ………………………… 164
明治改元 …………………………… 065	山手線 ……………………………… 070
明治三陸地震津波 ………………… 179	夕刊フジ …………………………… 084
明治神宮 …………………………… 151	郵政民営化 ………………………… 028
明治神宮外苑 ……………………… 190	郵政民営化法 ……………………… 149
明治村 ……………………………… 127	夕張炭鉱爆発事故 ………………… 209
名神高速道路 ……………………… 138	郵便制度 …………………………… 173
明暦の大火 ………………………… 009	郵便貯金 …………………………… 131
明六社 ……………………………… 040	郵便番号 …………………………… 059
明和の大火 ………………………… 204	雪印乳業食中毒事件 ……………… 138
目蒲線 ……………………………… 070	ユネスコ（加盟）………………… 180
メキシコ湾原油流出事故 ………… 130	ユネスコ（発足）………………… 192
メッカ巡礼将棋倒し事故 ………… 138	ユーロスター ……………………… 112
メーデー …………………………… 131	ユーロ（通貨）…………………… 078
メートル法 ………………………… 099	ユーロー・トンネル ……………… 092
盲あ学校 …………………………… 054	幼稚園………………………………… 193
元厚生事務次官宅連続襲撃事件 … 073	幼稚園唱歌 ………………………… 184
モナコ・グランプリ ……………… 090	横浜市営地下鉄 …………………… 226
モノレール（沖縄）……………… 062	横浜博覧会 ………………………… 088
モノレール（世界初）…………… 171	横浜ベイブリッジ ………………… 106

横浜マリンタワー	162
横浜・みなとみらい線	082
横浜ランドマークタワー	060
吉野ケ里遺跡	084
吉原大火	172
四日市ぜんそく訴訟	026
ヨット競技	185
よど号事件	129
淀橋浄水場	116

〔ら〕

ラグビー日本選手権	164
ラグビー・ワールドカップ	019
ラジオ	140
ラジオ（開局）	151
ラジオ体操	070
ラジオ放送	127
羅生門（黒澤明）	187
ラムネ	210
理化学研究所	013
陸上競技会	087
リクルート事件（逮捕）	083
リクルート事件（発覚）	057
リットン調査団	204
リニア事故（独）	188
リニアモーターカー	219
リニモ（愛知県）	124
リビア独立	197
リーマンショック	066
柳条湖事件	188
両国国技館	095
両国国技館（3代目）	119
両国橋	115

旅客飛行	205
旅行鑑札制の廃止	183
ル・マン	055
ルジュ・ハリファ	118
ルーニク1号（ソ連）	078
冷凍食品	124
レインボーブリッジ	064
レコーディング（日本初）	195
レコード（初の電気吹き込み式）	040
レトルトカレー	042
6・3・3・4年制	015
蘆溝橋事件	021
ロサンゼルス地震	080
ロシア原潜沈没	143
ローマ教皇初来日	166
ローマ条約	014
ロマンスカー	028
路面電車（東京初）	063
路面電車（日本初）	121
ロンドン同時爆破事件	139

〔わ〕

YS11	219
吾輩は猫である	118
若戸大橋	220
和歌山カレー毒物殺人事件	061
惑星間空間探査機さきがけ	119
和同開珎	053
ワープロ	210
笑っていいとも！	221
湾岸戦争	162
ワンマンバス	178

未来記念日
アニバーサリー 2017〜2022

2016 年 10 月 25 日　第 1 刷発行

発　行　者／大高利夫
編集・発行／日外アソシエーツ株式会社
　　　　　　〒140-0013 東京都品川区南大井 6-16-16 鈴中ビル大森アネックス
　　　　　　電話 (03)3763-5241 (代表)　FAX(03)3764-0845
　　　　　　URL　http://www.nichigai.co.jp/
発　売　元／株式会社紀伊國屋書店
　　　　　　〒163-8636 東京都新宿区新宿 3-17-7
　　　　　　電話 (03)3354-0131 (代表)
　　　　　　ホールセール部(営業)　電話 (03)6910-0519

　　　　　　組版処理／株式会社クリエイティブ・コンセプト
　　　　　　印刷・製本／光写真印刷株式会社

不許複製・禁無断転載　　　《中性紙H-三菱書籍用紙イエロー使用》
〈落丁・乱丁本はお取り替えいたします〉
ISBN978-4-8169-2622-8　　　**Printed in Japan,2016**

本書はディジタルデータでご利用いただくことが
できます。詳細はお問い合わせください。

図書館はまちのたからもの ひとが育てる図書館

内野安彦 著　四六判・220頁　定価 (本体2,300円＋税)　2016.5刊

市役所の行政部門で18年間勤めた後、図書館員となった著者の「図書館は人で決まる」（素晴らしい図書館サービスは優秀な図書館員の育成から）という考えの実践記録。

海を渡ってきた漢籍―江戸の書誌学入門

髙橋智 著　四六判・230頁　定価 (本体3,200円＋税)　2016.6刊

江戸時代の主要な出版物であった漢籍に光を当て、漢学者や漢籍をめぐるレファレンス書誌、出版事情を語る。図書館員や学芸員が知っておきたい漢籍の知識を、図版243枚を用いてわかりやすく解説。巻末に「藩校・大名家蔵書等目録類一覧」「主な漢籍レファレンスブック」「関係略年表」を付す。

翻訳とは何か―職業としての翻訳

山岡洋一 著　四六判・290頁　定価 (本体1,600円＋税)　2001.8刊

翻訳のありかた、歴史上の翻訳者の生涯から、翻訳技術、翻訳市場、現代の翻訳教育産業や翻訳学習者の問題点まで、総合的に「職業としての翻訳」を論じ、翻訳文化論を展開する。真の翻訳者とは何か、翻訳とは何か、を伝える翻訳学習者必読のロングセラー。

中高生のためのブックガイド 進路・将来を考える

佐藤理絵 監修　A5・260頁　定価 (本体4,200円＋税)　2016.3刊

学校生活や部活動、志望学科と将来の職業との関連性、大学入試の小論文対策まで、現役の司書教諭が"中高生に薦めたい本"609冊を精選した図書目録。「学校生活から将来へ」「仕事・職業を知る」「進路・進学先を考える」「受験術・アドバイス」に分け、入手しやすいものを中心に紹介。主要図書には書影を掲載。

魚介類別名辞典

A5・370頁　定価 (本体4,500円＋税)　2016.1刊

魚介の別名4,200件とその一般的な名称1,400件を収録した別名辞典。別名から一般的な名称が、一般的な名称からその別名群が分かる。それぞれの科名、大きさ、漢字表記、分布地など、簡便な情報も記載。

データベースカンパニー

日外アソシエーツ

〒140-0013　東京都品川区南大井6-16-16
TEL.(03)3763-5241　FAX.(03)3764-0845　http://www.nichigai.co.jp/